◆ 在瑞典斯德哥尔摩
留影（2008年）

◆ 在芬兰湾留影
（2008年）

◆ 在瑞典诺贝尔像前
留影（2008年）

◆ 陪同翻译家、外交家冀朝铸先生游本溪水洞后留影〔2001年〕

◆ 参加全国社会科学重点课题《社会科学学》一书编撰研讨会〔1986年，上海社
　会科学院〕

◆ 参加中国比较文学学会成立大会暨国际研讨会期间，摄于深圳游船"海上世界"上（1986年）

◆ 参加国际比较文学学会第14届年会（加拿大埃德蒙顿）期间与外国学者合影，左二为埃德蒙顿阿尔伯塔大学杰妮弗尔教授，右一为捷克著名汉学家高立克（1994年，加拿大埃德蒙顿）

21

社会科学学
与比较文学
—比较文化论集

# 彭定安文集

彭定安/著

东北大学出版社
·沈 阳·

ⓒ 彭定安　2021

**图书在版编目（CIP）数据**

彭定安文集. 21，社会科学学与比较文学–比较文化
论集 / 彭定安著. — 沈阳 : 东北大学出版社，2021.8
　ISBN 978-7-5517-2360-2

　Ⅰ . ①彭⋯ Ⅱ . ①彭⋯ Ⅲ . ①社会科学—文集②比较
文学—文集③比较文化—文集 Ⅳ . ①C53②I0–03
③G04–53

中国版本图书馆CIP数据核字（2020）第030492号

---

出 版 者：东北大学出版社
　　　　　地址：沈阳市和平区文化路三号巷11号
　　　　　邮编：110819
　　　　　电话：024-83680267（社务部）　83687331（营销部）
　　　　　传真：024-83683655（总编室）　83680180（营销部）
　　　　　网址：http://www.neupress.com
　　　　　E-mail:neuph@neupress.com
印 刷 者：辽宁一诺广告印务有限公司
发 行 者：东北大学出版社
幅面尺寸：170 mm × 240 mm
插　　页：4
印　　张：18
字　　数：308千字
出版时间：2021年8月第1版
印刷时间：2021年8月第1次印刷
责任编辑：邱　静
责任校对：李　佳
封面设计：潘正一
责任出版：唐敏志

---

ISBN 978-7-5517-2360-2　　　　　　　　　定价：81.00元

# 出版说明

INTRODUCTORY NOTES OF A BOOK

　　本卷第一部分中的第一、二两篇文章，是夏禹龙主编《社会科学学》中，我负责撰写的该书第二章和第十章第六节。这是全国第一部、到目前为止仍然是唯一一部论述社会科学学的著作，是全国社会科学"七五"重点项目的结题著作，由辽宁、湖北、四川和上海四家社会科学院承担。我是该项目负责人之一，并担任该著的编委。按照分工，撰写了上述两个部分。

　　其余均是有关社会科学学的论文和发言记录。

　　第二部分则是比较文学和比较文化学的有关论文以及部分艺术评论。

彭定安

2021年8月

四. 创造的力

# 建立社会科学学刍议① (代序)

PREFACE

　　科学学是关于科学的哲学。它研究科学的最基本的性质、特征、作用，是科学发展的基本规律的聚合。可是，目前社会科学还在科学学的视野之外，社会科学工作者还没有"正式"从事社会科学学的研究。这不仅对于社会科学是一种损失，对于科学学也是一种损失。

　　自然，也有一些研究和探讨，但还不足。现在需要改变过去那种零星地而不是系统地、片断地而不是整体地、分散地而不是集中地、无计划进行探索研究的状况，并且明确地提出：建立社会科学学！

　　这表现出社会科学的一种觉醒，表明社会科学"自我意识"的形成。

　　这是一种总结性的研究，它总结了人类对于社会科学的本质特征、地位作用和发展规律的认识。这也是一种开创性的研究，将在研究中开创社会科学学的研究，也开创社会科学更为自觉地发展的历史篇章。

　　我们已经具备这样的条件，人类大文化发展时期的出现、新的科学技术革命的到来、经济-社会发展的科学化和科学发展的经济-社会化，引发了自然科学和社会科学发展的整合趋势，而这样

---

① 原载《社会科学报》1987年7月30日。

两种科学整合的趋势，又是在社会科学更加发展、强化自身发育，更为社会发展所需要，也更能为社会发展服务的前提下发生的。这就必然既增强了社会科学的自我意识，又使它从自然科学获得力量源泉。社会科学的这种发展事实表现在社会科学工作者身上，就是建立社会科学的科学（即社会科学学）的积极性和明确意识。这既是社会科学发展的一种表现，也是科学学发展的一种表现。

社会科学从萌芽期到现在的几千年的发展历史，特别是从欧洲文艺复兴时期以来的自觉发展历史和自马克思主义产生以来的更为科学的发展历史，已经为社会科学学积累了大量的、丰富的资料，构成了强大的经验层次，并逐渐形成了它的理论层次。

历代不少科学家尤其是社会科学家对此做出了理论概括，并以理论形态积累下来。现在，理论与经验的结合，并经过许多社会科学家的辛勤耕耘，已经形成了理论结构的层次。

我们汇集、总结、研究这些成果，当可进一步以理论形态来概括这些成果，建立起社会科学学这门新的学科。

# 目录

CONTENTS

**第二部分　比较文学和比较文化学论文及艺术评论**

## 附录：授课、演讲与报告纲要

# 第一部分　社会科学学论文及发言记录

# 吁请全社会重视社会科学①

当今时代，科学在显其神威。它极大地强化了人类改造世界和改善自身生活的能力，给人类的智能添上了翅膀。然而，科学不是单一体，而是自然科学与社会科学的有机结合体。遗憾的是，在相当多的人中存在着这样的观念：科学——自然科学。这个观念是不完整的，不符合实际的，是狭隘的、错误的，因此也是有害的。

科学包含自然科学、技术科学、人文科学、社会科学"四大科学部类"，是它们的综合体。而且，从某种意义上可以说，自然科学是解决战术问题的，社会科学是解决战略问题的。人类社会生产力的发展和社会的进步，无疑需要科学技术的武装。但是，社会如何掌握和运用这个"武装"，社会发展战略的确定，社会成员的结构方式、力量配置，人际关系原则的确立，人的理想、信仰、道德的确定，价值观念、行为准则的规范，如此等等，都要靠社会科学来解决。而如果在这方面做出了错误的决策，便会导致阻滞、挫折以致灾难性后果。我们的实践曾经从正反两方面证明，正是在如何建设社会主义的决策上我们有过失误，因此受到挫折，直至发生十年内乱这样严重的灾难，阻滞了社会的发展。而党的十一届三中全会以来，真理标准的讨论，"一靠政策、二靠科学"的农村发展决策，大大推进了社会主义"四化"的进程，从正面证明了社会科学的威力。

人们产生误解的原因，与社会科学推进社会发展的作用方式有关。它不像自然科学、技术科学，往往直接转化为生产力，能够按线性因果关系去测出以至看见增产增值的效果，能够用经济指标去判定其社会效益。社会科学的作用方式可以用杜甫的一句诗"润物细无声"来形容。

---

① 原载《辽宁日报》1985年4月4日。

在宏观上，它足以"扭转乾坤"、改变社会发展方向、转变发展战略方向，于是在社会的整个发展中引起全面的、普泛的、本质性的变化。我们无法从线性因果关系上看到其作用力，也无法从经济指标上来衡量其社会效应的价值。它是无价之宝。在微观上，它在理想、信仰、道德、智慧、观念、习惯、心理等方面，以先进的或错误的内涵和素质来"装备"和浸润社会每个成员，形成他们的行为目的和方式的思想的、心理的、道德的动因，从而或者推动社会前进，或者阻碍社会发展。而这一切，需要社会科学的哲学、美学、伦理学、社会学等来解决。

归纳起来我们看到，社会科学发生实际作用和社会效应有两种方式：一个可以叫作"外力作用"，比如经济学对于经济发展的作用、社会学对于解决社会问题的作用等；另一个可以称为"内力作用"，比如社会科学发展对于提高社会成员的智力和道德水平的作用等。因此我们又可以把社会科学发生作用的范畴划分为三个方面：① 总体范畴的作用；② 对物质文明建设的作用；③ 对精神文明建设的作用。至于它的作用力，则表现为在这三个范畴中都具有双重性：一是表现为对客体、对象的推动力；二是表现为强化主体（人）的生长力，使他们改造世界的能力提高、智力提高、整个素质提高。

因此，如果我们只看到自然科学的作用，而轻视社会科学的作用，就好像折断了、废弃了展翅飞翔的"社会之鸟"的一只翅膀，也好像抽去了这只"社会之鸟"的导航器、神经中枢和大脑。

然而，我们前面所说的又带有某种片面性——为了说明问题而不得不"分而述之"所产生的片面性。事实上，在科技革命的时代，马克思和列宁都曾预言过的自然科学、社会科学的一体化趋势，已经出现了，发展了。两者已经在许多学科上互相渗透以至合流。我们往往为了解决一个经济的、生产的、社会的问题，而必须动用两门科学，动员两方面的力量。从当前来说，一个特区的建设，一个地区的开放，一个老工业基地的改造，以至一个农业区的发展战略规划，需要各行各业的自然科学、技术科学专家的勘测、设计、规划，进行可行性论证；而同时，也需要社会科学家从经济学、管理科学、决策学、社会学、教育学、文化人类学以至历史、哲学、心理学、文学等各个学科的角度来作综合考察、全面分析和可行性论证。两者缺一不可，而且社会科学往往要先行。因为在动手之前，首先需要确定战略设想和总的政策与政策系列，以为行动的指导。这些是要由社会科学来解决的。

我们现在普遍存在的对科学的偏狭观念和对社会科学的轻视态度，是落后于实际需要的，不利于"四化"建设的。如不改变，终会遭到或大或小的惩罚。

让我们各条战线的领导、各方面的同志以至全社会都来重视并支持社会科学的发展吧！


# 社会科学的历史发展


社会科学作为科学的一个组成部分，从科学产生的时候起，也就产生了。它同科学一样，有着漫长的发展历史。我们研究社会科学学，揭示社会科学的本质和发展规律，首先就需要了解其发展历史，以便从历史的追溯中探源寻迹，找出其发展的内在逻辑。

在简单回溯社会科学的发展历史时，我们面前摆着两个任务：一是需要概要地了解总体科学知识发展的状况，这好比了解一条大河，需要大体了解它的源头、流向、流域一样；同时，在这种对科学总体的了解中，对社会科学作为一种因素，在科学的不同发展时期的生长、发展状况进行探索。另一个是单独探索社会科学自身的发展状况。如果把科学比作"母体"，那么社会科学可以算作"子体"。这里说的两项内容，即"母""子"关系，当然是既有区别又有联系的。我们在追述社会科学的历史发展时，基本上是从这样的出发点来进行的。

社会科学，以至整个科学，都是在每个历史发展时期、每个时代的文化基础上发展起来的。因此，我们在追述它们的历史时，就不能不描述其文化背景。

总之，我们在回顾社会科学的历史发展时，是把它放在科学和文化发展的大舞台上和大背景下来考察的。

# 一、社会科学历史发展的基本线索

社会科学至今没有单独的发展史的记载。人们总是在通史中顺便地或综合地述及它在每个历史时期的发展状况；另一种情况则是对社会科学各门学科的单独历史叙述，如经济史、政治史、文化史、教育史等。至于单独的社会科学的发展史，尚付阙如。这种状况本身，既反映人们对社会科学的认识不足，又说明社会科学自身的觉悟不够。

因此，我们现在对社会科学史的追溯，也就反映了这样一种情况：第一，在新的科学技术革命的时代，在改革浪潮席卷全球的时代，人们的社会科学觉悟普遍地提高了，人们对于社会科学在人类社会、经济发展战略研究方面的巨大作用认识越来越高了，依靠社会科学的观念也越来越强了。总之，高度发展的生产技术和自然科学、迅猛变异的社会状况，都使人们越来越需要社会科学的指导、疏理和控制。第二，社会科学得到自然科学发展的帮助，它自身也有了突破性的发展，从而大大增强了自身的力量，它对社会以及人类自身的认识、了解与指导的能力也越来越强化。这样两个方面，促进了社会科学自我意识的发展、增强，也促进了全社会和社会科学研究工作者社会科学觉悟的提高。

我们对社会科学发展史的单独追溯，正是这种历史的和现实的状况的反映。

那么，我们遵循什么线索来进行这种追溯呢？也就是说，我们在回顾社会科学的发展史时，在总体上对它有哪些基本认识呢？我们认为，主要的有以下几点：

第一，社会科学在诞生后的一个漫长的历史时期中，是在人类的知识总体中混沌一体地发展的。

关于科学，人们给予了种种界定，从各方面揭示了它的性质。虽然各有不同，但是大家一致认为，科学是人类的一种活动，是人类的知识体系，是人类对世界的一种认识，同时又是人类改造自然、改造社会与自身的一种强有力的手段。科学是生产力。可是，值得注意的是，科学这种人类的高深学问和智能活动，却起自人类最普通的日常生活，植根于人类共同的普通能力之中。这表明科学的普遍性和普通性。从发生学角度说，它的这种品性为它以后的发展和规定性奠定了基础。同时，这种情况也说明，自然科学和社会科学这两大部类科学知识，开始时期是既无彼此间的界限，也无与其他知识的界限。比如说用火这一人类最早的伟大创举，它既是人类认识自然、利用自然、战胜自然的一种智慧、力量与活动，又是人类认识社会（这里指原始人群）、组织社会生活的一项具有伟大意义的活动。如果仅从科学的"源头"意义来说，它就既是自然科学的，又是社会科学的。这反映了当时人类认识世界和改造世界的水平。此后，随着人类上述活动水平的提高，知识体系才不断分化，逐渐在整体上发展、扩大，又在分体上发展、扩大，彼此逐渐增强独立性，分门别类地发展。

第二，社会科学在一种"双层结构的三位一体"的系统中发展，在发展中受到这个系统中的几个重要因素的制约和推动。

前面说过，社会科学在相当长的一个历史时期中，是在人类的知识总体中，与其他知识混沌一体地发展的。这个知识总体就是哲学。它包罗万象地把人类一切知识都囊括于自己的"大一统"的框架之中。这个大一统的知识随着自然的发展变化（包括缓慢的、宏大的、以大时间单位统计的发展变化和日常的、人们可以观测掌握的自然界各种事物的运行变化），随着社会的发展变化，当然还随着人类对自然与社会的认识、改造的发展变化，而不断地向前发展变化。在自然、社会和哲学之间，在自然科学、社会科学和哲学之间形成这样的发展结构和机制：

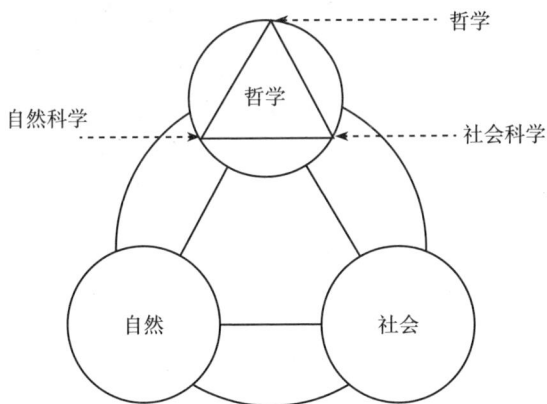

这是一个"双层"结构的"三位一体"的发展系统。这里有两个相互结合的双层次三角连环发展构架："哲学——自然科学——社会科学"的"三位一体"的发展构架和"大哲学"（包括前一个"三位一体"）与社会、自然的"三位一体"发展构架；两个层次互相制约、互

相渗透、互相推动，共同发展和前进。

如果仅仅从社会科学来说，那么，它处在两个发展环中，同时受到两个环中其他因素的制约、影响与推动，并且它也制约、影响、推动两个环中其他因素的发展。

不过，这里需要特别指出的是，在人类文明发展的漫长过程中，在上述两个层次的发展环中，社会科学的力量越来越增强，地位越来越提高，作用越来越大。这里，突出的原因有两个：一是社会科学在为人类服务的过程中不断发展、提高，增强了自身的能量；二是在自然科学的发展和能量增长过程中，社会科学不断从它那里获取力量、智慧、新的方法和新的推动力，而且自然科学的发展与力量增强，也相应地要求社会科学的发展。这一规律性现象，在欧洲文艺复兴时期和第二次世界大战之后表现得最为明显和突出。这些就是我们勾勒的社会科学自身在"自然科学——社会科学——哲学"发展环和作为"子体"在大的"自然——社会——哲学"发展环中发展自身的指导线索。这个指导线索规划和提示了我们探寻社会科学发展轨迹的基础，而发展轨迹正是这个基础的具体体现。

## 二、社会科学产生、发展的历史轨迹

当人类在大约50万年前（"北京人"时代）开始知道用火，大约两万年前开始使用弓箭，在几千年前逐步知道驯养动物、培育植物和制陶、建屋、做衣服以及由此而逐渐从事制订历法、观察天象、测量土地等生产、生活活动的时候，人类就不断发展对自然、对社会、对人自身的认识、理解和运动规律的掌握，并且逐渐形成对于自然与社会的总体看法、规律掌握和价值评估，这就是自然观、世界观、社会观以至人生观的形成。事实上，在这个总体观念和知识总体以及实践活动中，包含了日后发展到高级程度的各类科学的萌芽、胚胎，它们是：哲学、数学科学、自然科学、技术科学、社会科学。

古代人类最早的符号载体，比如中国的甲骨文以及以后出现的书籍（文字符号的记载），便都是将诸多学科混沌一体地集于一身的。而古代的巫师、圣哲、贤人也往往是集哲学、科学、技术于一身的人。在人类以后的漫长的历史发展过程中，科学技术不断得到发展、丰富，表现为人类战胜自然、改造自然、进行自己生活的生产与再生产的能力和水平越来越高，这方面的经验总结积累得越来越多了，科学的著作也累积得多了，与此同时哲学、数学、社会科学也都相应地得到发展。不过，这种发展仍然是混合在一起，彼此渗透和互相推动地向前进展的。在这漫长的历史时期中，自然科学技术由于与人类生产、生活的紧密关系，明显地和突出地得到发展，为人们所注意；而人类对社会的认识、见解和提炼出的理论结晶，则往往没有自然科学的知识积累那么鲜明，为人们所注意。

但不管是何种科学，都仍然缺乏自我意识，作为知识体系仍然没有明确的界限。在长期的奴隶制和封建制社会中，技术由于还不成其为科学（它的实用性和直接造福于人类）而得到了发展，自然科学却由于与宗教、迷信、剥削阶级利益的冲突而遭到压制、打击，许多科学家遭到迫害，直至献身于宗教裁判所或火刑场，用他们的鲜血和生命书写了自然科学史的光辉篇章。在这同时，社会科学方面的知识、观点、见解与理论概括，则显示了阶级的分野和理论的分道扬镳，从而形成了各种理论体系和多种学派。在同一阶级和阶层中，也由于种种原因而产生了理论上的分歧与分化。这使得社会科学在矛盾斗争中得到了发展与提高。不过，这些发展都还没有取得科学的形态，理论形态也不完备。在总体上，发展的速度是缓慢的，尤其是同近代科学产生之后的发展速度相比，更是如此。

恩格斯在《自然辩证法》一书中曾经述及自然科学各个部门的顺序的发展，他指出，按照人类生产和生活的需要，它们的顺序是天文学→数学→力学。他说："在整个古代，本来意义上的科学研究只限于这三个部门，而作为精确的和有系统的研究则是在后古典时期才开始的（亚历山大里亚学派、阿基米德等）。"[①]他还说，物理学与化学、植物学和动物学，以及人体和动物解剖学，都还处在搜集事实和尽可能有系统地整理这事实的阶段。离不开对自然的认识并且受自然科学发展水平制约的人的世界观、哲学思维，在这个阶段也必然与自然科学的这种发展状况相适应。在这一切基础上产生并发展的社会科学，也必然会是这样。因此我们可以说，在这个漫长的历史时期中，社会科学也同样是处在搜

---

① 　恩格斯：《自然辩证法》，人民出版社，1971，第162页。

集事实和尽可能系统地整理事实的阶段。比如政治学、经济学、教育学、美学、伦理学等，无不如此。而且，或许可以说，社会科学更为"可怜"一些，它还不能像自然科学那样有几门基础学科明确地从人的头脑中分离出来，以明确的学科意识来从事材料的搜集和系统化的整理工作；它的基本形态仍然是统统笼罩在哲学的"大一统"的天地之中。当然，不可否认的是，许多学科，特别是社会科学的基础学科，如哲学（狭义的哲学学科）、历史学、教育学、经济学以及政治学等，已经具有比较明确的学科意识，有一些比较专门的著作，或者已经具有一部分学科构成的思想因素，这都是尔后社会科学建设与发展的重要基础。但是，如果从一个社会科学学科形成的必备要素来衡量，它们都还是不够完备的、发展不够充分的。首先，在实践材料要素方面，人类的社会实践本身与社会发展水平所能提供的素材，都还不足以构成完备的学科建设基础；理论要素，当然既受到这种实践基础材料的抑制，也受到自然科学发展水平的限制，因而发展是不够充分的、不够完备的，带有非科学的成分，或者包含虽具科学性但未充分发展的因素，因此限制了明确的学科结构的形成（当然，必须指出，这些不充分、不完备都不等同于低水平，它们完全可以而且事实上也是在它们自己的"模式"上发展到很高的水平了）。至于结构因素，当然也会由于前述两项的限制，难于构成一个充分发展的、合理的、完备的系统结构。我们可以说，社会科学在这个历史时期，还处在酝酿着独立发展的阶段，它还要等待历史条件的出现和成熟。

这个历史条件，就是封建主义的崩溃、资本主义的兴起。这也就是中世纪黑暗的冲破和欧洲文艺复兴的发生。恩格斯说："现代自然科学……是和封建主义被市民阶级所粉碎的那个伟大时代一起开始的。"他还说："这是地球从来没有经历过的最伟大的一次革命。自然科学也就在这一场革命中诞生和形成起来，它是彻底革命的，它和意大利伟大人物的觉醒的现代哲学携手并进，并把自己的殉道者送到了火刑场和牢狱。"[1]恩格斯的这段论述有几点值得我们注意，我们不妨以自己题旨的需要为序来予以提示：第一，科学是同"觉醒的哲学"即近代哲学携手并进发展的，其中自然也包含着近代社会科学的发展；第二，这个发展

① 恩格斯：《自然辩证法》，人民出版社，1991，第172页。

是同封建主义被资本主义所粉碎的时代即资本主义时代的兴起一同开始的；第三，这个科学时代的兴起是地球从未经历过的一次最伟大的革命。总括起来可以说，这是人类的自然观、世界观和社会观的一次伟大的革命。由于这个革命的产生，人对世界、自然、社会以及人自身的认识、理解都扩大了，深化了，"飞升"了。在这里，最重要的是人的觉醒，是人文主义的产生。人类对人与自然、人与社会、人与人之间的关系，对人的价值、人的地位、人的作用都有了新的认识。这种革命、觉醒和新的思想的"飞升"，最早可以追溯到14世纪初。早在13世纪，在经历了人类科学发展的史前史时期和准科学时期，又经历了中世纪的黑暗之后，出现了近代科学的萌芽，产生和发展了卓越的实验方法和坚韧的科学精神。进入14世纪，又出现了近代技术的萌芽，航海罗盘的创制、枪炮用的火药的发明、子弹的发明、机械时钟的制作以及步枪的发明都是在这个时期。与此同时，又有了人的觉醒。文艺复兴的大历史浪潮出现了。它是人类对自然和人类本身的觉醒。它在但丁的《神曲》（约1318年）和薄伽丘的《人曲》（即《十日谈》，1352年）的前奏曲中拉开帷幕。14世纪初，意大利便产生了"基督教人文主义"的早期的先驱。在这批先驱者中，如弗兰西斯科·彼特拉克，"他们能够既反对经院哲学，同时仍保持其基督教信仰，能够把自己的古典学识和宗教信仰调和起来。"①这种思想的实际状况，反映了基督教人文主义者的过渡性质，他们是承前启后的，他们对中世纪科学文学的尊重热爱和对于基督教信仰的保持，反映了他们的头脑和足迹仍然有一部分停留在过去的时代，但是他们又能以古典主义的风格来和中世纪的传统相对立，并且反对经院哲学，提倡人文主义。这既反映了人文主义早期先驱是冲破中世纪传统的觉醒者，又是被精神的丝缕牵连着过去的过渡性人物。到15世纪以后，这种过渡逐渐摆脱中世纪的羁绊而增加了新世纪的内涵，从而逐步完成了自己的过程。15世纪中叶，还有一个也许较少为人们所知的同样重要的发展。在这个时期的前后，人文主义的冲击开始冲出原来的"人文学科的研究的圈子，渗透到当时的文明所有领域，尤其影响到在大学教授的其他知识学科，这些学科产生于中世纪早期，其

---

① 保罗·奥斯卡·克利斯特勒：《意大利文艺复兴时期八个哲学家》，上海译文出版社，1987，第13页。

传统就从那时延续而来"①。这就是说，人文主义从15世纪开始又前进了一大步，冲破了原来的圈子，进到其他知识学科，渗透到文明的所有领域，而这些领域是从中世纪产生的学科中延续下来又加以发展了的。这就是整个社会科学领域里的发展。进入16世纪，最后彻底摆脱了中世纪的丝缕。从文学领域首先发起了人文主义的勃兴浪潮，正如恩格斯所说，掀起这个浪潮的是中世纪的最后一位诗人、新世纪的最初一位诗人——但丁。从此，在文艺复兴中产生了"人文学科""人文主义"这些新的术语。克利斯特勒指出："人文学科这个词则代表了一组学科，它由语法、修辞学、诗学、历史和道德哲学组成。"②

他还说："人文主义者的大部分著作，不是哲学的（即使从这个词的最广泛的意义上讲），而是博学的或者是文学的。"③这就是说，人本主义、人文科学已经从哲学的"大一统"领域中分离出来了，包含了社会科学的众多学科，它们的"博学"即"博"在社会科学方面。至于所谓"文学的"，则主要是指著述的表现方式与形式是具有文学因素与文学风格的，与自然科学著作的形态迥然不同。这也许可以说是近代社会科学表述形态的滥觞。

在欧洲文艺复兴这个伟大的时代，自然科学和社会科学都得到了伟大的发展，而尤其显著的是哲学-社会科学的崛起和觉醒。这是社会科学第一次摆脱原始状态，在很大程度上相对独立发展的阶段。

然后，经过马克思主义产生以后的一个重要阶段，社会科学以建立在辩证唯物主义和历史唯物主义基础上为重要标志，又进入一个更新的时期。

第二次世界大战以后，由于新的科学技术革命的产生和发展，由于自然科学的突破性发展，还由于人类社会的巨大发展，社会科学也有了又一次伟大的发展，进入一个更新的发展阶段。

根据以上概略的叙述，我们可以将社会科学发展的历史分为四个时期：① 原始时期；② 混合发展时期；③ 独立发展时期；④ 扩展、深化、高涨时期。现在分述如下。

---

① 保罗·奥斯卡·克利斯特勒：《意大利文艺复兴时期八个哲学家》，上海译文出版社，1987，第27页。

② 同上书，第3-4页。

③ 同上书，第4页。

（一）原始时期

社会科学同人类的总体知识体系处于共同的母体之中，一种以相对独立性的知识因素（如关于人自身，关于人类早期社会的认识、知识）存在，另一种以迷信的和与其他知识混沌不可分的形态存在。这个阶段与人类的原始文化阶段基本相应，它随着人类社会进入古代文化发展阶段而结束。它相当于人类科学发展的史前史时期。

（二）混合发展时期

自然科学与社会科学混合发展，尤其是社会科学各基本学科混合发展。这种发展以内部的互相渗透、滋养和影响的形态不断整体地推动科学的发展，并分体地促进各学科的发展。资料、素材的增长，学科基础理论和理论因素的增长、材料的系统化（客观事实的系统化发展和人对其进行系统化整理与揭示），也都在这个时期进行。它经历了人类古代文化的早期发展阶段和繁荣昌盛时期（其中有四大文明的中国的文化发达期和古希腊、古罗马的古典文化发展时期），经历了人类在奴隶制社会和封建社会的上升阶段的文化发展期，同时也经历了黑暗中世纪的劫难和同时期仍然存在的文化发展（包括基督教文化的发展）。这个时期基本上可以划定为从原始文化时期结束、人类进入古代文化期开始到欧洲文艺复兴前为止这一段历史时期（公元前3000年左右即奴隶制时代开始到14世纪初）。

（三）独立发展时期（14—19世纪）

在这个时期，社会科学经历了两个重大的分化。首先是从与自然科学的混合体中分化出来，然后是从哲学的混合体中分化出来。如前所述，在14世纪初人文学科兴起，人类开始摆脱宗教的束缚，看到了人自身和人的价值，提高了人文学科的觉悟。克利斯特勒说，"人文主义者"和"人文学科""这两个词是在文艺复兴时期实际被使用的词"。又说："从这一定义中可以明显地看到，文艺复兴时期的人文主义是上述意义的人文学科的伟大兴起和发展。"[①]以人文学科为"契机"、为基础，其他社会科学学科也在延伸、扩展分蘖中诞生，形成社会科学群，而使它作为一个总体得到独立的发展。但是必须指出，这个时期，自然科学与社会科学仍然彼此渗透、影响、推动，促使各自发展和共同发

---

① 保罗·奥斯卡·克利斯特勒：《意大利文艺复兴时期八个哲学家》，上海译文出版社，1987，第3-4页。

展。恩格斯所指出的在这个时期自然科学方面的三大发现（即能量守恒原理、细胞学说和进化论），固然标志着和推动了自然科学的巨大发展，同时，对于社会科学也同样起到了推动的作用，引起了人们对自然、世界、社会以及人自身的新的认识、新的理解，在理论上做出新的概括，从而导致整个社会科学的发展。

这个时期还可分为三个发展阶段。

第一阶段从14世纪到17世纪中叶。社会科学从人文学科的兴起到社会科学各学科的发展，经历了逐步发展的过程。当进到16世纪时，人文学科走过过渡阶段而进入新的时期，从意大利大规模流入整个欧洲，深深侵入文化的一切领域。克利斯特勒指出："在16世纪可以看到人文主义知识继续大规模地流入整个欧洲。人文主义的影响不顾当时流行的宗教的专业的划分而深深侵入文化的每一个领域。"[①]在这个阶段，科学文化与人文文化都有着重要的发展。

第二阶段从17世纪下半叶开始到18世纪末。17世纪以后，科学发展有两个突出的现象：① 知识的迅速累积；② 在欧洲出现了科学家的社会角色与其他角色分离的重要现象[②]。在传统社会，掌握科学知识的人和从事科学创造的人，通常都是技术专家或哲学家，而科学家没有形成独立的社会角色。17世纪以后出现的这两个科学现象，无疑大大推动了整个科学的发展。与此同时，资本主义的迅猛发展既刺激了科学技术的发展，又为它提供了各方面的条件和素材，自然科学以"技术—科学"的序列发展形态迅猛向前发展，达到人类科学技术发展的第一个高峰期。这种社会的以及科学技术的原因和条件，促进了它的发展，越来越发展，也越来越丰富。复杂的社会和空前增长的社会问题的出现，人的各种观念深刻、空前的变化，也都促进了社会科学的发展。

英国威廉·配第创始资产阶级古典政治经济学，标志着近代社会科学的诞生和社会科学独立发展的开端。人类近代文明的基石也于此时奠定，它的重要标志与内涵就是科学理性和对人与人的价值的重视。整个科学，包括自然科学与人文社会科学，也都发展起来了。科学第一次飞跃的、突破性的发展，极大极快地推动了生产力的发展，改变了社会面

---

① 保罗·奥斯卡·克利斯特勒：《意大利文艺复兴时期八个哲学家》，上海译文出版社，1987，第42-43页。

② 约瑟夫·本-戴维：《科学家在社会中的角色》，四川人民出版社，1988，第41页。

貌；同时，也改变了人们对于宇宙、世界、社会、人自身的认识与理解，冲击了传统的人文观念与社会科学理论。这时期，表现为科学文化与人文文化同时的和互相促进的发展。不过，同前一时期两者的共同发展不同的是，自然科学显出飞速发展、创造突破的英姿，而人文社会科学则以承受冲击、改变观念与理论模式的姿态发展。

第三阶段从19世纪到20世纪初。19世纪是科学技术全面发展时期，是文化史上的"科学世纪"。这一阶段，自然科学作为生产力提高的主要动力与内涵，与社会经济的发展紧密结合，得到广泛的、巨大的发展，人类物质文明与科学文化得到重大的发展。但是"物欲来蔽，社会憔悴"，人文文化相对之下显得发展不充分。不过，整个社会科学在这个时期受到自然科学和经济、社会巨大发展的推动，而逐渐进行内部结构的分裂、扩充，建立起各种学科的基础，并逐渐体系化。

丹尼尔·贝尔在《第二次世界大战以来的社会科学》的附注中，列举了社会科学几门主要学科建立发展的简况，它很好地标示了社会科学在这个阶段发展的概貌和时间表。他指出："建立学科的血统的最简单方法是排列学科鼻祖的世袭关系。"按此方法，他做了如下排列。经济学：祖父辈是亚当·斯密、T. 马尔萨斯和D. 李嘉图，时间是从1776年至1810年；父辈是A. 马歇尔和L. 瓦尔拉，时间是从1870年至1890年。社会学：祖父辈是孔德、卡尔·马克思和H. 斯宾塞，时间是从1850年至1870年；父辈是E. 迪尔凯姆和M. 维贝尔，时间是从1890年至1915年。心理学：祖父辈是H. 赫尔姆霍茨、E. 维贝尔和G. 费尔纳，时间是从1839年至1860年；父辈是W. 冯特、W. 詹姆斯和S. 弗洛伊德，时间是从1879年至1910年。人类学：祖父辈是E. B. 泰勒和G. 弗雷泽，时间是从1879年至1900年；父辈是F. 博阿斯和B. 马林诺夫斯基，时间是从1910年至1920年。从这种列举中大体可以看到社会科学在19世纪至20世纪初独立发展的轮廓。

特别需要提出的是，在19世纪中叶出现的马克思主义的世界观与方法论武装了社会科学，使它建立在科学的基础上，为它的各门基础学科的健康发展奠定了科学基础。

（四）扩展、深化、高涨时期（20世纪中期，特别是第二次世界大战之后到现在这个时期）。

由于科学技术新的、突破性的发展，新的科技革命时代的到来，以及世界形势和现代社会的巨大、广泛、深刻的变化，一方面是自然科学新的突破性发展，另一方面是社会科学由于自然科学巨大发展而带来的重大发展和由于同一原因而带来的对于社会科学调控、指导社会发展的迫切而重大的需要，促进了社会科学的发展。在高度分化的基础上，出现了高度的综合，新兴学科、边缘学科、交叉学科不断发展，给社会科学带来了全面扩展与深化的发展势头。社会科学的力量越来越大，地位与作用也越来越强。虽然出现了自然科学与社会科学互相渗透、交融以至一体化的强大趋势，但是它们各自的独立性却越来越强。丹尼尔·贝尔指出："在过去三十年左右，社会科学成了公众最注意和最寄予希望的科学，这是社会科学的历史上前所未有的……"这个论断是符合事实的。这个事实表明，在科学这个共同体中，自然科学越是发展，社会生产力越是发展，人类社会越是发展，社会科学也就不仅越来越发展，而且对于人类社会的发展越来越具有重大的作用。

从以上简述中我们看到，社会科学的发展有几个值得注意的规律性现象。

1. 社会科学的发展受到社会、文化、环境的制约

社会科学的发展也处于这个互相连接、渗透的发展"环"之中。社会的抑制或社会的需要，往往极大地影响或推动了科学（包括社会科学）的发展；文化则在总体上组成科学发展的背景，四大文明古国和后来的希腊、罗马，17—18世纪及以后的欧洲，都为它那个时代的科学发展提供了深厚的文化基础；具体的环境（包括自然、社会、人文环境）作为一个外在因素，也对科学的发展产生巨大、深刻的影响。

2. 社会科学的发展同哲学、自然科学的发展密切相关

哲学为自然科学的发展、为社会科学的发展提供了资料、素材和方法上的支援；但更重要的是，哲学与自然科学能够在总体上武装社会科学，使它具有不断更新的对于自然、社会与人的知识，获得新的世界观与方法论。在人类历史上，每当哲学与自然科学进入新的发展时期，就必然带来社会科学的更新与发展，社会科学总是要从哲学与自然科学中汲取思想营养。

3. 社会科学家作为社会角色的诞生，对于社会科学的发展起着重大的作用

约瑟夫·本-戴维在评价17世纪科学家角色的出现时，认为它促进

了科学的长足进步和广泛发展。他指出，在17世纪，欧洲有些人第一次认为自己是科学家，科学家角色出现了。这个新的社会角色的出现，一方面表明了从事科学研究、科学工作的人们的自我意识与自我确认，另一方面也表明社会接受并尊重这种自我认定。而这两方面正是集中表现了在科学上若干项独立发展的结果。将这些综合起来，就可以得出结论：科学家角色的产生，作为结果，标志着科学的发展；与此同时，它也作为一个新的起点、新的事物，标志着科学进入一个新阶段的发展。社会科学家的角色产生也是如此。

4. 社会科学在人类历史上，对人类社会的发展起了重大的作用

社会科学与自然科学相比，带有战略的性质，带有指导、调控人类社会发展的意义。社会科学的这种作用，随着人类社会的发展和人的自我力量的增强而不断增强。美国罗伯特·唐斯所著的、在世界上具有广泛影响的著作《影响世界历史的16本书》中，列举了15世纪至20世纪出版的16本著作，其中有10本是社会科学著作（6本是自然科学著作），这反映了近代以来社会科学对人类社会发展的重大贡献。社会科学的这种发展趋势，在20世纪70年代至80年代更为突出了。

## 三、中国社会科学发展的民族特点

中华民族形成、发展的特点，中国文化发展的特点，带来了中国社会科学发展的独特的民族色彩。它在与人类科学发展路径大体一致的前提下，具有自己的特点，特别是有别于西方社会科学发展的历史。社会科学发展的这种民族特点，至今仍然保留着它的基本形态，既成为中国当代社会科学发展的特点，又有中国社会科学在发展中需要改革和变异的方面。这种状况也带来了中国社会科学学的特点。中国上古史的科学文化，集中反映在中国文化的一个含义广泛、深刻而又模式化了的"文化载体"之中，这就是"八卦"。但是，八卦事实上又蕴含着丰厚的人文文化。以此为滥觞，中国的科学文化与人文文化融为一体，循着自己独特的道路发展。在尔后的漫长岁月中，中国的科学技术一直在世界各民族中领先发展。但同时，在整个文化中，人文思想丰厚深邃，文化的伦理特质很突出。这给予中国原始阶段的社会科学以特异的条件，得到更为明显的发展。一部《易经》，熔自然科学与社会科学于一炉，汇文

史哲于一体。进到春秋时期，诸子百家，论辩争鸣，开创了文史哲汇于一体的社会科学原始发展阶段的第一个高峰。可以说，诸子百家的繁荣，就是原始阶段社会科学的繁荣。这种特质至今给予中国当代社会科学以深刻的影响，给中国学派以特殊的形态与价值观。李约瑟在其巨著《中国科学技术史》中，对中国古代科学技术发展水平和它对世界科技、为整个人类文明发展的贡献给予了高度评价。他指出："人类历史上的一些基本的技术正是从这块土地上，生长起来的。"①中国的四大发明对世界文化与人类文明的伟大贡献世人皆知，马克思、恩格斯给予了高度的评价。但是，有趣的和不幸的是，在中国历史上，科学技术却不受重视，没有被放在应有的地位上。孔子的学说中，以"奇技淫巧"来形容科学技术，连桔槔这种原始的利用杠杆的打水工具都被视为可能引起机巧之心的可怕怪物；历代皇朝以礼部、吏部为重，其尚书为上卿，而工部及其大臣的地位相对低下；皇帝取士以诗文为根本，为官作宦也以"修身养性齐家治国平天下"为圭臬、为己任。这种重人文、轻科技的文化思想和指导政策，推进了以文史哲浑然一体为形态的原始阶段社会科学的发展繁荣；同时，固然有推进自然科学发展的一面，但也不可忽视地存在抑制科学技术发展的一面。在西方，是由科学而推演出人文，正如我们在15—16世纪的西方历史中所见到的；但中国则是由人文而一面引导、一面抑制了自然科学的发展。

钱穆指出，人类文化可分为两种类型：一是外向的，即外倾性文化，这是西方文化的特点；二是内向的，即内倾性文化，这是中国文化的特点。外倾性文化，有如中国《易经》上所说的，是"开物成务"的文化；内倾性文化，则如《易经》所说的，是"人文化成"。钱穆解释说："无此物，创此物，是为'开物'。干此事，成此事，是为'成务'。"他指出，这两项都是人生表现在外的价值和成就。而"人文化成"则不同，它注意人生的内部价值与成就，"要在文化本身内部讨论意义与价值"②。这种文化精神上的差别，带来了自然科学与社会科学的不同发展途径。我们不妨这样列举两者的差异：西方文化是外倾性的，是"开物成务"，重物质，重自然，重形似，重逼真，重实验，重

---

① 李约瑟：《中国科学技术史》第1卷第1分册，科学出版社，1975，第20页。

② 钱穆：《中国文化丛谈》，三民书局，1984，第115、116、12页。

思辨，重客观规律之追究，重创造发明，重实际与实践；而中国文化是内倾性的，是"人文化成"，重精神，重人伦，重神似，重写意，重体察，重内省，重主观体验，重主观境界之揣摩，重整体地、模糊地把握对象，重心造之境、人造之境。我们不能在两者之间区分优劣，但可以寻求差异和追寻互补。这里应该指出的是，外倾性文化有利于自然科学的发展，而内倾性文化则有利于社会科学的发展。西方文化中，科技文化具有优势；而中国文化中，人文文化即社会科学文化具有优势。

李约瑟指出，中国的自然科学长期以来仅停留在经验阶段，并且只有原始型和中古型的理论。但是，他又指出，中国却产生了有机的自然观（不同学派有不同的形式与解释）；而在西方，近代科学经过了机械唯物论几个世纪的统治之后，才采取相似的有机自然观[①]。这种情形不能不说是由两种文化品性的不同而造成的。同时，也反映了中国社会科学的发展优势。

这里还必须指出，李约瑟正确地说明了中国在早期社会，科学技术的应用比希腊和欧洲古代社会更容易[②]。这说明，中国科技文化的落后更多地表现在理论总结方面和学科建设上，而不是表现在科学技术的创造发明与实际运用上，当然更不表现在民族智能的差异上。

当然，这些都是指社会科学从原始阶段到独立发展阶段前这一漫长的历史时期。当社会科学在西方进入文艺复兴之后的独立发展阶段，社会科学建立各学科的基础，进行科学的分类，经过前述"祖孙之辈"的发展，建立起近代社会科学体系；特别是马克思主义出现后，更把社会科学建立在科学的基础上。这一时期，中国文史哲浑然一体的传统社会科学规范就显得落后了，不合乎时代潮流了。

在17世纪之后，西方耶稣教会的传教士带来欧洲的近代自然科学。中国的有识之士便用心学习，大胆吸收。

从此之后，"中国科学就逐步融化在现代科学大熔炉中"[③]。不过，这种接受和融汇的过程是缓慢的。其原因有二：① 王朝闭关锁国的落后政策和落后的封闭经济在政治、经济、社会等方面的抑制；② 中国传统人文文化在思想方法、体系上的抑制。这种缓慢的过程和在总体上

---

① 李约瑟：《中国科学技术史》第1卷第1分册，科学出版社，1975，第3-4页。

② 同上。

③ 同上书，第2-3页。

的缺乏觉悟，直到近代经过戊戌维新运动，特别是经过五四新文化运动，才掀起了中华民族兴起科学与民主运动的高潮，大量输入了西方的近代自然科学和近代社会科学。这才真正冲击了中国传统的社会科学规范，开始建立和发展起近代社会科学体系。

但是，这种现代科学文化的建设，又历经曲折，进展受阻。尤其是在第二次世界大战之后和20世纪60—70年代，西方自然科学和社会科学重大的、突破性的、带有革命意义的发展，把我们原来就落后的地位又更后移了。直到20世纪70年代末80年代初，党的十一届三中全会提倡思想解放，实行开放政策，打破了长期封闭的状态，中国的社会科学才得以复苏、创建、发展，进入新的境界。不仅传统社会科学体系受到冲击，予以再评价，而且近代以来由西方社会科学体系、50年代引进的苏联社会科学体系、我国传统社会科学体系组成的现代模式也受到冲击，接受人们再认识、再评价的检验。目前，新的既有民族传统又吸取了当代国际社会科学成就的中国社会科学体系正在形成。

回顾中国社会科学几千年发展的历史，我们看到了早期有机自然观形成、人文文化优势发展、自然科学（科技文化）在实践上的辉煌发展等优异特质，也看到了人文文化对科技发展的抑制、科学理论相对落后、近代以来长期闭关锁国发展缓慢等不利因素。这是我们考虑当代社会科学建设时应予重视的条件与特点。我们正面临一个新的发展时期。社会主义初级阶段广泛、深刻的社会实践，生产力的不断提高，经济、社会的向现代化发展，文化的向现代化转化，开放的社会和良好的环境，都将为社会科学的发展提供动力、创设条件、给予刺激。我们总结经验，兴利除弊，积极吸收，大胆创造，定能创造和建设具有民族特色的、现代化的、马克思主义的社会科学体系。它不仅将造福中国人民，也将为世界人民和国际社会做出贡献。

当然，这个新体系也为创建中国的社会科学事业开创道路、奠定基础。

# 社会科学工作者的心理素质要求

任何一个具有创造能力的科学工作者，都是具有特殊心理素质的人。这种心理素质来自遗传、环境和文化三个互相渗透、影响的因素。人们可以对自己的心理素质进行培养和自我开发，达到自我实现的目的。

对于一个社会科学研究工作者来说，其心理素质有与其他从事创造活动相同的因素，也有一些特殊的因素，或者虽是共同的因素但却有着需要特别强调的方面。

如果我们对一般创造心理能力进行一个粗线条的有序排列，那么可以用下面的图式表示。

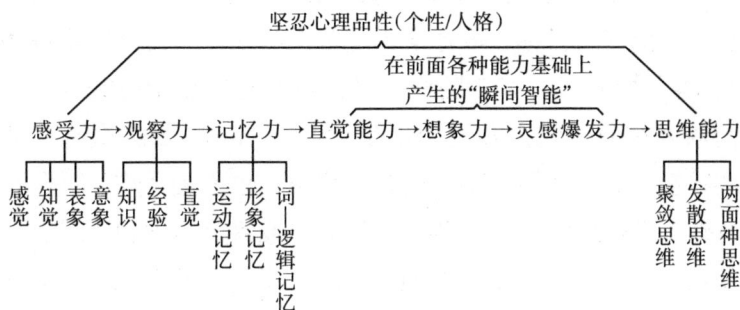

图中各项对于创造能力的产生都是重要的。不过，我们在这里只提出四项来略加申述，它们是："两面神思维"、直觉能力、灵感爆发力和坚忍心理品性。除了它们个体的作用力之外，在图中还可以看到它们在系统中的综合作用与力量。

## 一、"两面神思维"

这是一种思维方式、思维特点，也是一种方法论。对于主要运用观察、分析、思考的科学工作者尤其是社会科学家来说，它显得特别重要。美国精神病学家 A. 卢森堡在对有创造性成就的人物作了大量调查和分析后，提出了这个概念。按照他的解释，所谓"两面神思维"，就是"同时积极地构想出两个或更多并存的和（或者）同样起作用的或同样正确的相反的或对立的概念、思想或印象。在表现违反逻辑或者违反自然法则情况下，具有创造力的人，制造了两个或更多并存和同时起作用的相反物或对立面，而这样的表述产生了完整的概念、印象和创造"[①]。卢森堡认为，爱因斯坦的创造能力是一个"两面神思维"的典型例子。他说："爱因斯坦一生的思维似乎大多是关于对立面的问题。"因此可以说，"两面神思维"的实质就是从对立之中去把握对象，它与辩证法是一致的、相通的，但它是在这个基础上形成的一种具体地、习惯地把握对象的思维方式与工作方法。也可以说，它是辩证法的具体化。社会科学研究工作者面对的是纷繁复杂、变动不断的人类社会和人自身，它们就是充满着矛盾和在矛盾中前进发展的。因此，社会科学研究工作者不能满足于按照一个预想目标进行一般的相关联想；一般的分支、交叉、横向关系的把握，也不能满足于在对立的、矛盾的事物中求得对于一方的肯定和支持，以形成自己的意见、评估和结论。当然，更不能按照自己预定的目标，取己所需地去拼凑结论，而是要掌握和运用"两面神思维"的方式，在头脑中同时保持着对立和矛盾的东西，并且对对立的双方在同一时空和同一水平上进行把握。既这么看，又那么看；既这样想，又那样想；不是调和、折中，也不是平均、平衡，而是在双相基础上进行思考，深入研究。然后，或者是达到和谐统一，或者是一方在互渗、互补、互促的条件下为另一方"服务"，或者是在矛盾中把握了对象。这样的思维产品，总是富于创造性的、非同一般的、具有独立价值的成果。

## 二、直觉能力

爱因斯坦曾经说："我信任直觉。"[②]他的科学创造，还有其他许多

① 舒炜光：《爱因斯坦问答》，辽宁人民出版社，1985，第142页。
② 同上书，第159页。

著名科学家的创造，都有得到直觉之助而获得成功的经验。因此，他们给予直觉能力很高的评价。直觉被看作科学创造中一个重要的创造心理因素，是因为它把握对象，进行直觉判断和直觉思维，总是迅疾地、瞬间地、直接地接触对象的本质，特别是它有时会表现为一种猜测、预感和洞察力。居里夫人在镭元素的原子量测定前四年就宣布它的存在，并给予了它后来确定使用的名字。这被劳厄称为"以直觉的预感击中了正确的目标"。

当然，这种直觉不是日常生活中和普通心理中一般心理能力中的直觉，而是在直觉的高水平发展基础上的直觉能力，即在其他各种条件（包括心理条件）都具备的基础上所发生的直觉判断和直觉思维。它不是天赋的才能，而是长期努力的智能的火花。基础广泛而深厚的良好教育，本学科深厚的基本功和高度修养，跨学科和广泛领域的知识积累，对所研究和思考对象的广博深邃的知识以及积极的创造愿望和信心，还有平时的深入思考，都是直觉判断和直觉思维得以产生良好效果的基础和预备条件。因此，直觉能力是可以培养、可以自我开发的。

直觉能力作为一种基本功、潜在心理能力，在发生作用时，表现为一种跳跃的、超越的、"直取对象"的、非逻辑的、超常的力量，因此特别富有创造性。但是应该指出，它的形成和发展必须具有一定的主观和客观条件。当然，还应该指出，在直觉判断和直觉思维之后，必须继之以长期的、冷静的、逻辑的、有序的解析、推理、判断和论证；否则，也只能是无效的虚功。

### 三、灵感爆发力

灵感不是神灵的力量，而是思想领空的彗星。它的出现是有规律可循的。除了与直觉产生的诸种相同条件之外，诸如对对象长期集中注意的思考。这种思考有意识或无意识的积累，有关问题在潜意识中的存在以及思考的暂时中断（给潜意识以活动机会）等，都是灵感爆发的内在条件。有了这些内在的条件，再加上外部偶然事件的刺激和触发，就会爆发出灵感的火花来。任何创造性研究成果都要有灵感的帮助，而灵感自身也是创造性劳动的产物，是创造能力的心理升华。爱因斯坦认为，灵感有时是必不可少的。他说过："我相信直觉和灵感。"①

社会科学研究工作者同样需要灵感。这是他们获取创造性成果的必备心理条件。他们在掌握了大量素材、资料，长期观察、体验、分析对象的各个方面，并长期就有关问题进行思考之后，就会有条件产生灵感，得出对研究对象新的理论概括来。这些研究成果，既是长期积累的收获，又是一旦爆发"偶然得之"。

## 四、坚忍的心理品性

具有坚忍的心理品性，对于社会科学研究工作者来说很重要。坚忍，表现为不怕艰难险阻，不畏强暴压力，不怕寂寞冷遇，不怕孤立，有自信心，能够抗干扰、"坚持己见"（在拥有事实和理论依据基础上的见解），以及对创造性成果的执着追求上，等等。这是一种综合品质的集中表现。胆怯、缺乏自信心、过分谦抑，以及倦怠、冷漠、懒惰、兴趣狭窄等，都会使人失去创造力和想象力，灵感消逝、直觉迟钝。那些半途而废、时作时辍、受挫即停、浅尝辄止等心理病症，都是坚忍的对立面，是创造力的"杀手"和窒息剂。S. 阿瑞提在《创造的秘密》中论述创造个体所具有的个性特征时，引用了托兰斯的研究结论："一个具有高度创造力的人，是利他主义的、精力旺盛的、刻苦勤勉的、百折不挠的、自我肯定的和多才多艺的。"这些品质都可以包含在"坚忍"这个心理品质之中。坚忍品性综合显示了一个创造者的心理品性特征。

必须指出，以上诸种心理能力，包括本文没有展开阐述的感受力、观察力、记忆力、想象力等，都是相互渗透、相互融通、相互促进地汇聚在某一个体身上，并在同一时空中发生作用，表现为一种综合智能。不过，其中某一项或某几项心理能力可能会在某一具体研究活动中发挥更为突出和明显的作用。同时，不同的个体也会有某一项或某几项心理能力较为突出的情形，显示出个人心理素质的特点。

①　舒炜光：《爱因斯坦问答》，辽宁人民出版社，1985，第160页。

# 当代社会科学发展的新趋势[①]

## ——本院邀请彭定安同志作学术报告

本报记者报道：1989年11月14日上午，本院举行学术报告会，邀请辽宁社会科学院副院长彭定安同志作"当代社会科学发展的新趋势"学术报告。参加听报告的有全院科研人员和职能部门负责同志，共80余人。

彭定安同志详尽地分析了当代社会科学发展的趋势。他说，所谓"趋势"，就是事物由于它内在的结构和特质以及受到外界影响所造成的向性发展。社会科学发展的趋势就是了解社会科学内在的结构和特质，以及它可能受到各方面条件和环境的影响所形成的一种趋势。掌握这个趋势，对于我们把握科研（包括主题的选择、研究的方向和方法）具有决定性的意义。

在谈发展总趋势之前，彭定安同志简要地描述了社会科学形成和发展的历史过程。接着，他阐述了当代社会科学发展新趋势的表现，要点如下。

（1）当代社会科学研究的面越来越宽广，研究越来越深入、细致。现在社会科学真正可以说是"海阔凭鱼跃，天高任鸟飞"，几乎没有一个经济社会发展课题不需要社会科学加以干预或帮助。

（2）表现为新学科的不断产生。现在社会科学发展的趋势是分得越来越细密，这是由于研究的对象增加了，研究对象本身越来越发展，研究的手段越来越强化、科学化、现代化。所以现在社会科学的各个学科排列起来是很多很多的。

（3）表现为边缘学科、交叉学科的不断产生。一是自然科学和社会

---

① 原载《社科院生活》第9期（江西省社会科学院办公室编），1989年11月25日。

科学交叉的学科；二是社会科学各个学科之间的交叉学科。社会科学和自然科学的交叉，一个是顺向的，如社会医学；一个是逆向的，就是自然科学向社会科学延伸的，如医学心理学、地震社会学，这就是边缘学科，即相邻的学科甚至是非相邻的两个学科之间发生交叉，由此而形成很多学科。

（4）社会科学和自然科学的互相渗透、互相结合以至于互相融汇。这个方面的表现是越来越强大的。一是指导思想和研究方法方面的结合；二是在生命科学方面的结合。

（5）当前一个很突出的趋势就是社会科学的结构性的变化。一是自然科学和社会科学两者的结构发生了变化，社会科学所占的比重越来越大，分量越来越重，地位越来越突出，发挥的作用也越来越大；二是在社会科学内部自身的结构发生了变化，边缘学科、交叉学科等新兴学科的比重不断增加，各个学科互相之间的结构比例也发生了一些调整和变化。

（6）表现为宏观学科的产生和发展。这主要是系统论、信息论和控制论。数学也是宏观学科，大概念的数学实际上是一个横断学科。小概念的哲学属于社会科学，大概念的哲学则是站在自然科学和社会科学之上的，中概念的哲学也应该是横断学科。中国的社会科学工作者不管是搞哪个学科的，都应该有文史哲的基础知识。所以哲学、数学、"三论"都必须掌握。

（7）表现为综合研究的发展。一是要求广泛把握研究对象的各个方面，进行有机的综合研究；二是研究的方式、手段综合化，就是同一个课题由几个学科一起研究。

（8）表现为研究整体化的要求。在研究的过程中越来越注重整体地把握研究对象，而不是把对象割裂开来进行研究。当然，在整体把握的过程中，又要分解地进行研究，但是分解研究时应注意把握研究对象的整体。

（9）表现为社会科学研究的数学化和定量化。运用数学手段进行定量化分析，使定量分析成为定性分析的一个可靠的科学依据。

（10）社会科学研究越来越经济社会化。经济社会的发展越来越科学化，科学研究越来越经济社会化。就是说，社会科学研究为经济社会发展服务越来越强大了，对经济社会发展所起的作用也越来越大了。现代经济社会的发展越来越按照科学的轨迹来指导它。从辽宁的工作看，社会科学研究为省委省政府服务大体上有三个方面：一是咨询性的；二是情报性的；三是在决策方面提供建议。

（11）社会科学研究与决策行为的结合越来越紧密，也可以说，理论和实际的结合越来越紧密。现在理论的实践含量越来越大，几乎没有完全抽象的理论，理论和实践的关系越来越紧密；同时，实践的理论含量也越来越大。所以，社会科学工作者应该向理论–实践型发展。

（12）社会科学研究国际化和社会科学形成世界模式的趋向正在产生。一是研究对象中很多东西是国际性的，比如环境污染问题、粮食问题、人口问题、社会犯罪问题、生态平衡问题是人类面临的共同问题，不管是社会主义国家还是资本主义国家都要研究；二是一些研究课题需要开展国际性的合作研究。另外，一些世界性的社会科学共同语言也在形成，这个语言是指术语，或者是数学概念里的语言。当然，有了世界模式，不等于说各个学派都融为一体了。我们了解掌握这个趋势，有利于我们在国际社会科学界进行对话，有利于我们自身的发展。

（13）表现为社会科学研究的人文性在强化。

（14）社会科学视野，由基本的西方视野向东西方结合的视野转换。现在的社会科学更加重视东方文化及东方的哲学、美学、文艺理论等的研究。我们有的社会科学工作者只注意研究西方，反而忽略了我们自己传统的东西。这是不好的。

（15）表现为马克思学的兴起。一是社会科学的马克思主义学派在发展，在强化，在提高。第二次世界大战之后，苏联社会科学界有很大发展，我国这十年来社会科学的发展是全面推进。我们基本上、总体上是一个马克思主义的社会科学学派。而西方一些真正的马克思主义社会科学工作者也不少，他们不是信奉马克思主义的，但他们从事社会科学研究则应用马克思主义的一些方法。二是西方马克思学的兴起，虽然有些不对的地方，也有些合理的地方，但重要的是在第二次世界大战后社会科学总体发展中，马克思学的兴起对于社会科学向21世纪发展发挥了越来越大的作用。把这一条放在最后，不是说它是次要的，而是说一个总体性的，总括前面十几个新趋势的表现。

最后，彭定安同志说，从当代社会科学发展趋势出发，社会对一个现代社会主义的社会科学研究工作者的素质要求越来越全面，标准越来越高。他认为，一个合格的或者说比较好的社会科学工作者必须达到以下六个标准：

第一，应该有基本的马克思主义的训练。

第二，要具备较高的文化层次。

第三，形成一个专业知识过硬、对相邻学科的知识有一定掌握而又具有自己独特个性和特长的知识结构。

第四，有一个较高的思维水平。既掌握逻辑思维的能力，又有形象思维的能力；既有发散性思维的特性，又有聚敛性思维的特性；此外有较高的直觉能力、顿悟能力、灵感思维能力。

第五，有一个较强的心理素质，越是困难的课题越愿意去研究。

第六，必须有扎实的外语能力。

# 社会科学需要一个大发展①

——关于社会科学院的性质、任务和发展规划的设想

社会科学迫切需要一个大发展。这是我国"四化"进程中提出的一个重大课题、建设社会主义精神文明的重要组成部分，也是发展我国民族科学文化事业的历史任务。然而，什么是社会科学，它对于物质文明和精神文明的建设起什么作用，作用的范围和作用力有多大，它在精神文明整体结构中居于什么地位，我们应该怎样去发展它，作为社会科学研究机构的社会科学院的性质、任务是什么，等等，这些发展社会科学事业中带有根本性质的问题，现在还不为大家所理解。辽宁社会科学院的状况和研究工作的进展，也同样不太为人们所知。因此，我们需要进行广泛的宣传和呼吁，争取全社会的支持。

这里我仅就这些问题作一个概要汇报。

我们首先需要明确一下：科学，是应该包括自然科学和社会科学这

---

① 1983 年 7 月 27 日在辽宁省宣传工作会议上的发言。

两个部分的。这一点，邓小平同志早在1977年就明确地指出过："科学当然包括社会科学。"①中共中央在转发《全国哲学社会科学规划座谈会纪要》的通知中又明确地指出："十二大报告把发展科学确定为战略重点之一，这里所说的科学包括社会科学在内。"为什么要把社会科学同自然科学平列起来提出呢？这既如实地反映了科学本身的性质，又说明了社会科学尚未普遍被重视，有必要强调提出这种现实状况。

事实上，"科学"是社会科学与自然科学的有机的结合体。从理论上讲，它们是人类在同自然斗争、改造自然和从事社会斗争、改造社会的伟大实践中，从无到有、从小到大、从低级到高级、从混沌一体到逐渐分离地产生、生长和发展起来的。在这个漫长的历史发展过程中，它们是相辅而行、相互影响、推移、渗透和促进的。它们是人类思想文化史这个"连理枝"上同时盛开的两朵艳丽花朵。在人类艰苦而伟大的历史实践中，自然科学和社会科学作为两翼，曾经共同发挥了推动历史前进的作用。不过，科学技术在封建社会受到长期的遏制，直到资本主义社会才得到突飞猛进的发展；而社会科学则是在马克思主义产生以后，才真正建立起来，形成科学体系的。

自然科学对于人类社会进步所起的作用，人们是比较了解，也容易看到的。然而，社会科学的作用却往往不易为人们所了解。甚至有的人感到，社会科学一不能出物质产品，二不能提高生产力，是可有可无、没有什么作用的。这当然是一种误解。事实上，社会科学对于人类社会的发展是有很大作用的，其作用范围很广，其作用力也很大。在这些方面，它同自然科学只有不同范围的量的差异，而没有根本的不同。那么，社会科学有些什么作用呢？

第一，社会科学作为以人类社会和人类自身为研究对象的广泛的科学群体，是以解决人类社会发展过程中所遇到的范围极其广泛的问题为己任的。因为它自身就是在人类为了解决这些问题而努力奋斗的实践中产生和发展起来的。自然科学固然可以作为手段担当改进和提高人类的生产面貌和生活水平的任务，但是如何认识、掌握人类历史和社会发展的规律，如何设计、安排国家的政治、经济、法律、文化、教育的制度以及社会组织、婚姻家庭制度、道德规范、行为规范等，都要靠社会科

---

① 邓小平：《邓小平文选（1975—1982年）》，人民出版社，1983，第45页。

学研究来进行探索、研讨、调整、改进。比如我们现在的工厂企业，有了先进的技术、现代化的设备，当然会提高生产力；但是如果体制、工资制度、职工的思想、文化水平和道德水平、人与人之间的关系等问题不解决，生产力的提高仍然会受到很大的限制，先进的技术设备可能被闲置或不能发挥应有的作用。更为重要的是，社会科学在人类变革时期，总是作为变革的思想理论准备和变革的指导而发挥巨大的作用。它本身也在这种斗争实践中得到发展、提高。西方资产阶级革命时期，政治、经济、历史、教育、文学等学科都曾经起到这种作用，并且丰富和提高了社会科学自身。我们中国共产党人曾经依靠社会科学的武装即马克思列宁主义（马克思列宁主义本身就是社会科学的核心组成部分，同时，它又使整个社会科学建立在科学的基础上）的武装打下了人民的天下，我们还将运用它来建设社会主义和共产主义。打倒"四人帮"以来，我国社会科学在拨乱反正以及探索经济改革的过程中都发挥了自己的作用。中共中央1982年48号文件指出："会议认为，粉碎江青反革命集团以来，特别是十一届三中全会以来，哲学社会科学战线取得了显著的成绩，冲破了长期以来教条主义和个人迷信的严重束缚，积极投入了理论战线上拨乱反正的斗争，并对社会主义现代化建设中的理论问题和实际问题进行了有益的探索，提出了不少有价值的见解，对党和国家制定有关方针政策发挥了参谋和助手作用。"这段话不仅高度评价了十一届三中全会以来，哲学社会科学战线所取得的成绩和所起的作用，而且阐明了社会科学在决定国家命运、社会发展方向以及探索国家建设中的理论和实际问题等方面所能起到的重要作用。今天，我们要建设有中国特色的社会主义，仍然要从事社会科学各种学科的研究，从中取得单项的和综合的成果，在党和国家做出决策时，发挥参谋和助手作用。因此我们可以说，在"四化"建设的过程中，自然科学是关键，而在根本上解决问题还要靠社会科学。

第二，社会科学的学科很多，最基本的有哲学、经济学、历史学、文艺学、法学、社会学等学科。它们既独自发挥其特有的作用，又互相推动、互相渗透地综合地发挥作用，来解决人类社会发展过程中的各种各样的问题，提高人类的科学文化思想道德水平，建设人类的精神文明。比如哲学，正如马克思所说，"任何真正的哲学都是自己时代精神的精华"，"它是文明的活的灵魂"。哲学作为人类的精神武器是精神文明建设的核心，它是提高人们的理论思维能力的重要学问。经济学的作用是大家所熟知的。这里仅提出一点，如管理科学的研究和普及，对于我们现代化建设的作用，就是很可重视的。管理科学化了，即使在不增加机器设备、改进技术的条件下，也能使生产大幅度增长。文学是人类精神文明这个多极结构上的一颗"明珠"。文艺学以其对文学多方面规律的探索和对文学作品思想与艺术的阐述，而把"明珠"的光辉普照于社会的广大群众之中，这既有利于提高人民群众的思想、文化、道德、知识水平，又是青少年和群众通向文化的最有效途径。法学研究是我们当前加强法治建设的重要方面。至于社会学，对于青少年犯罪、家庭婚姻问题等社会问题的解决，是能起到很好作用的。

第三，社会科学在培养人才方面的作用是很广泛、深刻的，是不可忽视的。社会科学的各个学科对于提高人们的理论思维能力和形象思维能力，对于提高人们的思想能力、逻辑力、分析力，总之，对于提高人的智力，具有很大的作用。这种作用表现在两个方面：一方面，社会科学各个学科的科研成果本身，是培养、提高人们智力的"营养品"；另一方面，不少社会科学的研究成果是属于如何提高人的质量（智力和道德水平）、如何培养人才方面的，它们在内容、方法论和途径上为培养人才指引道路、提供指导。

第四，当今社会，社会科学与自然科学发生互相影响、渗透甚至合流的现象。这是科学发展的必然趋势。马克思早就指出："正像关于人的科学将包括自然科学一样，自然科学往后也将包括关于人的学科：这将是一门学科。"[1]列宁也曾指出："从自然科学奔向社会科学的强大潮流，不仅在配第时代存在，在马克思时代也是存在的，在20世纪，这个潮流是同样强大，甚至可说更强大了。"[2]近20多年来的事实证明了马克思和列宁的这个预言。现在一系列边缘学科和新学科纷纷出现，反映了自然科学和社会科学的这种互相渗透与合流。这种趋势将导致大科学的出现。它将囊括社会科学和自然科学两部分，将以综合的力量来解决人类社会面临的新的问题。

第五，社会科学研究同决策行为的结合越来越紧密，决策科学化和

---

① 马克思：《1844年经济学哲学手稿》，人民出版社，1979，第82页。

② 列宁：《列宁全集》第20卷，人民出版社，1963，第89页。

决策科学的出现反映了这种趋势。因此，许多研究机构承担政府或公司的研究课题，后者为了对某项事情进行决策，也向研究机构"订货"。现在我们在实践中也深深感到，靠个人或少数人的经验、靠行政权力来就政治、社会、经济问题进行决策已经不行了，甚至靠某一行当的少数专家学者的知识、经验来决策也是不够的。许多重大问题需要多学科的众多专家学者来出谋划策，提供多种方案或进行可行性论证，以及随时接受咨询。

以上我们仅仅综合地、极概略地介绍了一下社会科学的作用、作用范围和作用力，由此可见社会科学对于社会发展、对于各项工作、对于精神文明建设的广泛而巨大的作用。

然而我们不得不指出，现在存在着自然科学和社会科学发展不平衡的问题。这种比例失调给社会发展带来了问题。就世界范围来说，存在这个问题。这是同资本主义世界科学技术高度发展，而人的精神空虚、社会危机严重的状况相一致的。人们已经注意到这个问题，并且在设法调整。联合国科教文组织已经提出了这个问题，并试图解决。但资本主义制度不改变，这个问题是解决不了的。

我国在这方面存在的失调问题，则是另一种性质和另一种情况。我们主要是生产落后和科学技术落后状况迫切需要改变，不能不在自然科学方面多花钱、多发展。但是，现在社会科学的发展问题已经迫切地提出来了。对于具有中国特色社会主义道路的探讨，对于2000年的中国的设想，对于"四化"进程中理论问题和实际问题的探讨，对于社会主义精神文明建设理论与实际问题的探讨，以及对于社会问题、道德问题、伦理问题等各类问题的研究，等等，都需要社会科学事业的发展。各级党组织和政府在决策时，在许多问题上也需要社会科学工作者发挥参谋和助手作用。因此，使社会科学有一个大发展，已经是当前迫切需要解决的一个问题。

为了发展社会科学，当然要有相应的研究机构。各省市社会科学院便是适应了这个需要而在打倒"四人帮"之后先后建立起来，并得到发展的。社会科学院应当成为党和政府的得力助手。研究和解决我国社会主义现代化建设中提出的重大理论问题和实际问题，是哲学社会科学工作者的根本任务。为了完成这个任务，社会科学院必须进行两方面的工作：一是进行为四个现代化服务的社会科学研究；二是进行现代化的社会科学研究。

社会科学院正是通过这两方面的科学研究工作，来发挥党和政府的得力助手作用。这个作用的实现，则主要靠提供扎扎实实的、系统的、创造性的、具有科学价值的研究成果来实现。由此可见，社会科学院作为党和政府的助手，不同于一般厅、局，它的特点是发挥智囊团作用和咨询机构的作用，同时也适当地担任理论宣传的任务。因此，中共中央转发的《全国哲学社会科学规划座谈会纪要》指出："会议建议：各省、市、自治区党委把哲学社会科学工作列入自己的议事日程，定期进行讨论；党委要有一位负责同志分管哲学社会科学工作；党委召开的有关会议吸收社会科学研究机构的主要负责人列席；在制定经济、政治和社会等方面的重大决策过程中，听取专家、学者的意见，请他们进行可行性研究。"

# 世纪之交：科技与社会之关系的新发展新格局[①]

在20—21世纪相交之际，科学技术以空前未有的速度、广度与深度向前发展。科技迅猛发展又推动了世界经济的发展、人类文化的变革和认知体系的蜕变。在这一形势之下，科学技术与人类社会的关系发生了巨大变化，传统的关系在发生并迅速发展，从而形成一种"科技与社会"的格局。

## 一、科学技术在20世纪的作用和地位

科学技术对人类社会发展的推动作用是逐步强化的，也是逐步为人类所认识和掌握的。并且，在人类历史上，还多次发生对科学技术压制

---

① 原载《东北大学学报（社会科学版）》1997年第1卷第1期。

和打击的"反科技推动力"的历史逆流。但是，科学技术终究在实践中显示了自己对人类社会发展的推动力量和认知意义，也可以说人类在历史实践中终于认识了科学技术的力量。在进入14—15世纪后，以欧洲文艺复兴为转折和契机，科学技术才得以日渐发展。又经过工业革命之后，科学技术长成茂密繁盛的智慧与创造之"林"，并且创造了人类认知与社会的广袤的"绿色原野"。正是在这个"原野"之上成长了欧洲资本主义制度。

回顾这一段历史会发现两种情况：一是科学技术对社会发展的巨大推动力，它是社会发展诸多驱动力（社会发展驱动力系统）中最富有生命力、创造力和内驱力的一种力量；二是这一巨大动力在人类这一历史时期中发挥作用，是同资本主义工业化过程和资本主义制度的诞生、发展、成长有机地结合在一起的。这注定了科学技术在20世纪社会发展中的作用之性质和巨大正效应之外的负效应。

当然，应该肯定的是，科学技术在20世纪为人类做出了空前的伟大贡献。它为人类创造了高度发达的生产力、巨大的物质财富和繁多的生活福利，还有广袤深邃的认知与智慧领域。任何一个国家和民族的发展都必须依靠科技。科技成为第一生产力和最重要的生产要素。所有的社会领域和人类活动的领域都受到科学技术的影响。人性被深层次地打上了技术的烙印。艺术被赋予了重要的技术品性，新科技在改变着艺术的品质与性格，并开辟新的艺术领域，创造新的艺术品种。在20世纪，科学与技术内部构造和运行机制有了重要变化：一方面，科学转化为技术（原理之化为生产工艺）速度快，时间短，频率高；另一方面，技术（生产）中的科学含量越来越高，科学与技术更为有机地、紧密地结合在一起。科学技术的高度发展是20世纪的重大成果。在当代人类文化的技术、社会、观念的大系统中，技术具有决定性的作用。由于计算机的泛社会运用以及信息高速公路的建立，这种状况更加发展，使自然、社会、人类笼罩于技术的福荫之中，但也是阴影之中。在这种"社会与技术"状态中，科学技术发展的经济社会化和经济社会发展的科技化成为当今社会与科技发展的根本特点。由此也就产生自然科学、技术科学、社会科学、人文科学这四大科学部类所组建成的大科学的概念。科学家、技术家的社会角色、地位与作用也发生了前所未有的变化，达到了空前高度，成为社会的中坚力量。

这里有必要特别提出技术科学的发展、升位和在"四大科学部类所组成的科学共同体"中的结构比的变化，以及技术的社会地位、社会作用的空前提高。正如 E. 舒尔曼所指出，"我们都面临着同一个技术的现实"。这个"技术的现实"就是出现了一个"'技术化'世界"，技术泛化和深化到人类社会的一切领域和人的理性世界、情感世界，以至折射或蕴含于社会事物和人类认知的一切形态之中。正是由于技术能够直接和立见功效地提高劳动生产率、增加经济效益、促进经济起飞和繁荣，使人们短期内见到了促进一个国家和地区的经济、社会面貌的变化，所以技术自身和它的发展普遍地和特别受到重视，能够得到政府和社会的资金、劳力和一切发展条件的投入，技术专家的社会地位的提高和进入社会上层以至领导的条件、机遇都优于其他社会阶层和社会角色地位。

技术和科学的紧密结合，技术的科学支援和科学的技术实现，都水到渠成地建构了一门新的科学部类即现代技术科学。舒尔曼指出："现代技术的基本结构是由技术活动者、科学基础以及技术—科学方法构成其特性的。"这实质上也就是技术科学的构成及其特性。这种构成和特性使技术科学成为"在理论公式化中记录的知识的储存地"，并"澄清与技术构形有关的直觉把握的洞见"，还使它（技术构形）具有了被科学管理和控制的基础；技术科学还使"技术问题被系统地分解"，又使新技术更容易实现其可能性。技术科学的这一系列特性，使它成为技术的强大知识背景、雄厚理论基础和力量的源泉，同时，它又不断以实践知识和经验、理论性资源提供给科学母体（所以舒尔曼称工程师是"技术科学的建筑师和实验员"）。这样，科学因技术而足踏实地，像神话中的安泰得永恒之力于大地母亲，技术则因科学而如虎添翼。现代技术科学因构成技术科学而使两者紧密联姻、携手合作，发挥更大作用于社会的发展。

## 二、百年反思：从 20 世纪初到 20 世纪末

对科学技术与社会、人之关系的反思，从 20 世初就开始了。而且这种反思不是突发的、灵感式的，而是在科学技术和资本主义经历了三百年发展历史，取得了空前巨大成就的基础上进行的，是科学技术的负面效应在社会发展与人的生存方面均已明确显现的条件下进行的。因

此，它反思的思维架构是在这样的状况下实现的："科学技术（其力量、功能、作用、成果与负效应）—资本主义（其正负两面）—社会与人的存在状况（同样，正负两面）—西方文化—人类文化。"这是一个广阔深邃的文化背景和四维架构。这一百年的反思，是从科学技术发达特别是科学思维发达、贡献了众多杰出科学技术专家的德国开篇的，其第一部名著就是奥·斯宾格勒的《西方的没落》以及另一部名著《人与技术》。斯宾格勒肯定了技术是人们"对自然的一种有目的的改变"，这使人类的"高级生活的历史"发生了一种"决定的变化"，人在技术的应用中真正地扩大自身。它使人类"胆敢扮演上帝的角色"，"向自然冲击，决心要做自然的主人"。但是，机器却越来越不近人情，越来越折磨人，"它们用一些微妙的力、流和张力，结成一块无限的网遮盖着大地"，人（工厂主和工人都在内）因此"变成他的创造的奴隶"。终于，"技术是人的最高成就，但它导致他的彻底毁灭"。F. 荣格则指出："处处可以发现，随着机械工具的出现，死的时间就渗透到活的时间。"他说："轮子到处都引导着技术进步。最后，人类本身也变成了技术发展中被技术发展左右的轮子。技术使人臣服于机械的苛求。"海德格尔在他的"科学—技术—人"这一命题框架中指出，"技术的本质即存在本身"。他说："科学—技术的人忘记了存在。"他特别指出了技术从科学中脱出、超越、凌驾于其上的威力和威胁，他说："科学不思维；人迄今为止干得太多想得太少。"

文化批判主义学者克·雅斯贝尔斯尖锐地指出，现代技术反过来反对人，一面是人变为机器的一部分，另一面则是社会本身变成了一架大机器。于是，人也就受到双重的"机器"的压迫：一个是来自工具—技术之"机器"的，一个是来自机器化社会"机器"。雅克·埃吕尔（法国社会学家）指出，我们现在所处的是一种"技术社会"，在这里，任何东西都出自技术，为技术而存在，都变成了技术。连经济学、心理学、社会学、伦理学、法学、政治学都成为"构成现代技术的成分"。"人类自由消失了，世界变成了一个巨大的集中营"。法兰克福学派的重要代表人物、美国著名哲学家赫伯特·马尔库塞则以社会与人的"单向度"来概括科学技术对人与社会的伤害和制约，也就是说，人与社会在技术统治面前都失去了自主性、主体性。"在这个世界上，技术还为人的不自由提供了很大的合理性，并且证明，自主、自己决定自己的生活'在技术上'

是不可能的。"甚至科学的领域也成为"具体的社会实践地带",理论的操作主义同实践的操作主义相一致,理论理性为实践理性服务。

我们极简要地介绍了对现代科学技术的"阴暗面"和负面效应进行批判的西方社会学科学者的一些主要观点,如将它们综合起来就是在"人—自然—科学技术—社会—文化"的现实的和认知的大构造中,历经二三百年发展史的科学技术发展到现代科技和科技革命的阶段,"科学—技术"已经成为中心项、统治力量。尤其是技术将一切都打上自己的烙印,笼罩、遮蔽、统治、压抑一切,它被人类创造出来,再反过来反对人、奴役人、压制人、统治人,使人异化了,人的身体、生理、心理以至整个人性都变异了,深深地烙上技术的烙印;而社会也机器化了,也从人的创造物变成了通过技术而实现机器化的力量。

## 三、21世纪:新的发展,新的格局

正如德国诗人荷尔德林所说:"哪里有危机,哪里同样生长着解救之力。"在当代社会,在人类不断推进高科技发展和科技革命逐浪高的时代,在人类一面得福、一面遭害的同时,在科技失控的同时,人类也在发现、提出、创造解救之力和解救之方。前面提到的对科技的百年反思,就是"科技负面效应"之正面效应:它使人类不断加深对科学技术本质的认识,对科技与社会、人的复杂关系的认识;这些认识自然也不断地产生积极的行动,这样也就正面地和局部地得到了对"科技控制"的反控制力量、举措和思想。而与此同时,科学技术内部也正产生对其负面效应的消毒剂和消解剂。由于这一切的缘故,在世纪之交的当代社会,便呈现出一幅科学技术与社会发展的新状态、新格局。在我们面前展开了一种"四相构造状态":① 科学技术以高科技和科技革命的空前的、超常的速度向前发展,推动社会的发展和人性的改变,并同时产生"百年反思"以来所未曾有过的严重后果;② 因此,人类也更加注意对科技负面效应的反思,更加有"惶惶然不可终日之感",一种拯救人类与社会的呼声由书斋和学术圈中冲出,而在日常刊出的新闻传媒上出现;③ 由此也就从理论层面到实际层面,都在对科学技术实行"运用—控制"的双相战略和操作策略;④ 由此,一种新型的人类文化也在出现、在发展、在建设,一种思想的亮光、社会的美景和文化思想在鼓舞人们前进。

这种在世纪之交出现将绵延至21世纪的科学技术的新发展、新"命运"以及它同社会发展之关系的新发展、新格局，在现已看到的诸种现象和特征中，有几个重要方面值得注意。当前对于科技的评价框架，已经将三个相关系统纳入，也表现了"科技与社会"新关系的发展和新格局的正在形成。这三个相关系统是：① 对技术运用的过程系统，注目和关照它涉及全社会、影响多方面的作用，这种"技术关怀"不是在过程结尾的总结反思，而是在过程之中的跟踪监控与调整。② 技术的对象系统。技术不仅直接作用于它的"加工"事物系统，而且间接地作用于广泛的"自然–社会–人"的大系统。在行进过程之中来掌握这两大系统，把技术作为客体纳入对象的主体系统，又把"对象"作为客体纳入技术的主体系统，更全面地对待科学技术。③ 技术的环境系统。这包括技术体系、社会体系和生态体系，也就是包括某一技术之外的"技术–自然–社会–人"整个大环境、大系统，技术被纳入一个大格局之中。巴西当局以至国际上对亚马孙河和热带雨林被高科技产业的破坏和污染这一问题的重视，看作"地球之肺"被损害的大问题，美国以至全球对于美国和其他发达国家排入氟里昂、核爆炸、超音速飞机等造成的臭氧层空洞出现的重视，《保护臭氧层维也纳公约》（1985）的签署，《关于消耗臭氧层物质的蒙特利尔议定书》（1987）的通过，都突出地表明了人类的"技术环境"觉悟的提高。

与此相联系，科学技术与人、自然（生物圈）和社会的关系，也就成为既存在于客观又为主观（人）所反映的一种全面的、系统化的、有机而不可分割的关系。科学家和技术专家的社会角色与社会作用也不再是那么单纯和专业化，处于一种封闭状态，而是在专业范畴之内工作而辐射于四面八方。因此，这种传统封闭模式被打破：工程师——分析、设计；环保者——技术与生物圈；生物学家——技术与生物；自然科学家——研究与实验；哲学家——价值与审美；社会科学家——社会结构；人文科学家——人及其意义。各个科学门类都交叉渗透了，互相影响、彼此沟通、相互关怀。这也反映了人类科学技术觉悟的提高和高层次发展。

现代科技还带来了许多对社会与人的次生的、派生的、效应促动的"非技术性"的社会震动与人间变迁。现在已经出现了由高科技带来的社会流动的减缓。社会流动加快和幅度加大本是社会现代化的一个指标，但是高科技使得连地球都变成"村"了。许多事情可以凭信息交流、电脑网络解决，流动自然减速。而水平社会流动中的移民转移方向，也在相当大的地区发生了转变，即从"由乡入城"（这是现代化过程中城市化进程的必然趋势）而变为"由城入乡"了（美国人口分布在"郊区化"）。再一点就是由于生活质量普遍、全面、高层次提高，人的精神需求在物质较易和较高满足的情况下而大大加强了。这种需求恰恰非科技所能满足，而是自然人文能够满足的。亲近自然，加强人伦亲缘关系，暂时和局部地使用科技和排斥科技，"回归自然"，寻找文化故土、心灵家园，成为现代人一种得到心安与平衡的追求。

后工业社会的出现，使科技与社会的关系进一步发生变异。科学技术已从在生产商品的领域大显身手，发展到在劳务服务上服务社会与人类了。理论知识层占据了中心地位，抽象的科学理论知识比具体的技术知识更重要。"知识技术"是科学含量更高的技术，技术向高科技、多知识发展，科学技术构成混交科技体。

由此，也就产生了四大科学部类的共同发展和它们之间结构比的"方向性"变化。由于上述诸种原因，以及科学技术自身的发展，在"科学共同体"中的四个部类在现代社会中共时性发展都得益于高科技，而彼此之间也在高层次上互相渗透、彼此渗透、彼此推动，日益在高度分工基础上合流。特别是科学技术和社会人文两者之间的结构比已发生变化，即后者的地位在上升，重要性在增加，受社会重视的程度在提高，其作用范围和作用力度也在增长。它不仅起到对科学技术补苴罅漏的作用，而且具有了战略性作用，使社会与人获得自由和自主，得到生活的意义和生命的真谛，也使科技具有人性，让社会与人类"人性地使用科技"。当前比较普遍的对于社会人文学科的呼吁和人文精神的追寻，反映了人类新的觉醒。

在"百年反思"的长时期"人性的思考"中，那些充当了人类的"思考人"角色的学者们，在思考、剖析科技的"20世纪角色"时，最终都归结到技术进入"文化肌体"及其作用与地位的问题上。正如 E. 舒尔曼在《科技文明与人类未来》中总结性地指出的那样，"技术在现代的、充满活力的文化现实中占据着重要地位。……现代技术是现代文化得到建立的基础。在很大程度上，我们文化的未来无疑将被技术控制和决定。"科学技术进入文化核心，染指人类历史的基础，变成全球力量，并控制人类未来，这是20世纪科技与社会关系新发展与新格局的最重要之点。幸福由此而来，祸患也因此而生。科学技术尤其是高科技装备的"知识技术"南面而坐，对人类生存状况和文化产生了威胁。在"科技专政"，科技产生广泛而深入的负面效应，产生"单面社会""单面人"的危机面前，社会对科技的发展提出警告和呼吁：如何更好地发展科技，控制和引导它的发展方向、内涵、规模、归宿等，并运用它自身的"抗毒素"和力量来"反其道而行之"。这样也就提出了"科技与社会"的"二元互助有机结合"的科技-社会发展战略，也提出了调整人类文化方向的问题。这一警告和呼吁也包含在拜金主义、个人享乐、物欲横流、个性丧失、意义丧失、亲情疏离等现代病症面前，如何在人类的心灵追求上返璞归真，重新获得人生的意义、生命的真谛，从过分自由的失重中、从失去伦常的孤独中、从科技—物质—享乐的餍足中醒悟过来，校正社会生活中的"三大倾斜"（在"物质／精神"中重物质轻精神，在"科技／人文"中重科技轻人文，在"个体／群体"中重个体轻群体），拯救三大家园（自然、社会、心灵）。

这样，在东西方文化的权衡中，西方文化的偏颇和东方文化的具有适于纠正此种"物质—科技—享乐—与自然为敌"之偏的功能受到了重视。而东亚经济发展的实践和新模式，也证实了这种人类文化整体调整的必要性与可能性。这种文化整合，正是以纠正科技发展失控及损害自然、社会、人类为其核心内涵与主要目标的。人与自然和谐是文化的追寻目标。这也就归结为人类文化的转型与重构：从高科技型向高科技-人文型转换；从以西方文化的以向自然开战、征服自然、开发利用自然为主要精神的文化，以及运用科技以"开物成务"的西方文化马首是瞻和代表的人类文化，向与自然和睦共处、利用自然又养育自然、以"人文化成"为主要精神的东方文化相融合的人类文化转换。科技将不是凌驾于自然、社会、人类之上的超级力量、"活的上帝"，而是不仅与自然、社会、人类和睦相处，既发挥其创造力又葆有自我控制机制，而且与三者互相融合，并在这种融合的肌体中发挥作用。因此，这种科技与社会关系的新发展、新格局，也就是人类文化的新发展、新格局与新方向。

**参考文献**

[1] 丹皮尔. 科学史及其与哲学和宗教的关系 [M]. 北京：商务印书馆，1995.

[2] 舒尔曼. 科技文明与人类未来：在哲学深层的挑战 [M]. 李小兵，谢京生，张锋，

等译. 北京: 东方出版社, 1995.

[3] 达夫里扬. 技术·文化·人 [M]. 薛启亮, 易杰雄, 译. 石家庄: 河北人民出版
社, 1987.

[4] 斯宾格勒. 西方的没落 [M]. 北京: 商务印书馆, 1991.

# 社会科学面临的挑战和我们的任务①

## 一、社会科学面临的挑战

当前，社会科学面临着严峻的挑战。这种挑战首先来自我们当前正在从事的建设有中国特色的社会主义这个伟大实践。这个实践本身及其所引起的客观效应与变化，都向社会科学提出了众多广泛的、深刻的课题，并且要求具有时效性和同步性的研究与答案。我们当前所从事的主要社会实践——经济体制改革，就是社会科学重要的、多学科综合性的研究课题。挑战还来自理论界。实践既需要理论的指导，又会促进理论的发展。在建设社会主义的实践中，社会科学的各个学科，比如主要的学科哲学、经济学、历史学、文学、法学、社会学，都会引起深刻的变化和巨大的发展。挑战还来自新的科技革命的到来。在当前这个新的科技革命时代，科学囊括了一切文化现象，文化因素到处在普遍而深入地增长，而且在这个科学、文化普遍深入发展的过程中，作为这种发展的表现形式和结果，社会科学各个学科越来越提高到文化层次，具备了文化品性。在科技革命时代到来的历史条件下，社会科学的旧规范正在被突破。这三方面的挑战来势甚猛，向我们提出了严峻的要求。我们必须勇敢地迎上去。我们的应战，将使挑战转化为发展的机遇，使压力变成动力。

---

① 根据作者在1984年辽宁省哲学社会科学规划座谈会上的学术报告整理。

那么，具体地分析，有哪些新趋势带来了挑战呢？概略地说，大致有以下几个方面。

（一）新的科技时代的到来，引起了社会科学的一系列变化，并向它提出了严峻的挑战

社会科学的发展大约有二三百年的历史。这段历史大致可以分为三个阶段：第一，原始阶段。这时，社会科学与哲学尚未分化，呈整体性形态；第二，独立阶段（18—19世纪），社会科学主要学科的独立基础开始建立，多学科分化、"发育"、成型；第三，到20世纪，进入扩展阶段，社会科学向着多学科、学科不断分化的状态发展。这种发展势头在第二次世界大战之后更为迅猛，许多学科有了突破性的变化，新的学科不断产生。近些年来，随着新技术革命的到来，这个扩展的势头仍在增长，并更为迅猛。由于科学技术方面的突破性发展，人类对客观世界的认识，在宏观上，对宇宙的认识已经扩展到一百亿光年的空间，对宏观世界的物质性的认识更加深化；在微观上，人类对物质、对生命的研究已经由细胞水平进入到大分子水平。人工智能方面取得的惊人成果，也给人类带来了新的认识和改造客观世界的新手段。所有这些，都使人类对世界、对社会、对人类自身的认识越来越宽广、深入、细致了，因此也就使社会科学的视野和研究领域空前地扩大了。这也加强了社会科学的观察力、分析力。这里挑战表现在两方面：社会科学如何在被重新和深入地认识了的客观世界面前，加强自身的观察、分析、研究能力；社会科学如何吸收和运用强化了的研究手段、研究能力来提高和发展自己。

（二）全球性问题和共有的社会公害的产生

人类对世界的改造，为自己带来了空前提高的生活质量，丰富了人类幸福的内涵；但是，也带来了不良的后果。这就是恩格斯所说的自然对人类的报复。这种后果的产生，或者是由于人类创造历史的行为，必然要伴生一些消极现象；或者是由于人类的行为违反了客观发展规律，而不可避免地受到惩罚。当前，环境污染、海洋污染、人口问题、粮食问题、资源问题、生态平衡问题、家庭问题、青少年犯罪问题等等，已经成为全球性的问题、各个国家和地区共有的公害问题。这些问题的解决，要求自然科学和社会科学共同努力，仅凭任何一方都不可能彻底解决，而只有携手合作才能有所收效。

自然，在我们社会主义国家，这些问题产生的原因、发生的程度和发展的趋势以及解决的办法，都同资本主义国家具有本质的不同或很大的不同；但是，问题的存在或潜在，是不可忽视的。我们的社会科学研究，应该并可以用自己的研究为解决这些问题提供方案、开辟道路和创建理论基础。

（三）人类认识世界的能力、态势和要求，对社会科学提出了全面的、新的要求

由于科学技术武装的高度发达、研究手段的强化、社会科学各学科的发展，人类认识世界的能力大大地加强；这种认识力量的加强，进一步强化了人类更广泛、深入地认识世界的态势和要求。这两个方面都表现为这样的特点，即广泛化、深入化、系统化、多样化、科学化、技术化。可以说，现在已经做到了这些方面，同时我们又要看到，形势正迫使我们在这几个方面继续向前发展。社会科学如何运用自身的力量，同时又与自然科学携手并进，在多方面做出贡献，正是它面临的一个严重挑战。

（四）自然科学奔向社会科学，两者互相渗透、交叉、汇合，向一体化疾进

马克思早就预言过这种趋势的出现，列宁更是提出自然科学向社会科学奔进的发展势头将加强。现在距他们提出这个命题的时间已经过了半个多世纪至一个多世纪了，不仅时间如此之长，而且自然科学的发展在这期间如此迅猛、广泛，带有突破性，已经把自然科学向社会科学的奔进势头空前地加强了。这种势头的加强，导致了两种科学的渗透、汇合、交流，形成了许多新的交叉学科，例如社会数学、社会化学、社会物理学、社会医学、社会心理学、社会语言学等。如果把这种交叉学科称为社会科学-自然科学型，那么，还有另一类型，也许不妨称为自然科学-社会科学型，如地震社会学、核社会学、生产力经济学、科学社会史学等；此外，还有科学能力学、人体科学、思维科学等横向科学。按照另一种分法，又可归纳为三种形态，即边缘学科型、综合学科型、横向学科型。有的科学家预言，20世纪末至21世纪初将会是交叉学科的新时代。

这些新的交叉学科的出现和继续发展，要求社会科学努力去发展自身，以适应形势的要求和自身"发育"的要求。这里提出的挑战又是多

方面、高层次、开辟性的。

（五）科学社会化和社会科学化

一方面，科学的发展和科学研究与科学事业的发展都社会化了。如果说牛顿、爱迪生这些科学家曾经主要是"单干"，而到爱因斯坦、居里夫妇时已经进入社会化方式，那么，现在的科学工作和科学研究则以社会化为主要趋向了。例如，发展卫星和宇航事业，集中了许多学科和这些学科的专家来共同工作、协同研究，而其整个事业，则聚集了几万、十几万以至几十万人来参加。这本身已经是一个"社会"，这个"社会"又与全社会密切关联。这也是一个大的系统工程。

另一方面，是社会的科学化。科学囊括了一切文化现象，并深入到人们生活的各个领域，这标志着全社会科学应用的普遍化、科学知识的普及化和科学性的广泛而深刻要求。

社会科学要对这两种形势的存在、态势和发展趋向进行了解、调查、研究，做出定性的和定量分析，提出适应、利用、指导的可行性方案，对更长远的发展趋势做出科学的预测和可行的对策。这方面的挑战又何尝不是很严峻的？

（六）社会科学和自然科学的结合体的结构和结构比发生了变化

首先，两种科学的关系更加紧密了，相互的影响力加强了，这在交叉科学的发展中已经鲜明地显示出来。现在似乎没有什么大的改造世界、改造社会的行动不是由两种科学来共同解决问题的，没有什么大的问题是只靠一门科学可以圆满解决的。其次，由于社会的科学化和科学的社会化，以及社会科学自身力量的增强，自然仍然由社会科学的性质所决定，社会科学在"科学"这个结合体中的作用和力量也大大加强了。众多社会科学–自然科学型的交叉学科的发展，不是表明了社会科学向自然科学的"逆向"奔进和它自身的力量显示吗？最后，也就导致了科学内部结构比的变化：一方面是社会科学的发展与强化，另一方面是交叉科学的发展。

（七）社会科学内部的结构性变化

这表现为社会科学的老的规范的突破、老的学科的新"分蘖"，这些分支在生长中又与其他相邻学科的分支交叉，产生边缘学科以至新的学科。另外，许多学科也在社会科学内部发生"趋同"现象，产生综合研究与综合性学科。学科的分化与综合并驾齐驱。交叉学科产生了，新的学科产生了，新的科学规范产生了，这些都必然引起社会科学内部结构性的变化。

（八）社会科学的"品性"发生变化

这是由自然科学的奔进、科学的社会化以及社会科学结构性变化等引起的。它的突出表现是研究工作的定量化、精密化、数学化、综合化、未来化和国际化。当然，这说的是已经出现的趋向。它是一种能量，也是一种品性。如何发挥它的作用，发展它这种品性，是需要人的主动性、创造性的。这里不就隐含着一种挑战吗？

（九）诸种学科群的诞生

由于上述诸种趋势的出现，也就伴随着产生了许多类同、相邻学科，组成了一种学科群。这种学科群的产生，也同时加强了以上诸种趋势的发展。有人将这些学科群分为五类，这就是：① 物理科学群，包括天文学、地学、物理学、化学、工程力学、材料科学等；② 生理科学群，包括生物学、植物学、人体科学、环境科学、医学、营养学、药物学等；③ 心理科学群，包括思维科学、教育学、逻辑学、行为科学、心理学、伦理学等；④ 数理科学群，如统计学、经济学、计算机软件等；⑤ 事理科学群，包含系统论、控制论、突变理论、管理科学等。

（十）科学与艺术的结合

在人类历史发展的早期，两者是结合的。不仅原始文化中的原始艺术产品是两者的结合，而且生活以至生产的用品也体现着这种结合，如彩陶与青铜器便是。现在出现的是一种在文化高度发展层次上的新的结合。现在科技武装艺术和强化了艺术表现的手段，拓展了艺术表现的领域，如电子乐器和电子乐的产生、电视艺术的发展等。另外，科技内容也越来越多地用艺术形式来表现，如科普作品、科幻小说的发展。但更重要的是科学技术也从艺术中受到启发，激发出想象力和创造力。还有一种结合表现在生产方面，出现了为其服务的两者结合的交叉学科，如劳动美学、商品美学、技术美学等。

（十一）社会科学应用性以及应用力和作用力的大大加强

现在社会科学的应用科学和人文学科的应用部分都大大加强了，社会向社会科学提出的直接的或间接的服务任务也更多，而社会科学不仅与决策行为的结合越来越紧密，而且它的服务能力和作用力也大大增强了。

## 二、我们的任务

以上只是大略列举和简单概述了一下社会科学发展的主要新趋势，它们给社会科学提出了多方面的严峻的挑战。我们勇敢地迎战，便把这种挑战变成了一种发展机遇，社会科学的发展就将是很快、很可观的了。那么，形势给我们提出了一些什么要求呢？大体列举，可以有以下几个方面。

（一）社会科学要改变过去的封闭状况，成为一个开放体系

它要改变以下几种状况：社会科学研究与社会实践、自然科学、技术发展缺乏密切结合；社会科学与自然科学缺乏应有的合作与联系；社会科学各学科之间也缺乏应有的合作与联系；社会科学的许多研究课题狭窄；对国外情况缺乏了解；研究手段与研究方法落后。社会科学要努力做到"六个面向"，即：面向实际、面向自然科学与技术科学、面向各个学派、面向现代化、面向世界、面向未来。

（二）坚持马克思主义，发展马克思主义

马克思主义是社会科学的核心部分和根本指导，我们迎接挑战，发展社会科学，必须是在坚持马克思主义的前提下进行的。我们当然要吸收国外众多学科的众多学派的资料、观点、方法和其他有用的东西，马克思主义是开放的，并且具有强大的消化力，它能够汲取营养来丰富发展自己。与此同时，社会科学也会一同发展起来，不断前进，不断提高。

（三）加强社会科学与自然科学的结合，加强两种科学家的联盟

科学自身已经"自发"地在结合了，我们因势利导，就能使之更好地结合。如果发挥主观性、创造性，就能更加强化这种结合，提高这种结合的功效。这种结合自然导致了两种科学家的联盟，而这种联盟也会反过来推动结合。

（四）注意寻找两种科学和社会科学内部各学科之间的结合点、结合部

比如，从当前的社会发展重大问题出发来使两者结合，如生态问题、环境问题、能源问题、人口问题等，都可以成为这种结合部。

（五）发展交叉科学

现在已经产生了许多交叉科学，还有不少这种科学在产生。对于已

经产生的，我们需要充实、发展、提高；对于将要产生和应予创建的，我们则要努力创造条件。当前，像城市科学、海洋科学、能源科学、空间科学、生物科学与营养科学、管理科学、系统工程学以及科学学、决策学、未来学等，都是迫切需要发展的。

（六）加强应用研究、综合研究与定量研究

之所以强调这几个方面的研究，是因为这既是需要赶紧加强的方面，又是我们目前研究工作的薄弱环节。前面所述的新趋势，说明我们加强这几种研究的条件是具备的，需要我们思想上重视、认识上提高、工作上采取切实可行的措施。

（七）知识更新

这是不言而喻的。没有不断的知识更新，就不可能适应科学发展的这种新形势、新要求。这可以说是当务之急。我们不仅在专业知识上需要更新，而且在整体知识结构上，在与本专业相邻学科的知识方面，也都需要更新，需要充实、发展、提高。

（八）研究方法的革新

随着自然科学的奔进，随着西方现代诸学派的介绍、引入，方法科学的革新已经为大多数人所瞩目。有的科学工作者用新的方法从事研究已经取得了成绩。方法科学的革新是必然的趋势。历史上每次科学上的新进展都首先由方法论上的革新带路，而新进展又带来新的方法论的发展。我们需要大胆地进行方法科学的革新，去迎接新的科学时代的到来，去推动科学的新发展。当然，在方法科学上我们要注意两方面的倾向：一方面是不要保守、故步自封、在老规范中讨生活；另一方面，又不能否定一切，对于老的方法科学一律抛弃，而是继承与发展、吸收与改造，尤其是不能连马克思主义的世界观与方法论也否定。马克思主义的辩证唯物主义和历史唯物主义是方法科学的最高层次，它是科学的，特别是它开辟了认识真理、发现真理的广阔道路。我们要丰富和发展它，而不是否定和抛弃它。

此外，还有许多方面，这里就不一一列举了。

让我们面对着挑战，准备好条件，不断地学习，英姿勃发、勇敢顽强地去迎接和创造社会科学的新的发展吧！

# 科学发展新趋势与社会科学改革①

　　在第二次世界大战之后，科学的发展便出现了新的趋势，而20世纪70年代以来，这种趋势更为加强，并且显露出和预示着更广阔和更深刻的发展前景。科学的这种发展新趋势在人类历史上是空前的，它将引起人类社会和历史的深刻变革。1883年，恩格斯在马克思墓前发表演说时，便不仅赞美科学是历史上起推动作用的革命力量，而且论断它是"最高意义上的革命力量"。这个对科学的崇高评价，如今已经成为正在实现的科学预言。而科学发展的新趋向，正是循着发挥"最高意义上的革命力量"的作用这个轨道在向前发展。

　　科学发展新趋势的首要表现，就是马克思曾经预言、列宁也强调过的两种科学即自然科学和社会科学一体化的趋势越来越加强了。列宁所说的"自然科学奔向社会科学"的趋势已经强化到两种科学不仅"外在"地协同作战，组成合力推动社会和生产发展，而且已经彼此渗透、合流，"内在地"、有机地结为一体，产生既是"亦此亦彼"又是"非此非彼"的两栖性新学科，并且还有许多偏于一方的边缘性学科。两种科学的研究手段和研究方法也不再像以前那样隔绝，而是互相渗透和彼此利用了。因此，科学研究、实验和应用上的多维视野和多学科知识与力量并用的趋势也同时加强了。这就使科学研究的范围大大扩大、拓展了，宏观与微观的研究都是如此。科学研究的现代化手段的强化，还使科学研究越来越细密、精确、深入。定量研究得以广泛应用和取得成果，使定性研究的成果更科学化。与此同时，综合研究与比较研究也极大地加强了。而且这种新的综合研究具有大跨度、大范畴和在高度分化基础上高度综合的特点；这种新的比较研究，也同样具有大跨度、大范

---

① 原载《光明日报》1985年5月19日。

畴的特点。

思维科学的发展和横断科学的发展，特别是系统论、信息论、控制论的发展和广泛应用，是科学发展新趋势中的突出现象和成就。它们带来了科学的长足发展，使之取得许多可喜的新成果，并且加强了上述诸趋势的发展。这样也加强和提高了科学的可应用性。科学越来越快和越来越直接地转化为生产力，同对策和决策行为结合得更紧密了，因此，不仅有了决策科学，而且各个学科都能为决策服务。科学发展的这一趋势，也使人类对科学的应用产生了更大的兴趣，提出了更高的要求。而这种实践的结果，又反过来推动了科学的发展。于是，科学→生产→生活→科学，形成了一个环形结构圈，它的运行带来了人类生产与生活、社会与历史的迅速变革和前进。

社会科学作为"科学"这个整体中的两个有机组成部分之一，面对着这个科学发展新趋势的强大潮流，不能不考虑自身的改革，以期与之相适应。然而，这种改革的要求有时或者常常是着眼于机构改革。当然，这不能不说是一个方面、一种对策，而且是重要的方面和对策；但是，更深刻的要求还在于从科学发展的新趋势中去求得改革的战略思想和战术方案，然后才能"从内到外"地、"水到渠成"地设想出机构改革方案，从而既适应又推动社会科学的发展趋势。

社会科学的改革应提出两个方面的要求：第一，改革社会科学既有的研究规范；第二，拓展社会科学研究的思维空间和处理（包括研究与服务）的对象。我们现有的研究规范是历史地形成的，它基本上是由我们民族的传统规范、近代从西方吸取来的近代社会科学规范以及20世纪50年代学习苏联的社会科学规范所组成的。这种规范曾经起到它的历史作用，推动了我国现代社会科学的发展；但是现在，上述后两种规范都已经发生了变革，有了巨大的发展，而我们由于多年来的封闭，已经落后了，老规范显得陈旧了，不适应生产力的提高和社会的发展了，更不要说更好地适应科学发展的新趋势了。这种旧的研究规范改革是最根本的改革。这种改革的根本指导思想是坚持马克思主义的基本原理与方法（要知道，正是马克思主义的产生，使社会科学真正建立在科学的基础上，成为真正的科学。这一点我们不应忘记），同时又吸取新的、外来的社会科学的新规范、新范畴、新思想、新方法，在此基础上发展马克思主义。而我们改革的总目的与总任务，则是为建设中国特色的社会主义服务，这里包括物质文明与精神文明两个方面。这样，老的学科研究规范需要突破、变革。比如，经济学规范的变革近几年来在我国是比较突出也比较好的，但仍然落后于实践要求，落后于国际水准。定量研究的加强，数学与电子计算机的应用，新的经济研究对象、内涵与结构，都需要我们去探索和开辟。此外，哲学、法学、历史学、美学、社会学、文艺学等，也都迫切需要拓展规范、改革规范。

拓展社会科学研究的思维空间和处理的对象（包括开辟社会科学的新学科和开辟边缘学科的研究）大概有以下几点。

应用研究需要大力加强。从学科来说，社会科学的应用学科和其他的应用部分这样两方面，都迫切需要加强。从研究的层次来说，也应当在注意搞好发展研究与理论研究的同时，特别加强应用研究。

加强社会科学的定量研究是社会科学改革的重要方面。社会科学向来擅长定性描述和论证，而失于定量研究。过去限于条件而不可为，今后则应该改变了。不仅经济学、社会学，而且人文科学中的文学、美学、哲学、历史学等，也都应该加强这方面的研究。美国社会学家丹尼尔·贝尔认为，20世纪40年代以后，"社会科学获得新威望和影响的理由之一，就是定量分析"。

开展综合研究和比较研究。这已经不是一般的综合和一般的比较，而是在广阔的、多维视野和高度分化基础上的综合和比较，是在整体化的、系统论的观念指导下的综合和比较。它不是一般的方法上的承袭旧规，而是在总体指导上的新思想。

科学研究方法的革新是上述诸项改革所必然会提出的。没有科学研究方法的革新，前面的改革就会因为研究手段的落后而落空。在马克思主义的基本方法指导下，吸收西方方法论中的科学成分，引进横断科学的诸种方法，形成一般方法（或总体方法）、学科方法与具体方法有机结合的方法论体系即方法科学，这是我们在科研方法改革中所追求的目标。

社会科学改革要求社会科学家本身素质的改进。首先是"头脑的革命化"，这不仅指政治思想上的革命化，而且指在世界观、方法论方面的科学化、现代化。当然，同时也就要求拓展研究的思维空间，博学多识，特别是数学和物理方面的基础知识。

社会科学改革的要求摆在我们面前，这是建设有中国特色的社会主义和中华民族的文化振兴所迫切需要的。让我们努力去迎接它，并取得成功吧！

# 社会科学：推动社会前进的作用力①

为了说明社会科学研究与"两个文明"建设的关系和它推动社会前进的作用，我们首先要明确社会科学的实际作用、社会效应的独特性。

社会科学发生实际作用和社会效应有两种方式：一种可以叫作"外作用力"，比如经济研究对于经济工作、生产发展发生作用，社会学对于解决社会问题所发生的作用，都是这种"外作用力"所获得的效果。这种作用力和效果是比较容易为人们所看见的。另一种则可以称为"内作用力"，比如社会科学研究对于科、教、文发展的作用，对于提高人们的思想道德水平与智力水平所起的作用等，便是这种"内作用力"的效应。它的特点是"潜移默化""百年树人"，表现为潜在的、内涵的、间接的、折射式的效应，颇像杜甫形容的春夜喜雨的意思："随风潜入夜，润物细无声""晓看红湿处，花重锦官城"。因此，它的作用往往被人忽视，甚至"视而不见"。那么，社会科学的这种内外作用力又是怎样具体发挥作用的呢？

人们都说，社会科学研究是精神文明的一部分，有的甚至把它看作重要的一部分。这当然是正确的。但是，如果我们由此得出一个印象甚至是结论，认为它的作用也只限于精神文明范围之内，那就不对了。

应该说，社会科学的作用力能够在三个范畴发生作用。它们是：总体范畴的作用、对物质文明建设的作用、对精神文明建设的作用。

同时，它在这三个范畴中又具有双重作用力。这便是：表现为对客体、对象的推动力；表现为自身发展所发生的强化主体的生长力。

---

① 原载《社会科学评论》1985年第7期。

现在我们试分别阐述如下。

## 一、社会科学在总体范畴的作用

首先要说明，所谓"总体范畴的作用"，是指这种作用不限于物质生产、物质文明或精神生产、精神文明的哪一方面，而是在社会发展的总体上发生作用；同时它不是局部性地发生作用，而是在事物、对象、客观世界的总体上发挥它的作用。

社会科学对于人类自身和人类社会的发展在总体上发生的作用，大体上有两个方面：一是对整个社会的发展发生作用；二是对社会发展的某个方面、某个部分发生作用。

第一种作用，首先的和特别重要的是表现为探讨、寻求和指导人类对于自身和对于自己所生存的环境（社会）的认识；探讨、寻求和指导人类社会发展的方向、途径，以及安排社会结构和社会生活；使这两个大的方面的认识和设计、行动和规划都正确地反映客观规律，因而是正确的、可行的，能够推动人类自身发展和人类社会发展。当我们考察社会科学的这种作用时，如果从历史的正面来观察，便能发现社会科学光荣的、辉煌的历史，它足以彪炳史册，为自己对人类的贡献而自豪。我们知道，人类是在从事社会生产和社会斗争中，是在自然科学的发展中，相对独立地发展并促进它的"孪生兄弟"——社会科学——的不断发展。在量的方面，不断地增加、萌发新的学科，每个学科又在发展中分化，出现分支学科；在质上讲，每一学科研究的内涵与外延则在不断地发展、深化，不断地使自身丰富起来，复杂化、系统化、规范化、科学化。社会科学之所以能够这样发展，就因为它是人类认识和改造自然与社会的精神武器。古代希腊、罗马文化是构成西方文化体系最早的和重要的成分，这两大西方古代文化在哲学、历史学、文艺学、美学等方面都有很多很高的成就，曾经对于人类的发展发生重大的作用。意大利文艺复兴时期的政治、哲学、经济、历史、文学、艺术、美学等学科，更有巨大的发展、很高的成就。它们既是冲破欧洲数百年宗教黑暗统治的急先锋，又是当时的先进阶级用于开辟历史前进道路、批判旧世界、建设新世界的精神武器。18世纪，法国资产阶级革命时期，法兰西一批启蒙运动思想家、百科全书派，群星灿烂，著作浩繁，创立了西方资产阶级的、进步的近代社会科学，包括哲学、经济学、历史学、法学、美学、文艺学等。他们的学说，一方面反映了资产阶级的历史要求、历史任务，另一方面又推动、帮助、指导了资产阶级和全体人民去实现历史要求、历史任务。

更值得大书特书的是马克思、恩格斯创立的马克思主义学说。它不仅批判地继承人类一切文化遗产，集中人类的智慧，总结现实的实践经验，使自身发展，建设成为一个博大精深的社会科学体系，达到人类智慧和社会科学的高峰，而且把整个社会科学建立在真正科学的基础上，使社会科学真正成为一个科学体系，从而开辟了沿着真理的指标前进的道路，开创了社会科学的新纪元。

中华民族五千年的文化，灿烂辉煌、浩瀚博大、精深独到，对本民族、对东方各民族、对西方各国都做出了伟大贡献。这种贡献涉及社会科学的较多学科，尤其是对哲学、历史学、文艺学和美学贡献更大。至今东方不少民族，特别是日本、韩国及东南亚诸国，在精神文明方面（如道德规范、伦理观念以及美学思想等方面）都深刻地刻着中国文化的印记。

我们共产党人靠掌握社会科学（马克思列宁主义是社会科学的核心和重要组成部分）而正确地认识了中国的国情，提出了正确地实行革命、改造社会的革命路线和一系列革命思想、观点、见解，从而取得了革命的胜利，将一个半殖民地半封建的旧社会变成一个社会主义新社会，社会科学在改造社会、推动社会发展方面，在总体上发挥的作用，这是最突出的表现。

从反面我们可以看到，我们在社会主义建设上所遭受的挫折、所犯的错误，也正是由于我们在认识社会、了解中国国情上发生了失误。我们没有能够总是正确地掌握和运用社会科学的各科学说。

社会科学在总体上发挥的第一种作用是对社会的某个部分、某个方面发挥作用。恩格斯说过，费尔巴哈唯物主义哲学曾经对德国的思想解放运动产生巨大的作用。这是属于哲学方面的。我国在打倒"四人帮"之后，在前进道路上曾经遇到"两个凡是"思想的阻滞。后来，关于真理标准问题的讨论一开展，冲破了个人崇拜的束缚，掀起了思想解放运动，开辟了我国社会主义建设各个方面的新局面。这也是在哲学方面和人们思想方面所起的作用。

由于打破了"两个凡是"思想的束缚，恢复了毛泽东思想的精髓——实事求是精神，我们在经济战线也开辟了新的局面，从实际出发制定了正确的方针政策，把国民经济和社会发展的规划建立在切实可行的基础上。而且我们在农村政策、知识分子政策、文艺政策等方面，也实事求是地纠正了错误，制定了正确的方针、政策。这种情况说明，所谓"分部作用"，有时只是指社会科学的某个学科发挥作用时的初始阶段和生发区域，而不是指它局限于此种阶段和区域。它会渗透、转移，发生连锁反应。从社会科学本身来看，这是由它的体系性所决定的。

分部作用还可以举出经济学的例证。它对整个社会的经济发展、经济生活发生作用。通过经济学研究，我们了解社会的经济基础，了解生产力发展状况与生产关系的状况，了解生产条件、经济生活的种种条件，并且进行定量定性分析，在此基础上提出适当的方针、政策、规划、措施，推动经济发展。

此外，历史学、社会学、美学、文艺学、法学等社会科学的各学科，都可以以自身的特点和特殊作用，在不同领域或交叉领域中发挥自己的作用。

社会科学对社会发展的总体作用，还表现在作为精神文明的重要组成部分和对精神文明建设的指导，它的发展本身就标志着人类社会发展的水平和阶段。人类社会不同阶段有不同的精神文明，如奴隶社会的精神文明、封建社会的精神文明、资本主义社会的精神文明等。这些精神文明，又是以各自不同的社会科学的发展水平和阶段，以某些不同的社会科学观点和体系为其内容的。

以上所说的社会科学发挥的作用，都是属于总体性的，即对整个人类和社会发生它的作用，不限于物质文明或精神文明的一方面。当然，由于种种因素和客观的需要，它的作用的重点可能不同。从这种总体性的作用中我们可以看到，社会科学对于人类进步、社会发展是能够发生并且已经发生了巨大的作用的。这种作用随着人类社会的产生而产生，又随着人类社会的发展而发展，而且随着人类社会的继续发展，随着社会科学的现代化，它的作用还要越来越大，在作用的领域上和作用的质量上都是如此。

我们的任务在于充分认识社会科学的这种作用，努力发展社会科学，并自觉地运用社会科学来推动社会发展。

## 二、社会科学在物质文明建设方面的作用

人类改造自然界的物质成果就是物质文明，它表现为人们物质生产的进步和物质生活的改善。可以说，物质文明表现为我们用什么样的生产手段去从事生活资料和生产资料的生产。在物质生产的所有这些方面，社会科学都能发挥它的作用。当然，这些生产的发展需要先进的设备、先进的技术，但是如果仅有这些条件，生产的提高还是会受到限制甚至仍不能发展。这是因为，人类的生产是社会化生产，现代化社会这种社会化程度非常高，而且还在提高。所以在生产中，我们需要解决一系列非技术性问题，如生产资料所有制、生产体制、领导体制、生产政策、处理人与人之间关系的原则、供求关系、工资制度、生产制度，以及职工的科学文化水平、技术水平、道德水平、心理状态，等等。这些问题解决得好坏，对生产有促进或促退的作用。而这些问题的解决，都需要属于社会科学的各种学科的深入研究才能做到。我们现在不少工厂企业，如果能够妥善地解决这些问题，即使不增加机器设备、不引进技术，在一段时间内也是能够大大提高劳动生产率的。

社会科学这种对物质生产、物质文明的推动作用，主要表现在改革体制、建立制度、改变从事生产的人们（包括脑力劳动者和体力劳动者、领导和群众）的精神面貌、提高劳动生产率和经济效益，表现在促进内涵的扩大再生产上。

在这里，我们同样看到，社会科学的作用一方面表现为直接推动力，它的行动直接推动了生产的发展；另一方面，它作为精神文明的一部分，无论是在实体部分还是在意识形态部分，都通过从事生产的人们的精神世界、精神力量发生推动生产的作用。这种作用，有的很直接、比较明显、易被看到；有些则是隐蔽的、潜在的，即前面所说的"随风潜入夜，润物细无声"；也有的是折射式的，因此不易为人所见到、所理解。可以说，谁能见到这种作用，并努力运用这种力量，谁就能成为一个高明的或比较明智的领导者，并在实践中取得可喜的成绩。

当然，运用社会科学的力量，需要集中力量来从事研究工作。开展这种工作需要投资，这种投资有的可以立竿见影地收益，有的却是"赔钱"；研究者可能提得出这种方案，有时也可能提不出；方案可能是最

佳方案，也可能是非最佳、不可用方案；研究工作者有时就是比较"超脱"，找问题、挑毛病、发议论、写材料、提建议，他们"踱方步"，"闲着没事穷琢磨"，如此等等。有人会因此没耐心，认为白花钱，这实际上是一种急功近利思想，是不对的。当然，社会科学工作者应该积极努力，经常地、及时地、高效率地提供有用的成果。在这方面决不能稍有松懈，要有责任感、紧迫感和进取精神、献身精神。

而且，社会科学研究有基础理论研究、发展研究和应用研究三个层次、三种形态，它们的性质不同，职能与作用也有所不同，我们不能一律要求，对于应用研究当然是应当急一点、紧一点。

## 三、社会科学在精神文明建设方面的作用

这种作用是多方面的。

第一，社会科学作为精神文明的组成部分，它的发展便是人类社会和人类自身主体发展的标志，它足以推动人类与社会的发展，强化主体的生长力和生命力。今天，我国社会主义社会就是以发展和建设社会主义精神文明为其特征的，并以建设社会主义精神文明来保证社会发展的正确方向，保证在物质生活提高的基础上人民的精神生活、精神境界也发生巨大变化，不致产生物质丰富、精神空虚和社会发展、危机丛生的弊病，从而显示了社会主义制度的优越性。

第二，发展精神文明，从两个方面要求社会科学发展。一方面，社会科学作为思想建设的内涵，它的发展本身就是思想建设的任务。我们要有先进的、发达的哲学、经济学、历史学、文艺学、法学、美学等，才能丰富思想的内容，提高它的水平，充分发挥它的作用。另一方面，社会科学的发展，在理论上探讨精神文明建设的方向、道路、方针、措施，也促使各个学科成为精神文明建设有力的、有效的武器。

自从中华人民共和国成立以来，我国发展了以马克思列宁主义、毛泽东思想为指导思想的社会科学，普遍提高了人民的思想水平、科学水平、道德水平，在思想建设方面取得了很大的成就，推动了我国社会主义精神文明建设和社会主义社会的发展。

第三，社会科学对教育的发展与提高，也具有重要的作用。它既给教育发展提供指导方针和发展途径、办法的可行性探讨，又给教育质量

的提高以实质性内容。哲学、经济学、史学、文学等各学科的教学内容的充实与提高，都有赖于社会科学研究的发展。高等学校以教学和科研为中心，就反映了科研对于教学质量的促进作用。

第四，对于文化建设的作用，这同样表现为指导方针和发展规模、途径、办法的可行性探讨上，也表现为实质性内容的充实上。

第五，对社会道德水平提高的作用。

第六，对于人民一般智力水平提高的作用，等等。

以上所列，仍不免挂一漏万。这只能算是举例言之，而不是准确的概括。但由此也足以看到社会科学在精神文明建设中的作用。

这里还要特别强调的是，社会科学在精神文明建设上的作用，是更为潜在的、隐蔽的、曲折的和不易为人所见的。精神领域里的活动，精神世界的纷繁，给予了社会科学在其中发生作用的多样性、复杂性和隐蔽性。这一点必须引起我们更高程度的重视，而决不能是更加"看不见它"。

总之，在新技术革命中，社会科学的作用越来越重要了。这是因为，现代社会和现代人的文化素质大大提高了，而且大大普及了。人们对于社会科学的接触面广了、深入了，机会也多了，条件也好了，手段也强化了。这样，作用的范围就既广又深了。同时，社会科学研究同人们的决策行为结合得也越来越紧密了。这里主要不是指同个人的决策行为的结合，而是同社会决策、领导机构决策的结合。事物越来越复杂，人们处理的对象也越来越复杂，人们改造自然和改造社会的事业也越来越复杂。同时，人们对于自己行为的准确程度和效益的要求也提高了，这就要求决策科学化。

社会科学与自然科学互相渗透、介入、推移，产生合流现象，将推动大系统科学的出现，这就引起社会科学的作用范围大大拓展，作用力也强化了。因此，我们在建设社会主义物质文明和精神文明中，更需要发挥社会科学的作用。

# 面对21世纪的科学文化走向①

——在"面向21世纪的中国科学和文化学术研讨会"上的讲话

我和中国民主党派中关系最密切的就是中国民主同盟，除同志关系外，还有朋友关系。在20世纪40年代末的爱国学生运动中，很多民盟的朋友和共产党员一起坐牢、牺牲，为革命做出很大贡献。现在，在我省民盟的领导成员中，有我的同学和朋友。所以，今天我不仅以同志的身份，还以朋友的身份参加这个会。

我认为今天这个会有下面几个特点：

第一，民盟在科研机构和大学的支部组织召开这个学术讨论会非同凡响。我认为，民主党派在科技文化领域参政议政的主要内容之一应是学术研究，推动学术研究的发展。

第二，在当前经济热、文化冷的情况下，民盟组织召开这个学术讨论会，也是意义很大的，是对当前这种状况的触动。

第三，现在在科研机构和大学工作的人员中有些人"身在曹营心在汉"，轻忽职守，放弃"文化功能"的发挥，而在经商挣钱发财。此次会议的召开，也是在价值取向上与这部分人的正面对话。

这次会议的议题是"21世纪的科学和文化"。这个主题可以说是站在当前科学研究的前沿，很有思想性。人类曾经怀着恐慌的心情告别19世纪，迎接20世纪。这100年间取得的科技成果超过了过去的1000年。现在，人类带着问题又以充满希望的心情迎接21世纪。高科技的发展给人类带来新的希望。

科学是由四种科学组成的，这就是自然科学、社会科学、人文科学和技术科学，它们是个统一体，共处于一个有机的整体结构之中。其关

---

① 原载《沈阳盟讯》1995年1月25日。

系如《红楼梦》中所言，是一荣俱荣、一损俱损。有的学者说，自然科学、技术科学和人文社会科学是"三十年河东，三十年河西"。现在科学技术高度发达，而人文社科滞后，目前西方注重人文社科的发展，以改变当代两大科学部类失衡的结构比；但我国由于种种原因（其中包括认识上的原因），还是重科技，轻社科人文。现在社会科学、人文科学的滞后发展，影响到自然科学、技术科学的发展。

在世纪之交，人类科学文化的走向如何？人类面临三个认识对象：宇宙世界、人类社会、人类自身。在这三个方面，人类已经认识很多，但面对对象的巨大、深邃系统，却又了解太少。大而言之，人类面对这三大认识对象，还是"秉烛观宇宙"，不了解的大大多于已了解的。因此，人类在走向21世纪之际，最重要的任务和愿望就是在这三个方面进一步提高自己的认知水平，期望（估计也有很大可能）有一个较大的突破，从而给人类的生活带来新的内容、新的起色和新的幸福。

为此，人们提炼出几个方面的问题来着重研究，设法整合文化科技的研究战略和文化设计。这就确定了一种文化科学走向。

这里只提出一些科学文化现象来同大家讨论。

1. 人类文化正面临转型重构期，即由以科技型为主向科技人文型转化

西方发达国家已经注意到这个趋势，采取了不少科学文化举措。但我国目前仍是重科技、轻人文，对这个大趋势还未重视。这是一个文化觉悟问题。

2. 社会科学与自然科学的互相渗透、汇流以至结合，两者携手共创人类新的生产力、新的生活

当今经济—社会发展问题，可以说，没有哪个大的方面可以由一个科学单独来解决。比如经济发展战略的确立，就不是自然科学或社会科学可以单独解决的，而是需要两者携手来解决。经济—社会发展科学技术化和科技发展经济社会化，是当代的突出现象。

3. 交叉学科的大发展

过去，钱三强先生曾说，21世纪是交叉学科的世纪。有两种交叉：一是学科内部的交叉，即自然科学和自然科学的内部的各个学科的交叉；二是自然科学与社会科学的跨科的"外部性"的大交叉，这种交叉使人类对于面对的三大认识对象（即世界、社会、人）的认识和理

解、掌握的能力都大大提高了。

4. 大科学的发展

在两大科学部类汇流之后，出现大科学，即大课题、大对象、大队伍、大投资、大成效。这是与社会大发展和高科技发展相结合的，是适应其需要的。这又会进一步推动人类科学文化的大发展。

5. 东西方文化的互相发现和新的撞击

东方文化学习西方文化的科技成果、现代技术、经济，学习西方科学文化方面的一切新的可用的成果；西方文化发现东方文化的人文性、思维方式方面的"东方性"，以及社会、家庭、人伦方面的可补西方之缺的东西。

6. 21世纪是东方文化居先的世纪

这也是"三十年河东，三十年河西"。东方曾经先进过，后来落后了，现在又回到东方居先的状况。

7. 对科学技术取得的成果所造成的负面效应进行反思

科技发展，造福人类，但对自然的破坏很大，在自然、社会、人心方面都带来负面效应，即所谓"单面社会""单面人"的问题，所以要反思，要有新的对策。

8. 向古老的智慧寻找新的灵感

人类几千年的文化，现在已经遭到破坏、扬弃，但在现代生活中，却发现有些传统的东西仍有用处，并且启迪了现代智慧，因此，要"重新评估""重新发现"。

9. 由此引起"现代化反思"

西方有人提出："现代化是否出了问题？"这个问题的预设回答就是：在现代化进程中，对传统的破坏是否太大、太多，扬弃得也太多？

10. 人类在寻找"丢失的草帽"

现在人类的生存家园、社会家园和自身的心理家园都遭到破坏，三大家园的破坏使人类产生失落感，感到失去了文化的故乡、文化的母亲，要去找回来，但又不是复旧复古。

总之，人类走向21世纪，就是要实现文化的转型重构，寻找和创造一个最佳生活方式。

我国正处于两个文化转型同步进行的时期，即从前现代向现代化转型和从现代向后现代转型，这两个转型同步进行。因此，真正是任重道远，要做的事情很多，需要大家共同努力。

以上所说，没有把握，只是提出来共同讨论。

我再说一遍，面对前面所说到的科学文化现状，召开这样一个主题的研讨会是很有意义的。

谢谢大家。

# 需要重提社会科学改革①

现在很有必要重提社会科学改革问题。在社会科学方面，以辽宁的情况来说，社会科学改革比经济改革落后。我觉得这是一个很奇怪的现象。社会科学院和社会科学研究工作者在国家的改革过程中是走在前列的。可是，它本身的改革却是落后的。论证别人的改革很多，对自己的改革却不太管。已经进行的一些改革好像也没有很好地巩固。所以我认为，需要重提社会科学改革问题，而且是更加迫切的改革。

## 一、重提社会科学改革问题

这种迫切性来自三个方面。

（一）实际需要

中国现在所处的时代是一个伟大的实践的时代，也是一个伟大的理论的时代。这个时代有一个很大的特点，就是我们几乎每一步行动，都牵涉到马克思主义的一些基本理论；我们改革的每一步行动更是牵涉到马克思主义的基本理论。所以迫切要求社会科学提供论证，给予回答。社会实际迫切要求社会科学的改革。我们国家的改革正在广泛深入地开

---

① 《东北社会科学科研管理》学术研究丛刊1987年增刊，1987年8月。根据作者在九省市社会科学院北戴河座谈会上的发言整理。

展，它迫切需要社会科学的改革来为它服务、与它配合。

（二）理论本身也需要社会科学改革

现在我们所进行的很多改革，是马克思主义的基础理论中没有论述过的。改革过程和现实生活，给社会科学理论研究提出了很多新课题。如果我们还局限于原来的规范研究社会科学，是不能回答这些问题的。

（三）文化需要

这一点我们重视得还很不够。从历史上看，任何一个国家的改革首先是器物层改革，就是引进、采用机器、设备、工具，也包括日常用品，如录音机、彩电、洗衣机这样一些器物。器物层改革以后进入制度层改革。现在我们全面进入制度层改革，经济体制改革已经进入所有制和劳动体制的改革，劳动者可以选择他的对象，雇佣者也可以选择被雇佣对象，这样才能彻底打破"大锅饭"。然后是文化层改革。文化层改革就是培养新型公民的新型文化性格。大家知道，戊戌变法是在日本明治维新之后发生的，日本人成功了，中国人失败了，其中有个问题。现在我们改革遇到的很多阻力，还是来自文化问题。我这里用的是大文化概念，我管它叫"战略文化"。它类似中医关于人体的解释，大文化就如人体的"津液系统"和"经络系统"。如果说人体的内脏、肌肉、骨骼这些是实体部分，是物质部分的话，那么"津液系统""经络系统"（还包括"气血系统"）这些看不见摸不着的东西类似于社会的文化。从文化角度讲，社会科学也必须改革。以上是第一个问题，就是现在有必要重提社会科学改革问题。

## 二、社会科学改革问题

（一）社会科学体制改革问题

现在很有必要把社会科学研究机关中的"机关"两字改掉，把社会科学的机关体制改成科研体制。我们地方社会科学院现在是院、所、室这样一个体制，是一个行政机构体制，按照行政机制在活动。如果作为科研体制来活动，那么就要以科研为中心。社会科学院的活动中心是科研。这个问题在口头上当然都承认。在我们院，我个人感觉还没有真正做到以科研为中心。大量的日常工作、事务工作和行政工作占领了工作领域。

（二）要培养科研意识

我接触到某些科研人员，要助研、副研职称是很积极的，但科研意识并不怎么强，而相对地是"官"的意识较强。所以，我们应当认真地树立科研中心思想，积极地增强科研意识，提出科研设计，指导科学研究，组织科研活动，检查科研工作，评价科研成果，要有这样一系列活动来组成科研体制。

（三）党如何来领导科研

社会科学研究机构必须要有党的领导。要在党的领导下解决体制问题、方式问题、责权问题。这些需要在改革中很好地加以解决。

（四）社会科学院应当是社会科学研究的科研共同体

它的内部机构应按研究任务来设置。目前，社科院机构都是按学科分研究所、研究室设置的，很不适应。当然，现在取消所、室结构还有困难，但它的实质内容要变成科研共同体。这不是一个名词的变化，而是一个实质性的内容变化，后面我会说到科研共同体的具体内容。

（五）保持机构的弹性

我们现在的机构是比较僵化的研究所、研究室的形式，不适应当前的社会科学改革。那么，科研共同体也好，弹性科研机构也好，怎么组织？有两个方面：一个是根据当前的需要；另一个是根据本身的能力。我想宣传我的观点。比如我们辽宁社会科学院，我很想组织三至五个科研中心，或者叫科研共同体。一个是社会学研究共同体，这是一个大概念的社会学，把政治学、社会学、社会心理学这些东西都包含在里头。第二个是战略学研究中心，主要研究经济战略发展。第三个是文化研究中心，主要是研究文化发展战略。第四个是创造学，这是一个现在西方很流行的新的学科，而且对经济和科技发展起到直接的作用，是应用学科中很重要的一个。我们院里有一个同志在研究创造学，辽宁还有一些同志在搞，我想运用他们的力量组织起来搞创造学。这样，研究所建制不改，社会学以社会学所为主体，吸收哲学、历史、文学的同志参加；文化学以文学所为主体；创造学以自然辩证法与科技发展研究所为主体；战略学以经济所为主体，这样来组成科研共同体。等到研究出科研成果或者到了可以结束时，这几个中心可以解散，再重新组织。四川同志的发言对我有很大启发。我想也可以吸收他们的一些具体做法来搞。

要打破旧的社会科学模式，建设马克思主义的、具有中国特色的新的社会科学研究模式。中国现在的社会科学研究模式基本上来自三个方面：一个方面是苏联模式，这是我们现在的基础模式，吸收了另外两个东西，一是中国近代产生的社会科学模式，像梁启超、章太炎、王国维，他们形成了近代的社会科学研究模式；二是我们中国传统的社会科学研究模式。它的一个很大的特点是，文史哲不分家。总的来看，其基础是苏联模式，包括学科分置、研究机构设立，都是这个模式。但是，现在看来这个模式已经落后了，苏联现在已经有了改变。现在，社会科学出现了这样几个特点，概括起来，即一体化、整体化、综合化、国际化和未来化。一体化就是马克思、列宁都预言过的社会科学和自然科学一体化。现在几乎任何一个问题，特别是社会、经济、科技发展战略方面的问题，不是一个学科能够解决的。辽宁科协和科委的同志都主动找到辽宁社会科学院，要和我们合作。他们说，自然科学中发生的一些问题，少了你们社会科学不行（当然我们社会科学也迫切需要自然科学）。经济发展战略如果对经济地理没有了解，也是研究不好的。很多问题都是这样，这是一体化。所谓整体化是就研究对象来讲的，就是研究的对象已经整体化了。恩格斯讲，方法论的本质就是"对象的类同物"。对象整体化了，我们研究也必须采取整体化的方式。前不久听到传达，我国"七五"计划叫作经济、社会、科技发展战略计划，把科技加到里头了。就是整个社会，从天上到地下，到海洋整体化了。所以社会科学也必须整体化。现在我们恰好是把它们割裂了，经济一摊子，哲学一摊子，文学一摊子，历史一摊子，把一个完整的对象割裂开来进行研究。例如刚才讲的专业户问题，当然是一个经济问题，但是我看也有社会心理问题，也有社会学的问题，并且是很强烈的。我们院的社会学所搞了一个九省的农民意识变化调查，那个调查是用电子计算机算的。农民选择对象的标准比重大的是"才"。原来多数是"财"，心理上有很大变化。这是整体化。再一个是综合化，就是我们搞研究的时候，要综合好几个学科才能进行一个课题的研究。第四个是国际化。现在很多问题特别是社会学方面的问题、经济发展战略问题，都牵涉国际化的问题。最后是未来化，这个问题在当前也是很迫切的。我们是亦步亦趋地跟随着人家走，还是越过去超前去研究。当前，国际经济、社会发展都是高技术。美国的"星球大战"是高技术，欧洲共同体的"尤里卡计划"是高技术，日本的"二十一世纪对策"是高技术。现在我们中国的社会科学研究工作者的所谓科研意识应该是这么几个方面，应是高技术的。

要打破学科的旧的规范。我们原来的哲、经、史、文的规范都是旧规范。现在一方面是自然科学、社会科学一体化，冲破了原来的学科规范；而另一方面，是各个学科本身的发展过程也突破了原来的规范，经济学是很明显地突破了，社会学、法学的突破也比较明显，美学、文学、历史学现在突破的呼声也很高。

正确处理理论研究与应用研究的关系问题。我觉得我们现在强调加强应用研究是非常必要的，今后也不能削弱它。但是，如果没有理论研究的基础，应用研究必然是低水平的。理论研究水平有多高，应用研究水平才能有多高。就是说，如果我们的理论武装水平是"中学生"的，那么应用研究也是"中学生"的水平；如果我们的理论武装水平是"大学生"或"研究生"的，那么应用水平也是"大学生"或"研究生"的水平。所以，不能忽视了理论研究。自然科学家杨振宁已经提出这个问题了。他说，我们国内对基础理论研究有点忽视了。我想，社会科学也有这个问题，我们现在遇到的很多问题如果没有很高的基础理论研究是回答不了的，如"破产法""租赁制"等。"租赁制"列宁论述过（叫租让制），但是"股份制"列宁没讲过，像这样的基础理论研究是很重要的。另外，胡乔木同志几次讲话中提到过，中国社会科学院有两个任务，一个是直接为现代服务的科学研究，另一个是为国家和人类做贡献的社会科学研究。我觉得，后一个任务是不能忽视的。如果忽视了基础研究，对我们民族发展是很不利的。现在是人类文化大发展、大转折时代。人类历史上有两大转折：一个是从原始社会到奴隶社会，人类文明时代的到来；再一个是欧洲文艺复兴时代，这是文化大发展、大转折的时代。我看，现在20世纪到21世纪也是人类大发展时代。杨振宁说，21世纪人类文化发展在中国。所以，在这样一个时代，如果我们忽视了文化基础理论的一些研究，我觉得是很不利的。

## 三、科研管理改革问题

我要谈的最后一个是科研管理改革问题。社会科学的科研管理，是否还处在起步阶段？我看过内蒙古社科院搞的材料，这次会上又看了黑龙江院搞的材料。这些材料都把我们已有的一些经验做了总结，把它条理化、规范化了，这是一个进步。现在，科研管理方面有很多问题需要我们研究。通过这几年实践，我想科研管理是不是可归纳为三大任务：第一个是科研规划的制定、实施和检查；第二个是培养、发展和使用人才；第三个是技术管理。现在我们做技术管理方面工作是比较多的，我的想法是"三化三制"：一是规范化，就是现在我们已有的科研管理方面的制度，需要使它规范化。二是合理化。合理，就是合科研之理。我们的科研管理应是按科研规律来进行管理，不能只是合政治、行政之理。比如说，我就感到科研活动受财经制度束缚太大，我们没有西方的基金制，而是一套行政制度。而行政制度是管行政单位的，对科研单位的特殊性考虑不够。工资制度也是这样，如副研等于处级。三是严格化。我们现在存在"干不干一个样"的现象，有的科研人员三年写30万字，和六年一个字也不写的人完全一样，没有任何区别；某些人不仅不搞科研而且在那里闹"地震"，不搞学术搞权术，所以必须严格化，任务、目标都要卡得紧。我想，科研管理下一步要实行三个制度：一个是院长负责制，真正的院长负责制；二是聘任制，有聘任也有解聘，要有这个权力，现在是有聘而无解聘，也没有拒聘、退聘的；三是淘汰制，不淘汰不行，只能进不能出，是一潭死水。我只是同大家一起研讨问题，谈的内容不一定正确，请大家批评指正。

# 关于全面发展科学事业的对话①

**记者：** 记得你在1985年4月4日的《辽宁日报》上曾经发表文章《吁请全社会重视社会科学》，现在为什么要再次呼吁？

**彭定安：** 那次也只是引起一点社会微波，这次提出却有更重要的原因：首先，社会科学对于人类社会、人类自身发展的作用越来越大，而

---

① 原载《辽宁日报》1991年10月3日。

人们却对它仍然不够重视；其次，自然科学的作用也越来越大，但人们对它的社会消极作用和文化负面效应却注意得不够。

记者：自然科学是造福人类的，怎么说它产生了消极作用、负面效应？

彭定安：自然科学、技术科学——我们习惯上所说的科学技术，对人类社会和人类自身发展的作用是极为巨大而深刻的。现在在经济增长的各种因素中，科技进步所占的比重已经由20世纪初的5%~10%增至50%，而且科技发展的速度越来越快。20世纪60年代以来的30多年的科技新发现、新发明，竟比过去两千多年的总和还多，科技成果转化为商品的速度也加快了。人类作为"地球村"的居民，利用科学技术一方面极大地开发和建设了自然界和人类社会，极大地造福了人类；另一方面，又损坏了这个自身的家园。建设和破坏共生，"拥有的同时意味着丧失"。而且，人类自身创建的社会家园也在遭到破坏。科学技术渗透到社会整体结构和全部运行机制之中，渗透到人的价值观念和概念体系之中。科学技术囊括当代一切文化现象，这本是一件好事，是人类社会高度发达的表现；但科学技术渗透到政治、经济、教育、思想、文化，以至包括家庭婚姻在内的世俗生活领域，一切均"科学"地、刻板地进行，那就缺乏社会与人生的主体性、人文性、人情性、灵活性、有机性以及随机性。机械与刻板、功利与实用，居于终极价值的地位。

记者：你讲得有一定道理，但这样讲是不是有点片面性？我看问题出在人们怎样使用科学技术，而不是在科学技术自身。还有，这种观点是否符合马克思主义？

彭定安：我并没有低估科学技术的作用，我只是明确指出它的消极作用。这正是避免了片面性。马克思、恩格斯把科学技术归入生产力范畴，认为科学技术是"历史的有力杠杆"，是"最高意义上的革命力量"。这些论断，都是符合历史的和现实的实际的，是科学的，也是我们看问题、分析事物和制定科学政策时应该遵循的基本理论。这里有几点需要申述：

第一，马克思主义经典作家所说科学技术是"最高意义上的革命力量"和"历史的有力杠杆"，就是因为科学技术是生产力，而生产力的发展首先是生产工具的改变，因此，科学技术使生产工具改进，便成为马克思所说的是"使一般生产方式发生革命的起点"。这就是"最高意义上的革命力量"的意义之所在，因为没有这个"起点"，就没有以后的一切。"杠杆"的意义也表现于此。

第二，他们是站在人的立场、人类社会的立场来评价科学技术力量的。科技是由人发明创造的，是归人使用的。起点也好，杠杆也好，最高革命力量也好，都要靠人来实现，由人来掌握，对人有利。所以，他们又有一个很有深意的论断，指出科学技术是"一本打开了的关于人的本质力量的书"。意思是说，人的本质力量（人的能力、力量、智慧）表现在科学技术发展上，就像一本"力量之书"打开来了，施展开来了。这也表明，科技力量的发挥应当是为人的，而不该是非人的。

第三，革命以科技为起点，最终导致的是"生产方式发生革命"，是"生产关系的革命"。而这些就不是由科学技术的理论、知识、方法来实现的，而要靠革命的理论、革命的学说、社会主义—共产主义理论，要靠哲学、政治经济学以及其他诸种社会科学来解决问题。这是因为，自然科学是人类创造的文化的一种特定形式，它的特性，决定了它只是体现出和服务于人类生活的一个方面。这里有三个问题：一是它本身的价值、意义如何被应用和控制，并不蕴含在它自身之内，而要由"别人"来给予解释、予以掌握，这个"别人"就是社会科学；二是自然科学的实证性、技术性、生产性、工具性、客体性，使它缺乏或抗拒人文性，它可以"服务社会"，但它不管是什么社会、谁的社会，它更不过问"人心"；三是它的终极价值必须纳入人的世界和人性的范畴，因为它本身就是人类为了自身的生活和解放而创造的，它不能被允许"抗逆"自己的主人。马克思1843年在《论犹太人问题》一文中说："任何一种解放都是把人的世界和人的关系还给人自己。"科学对人的直接的解放和给人的解放带来的全部意义都应该纳入这个总体框架中，而不应违逆，否则就是负效应。在所有这几方面，社会科学、人文科学都是大有可为的。

**记者：**社会科学、人文科学怎么来"有可为"呢？难道可以压制科学技术的发展，削弱它的作用吗？

**彭定安：**不，决不能这样。这样做就是逆历史潮流而动，就是反文化，就是倒退了。老子有言："天之道，损有余而补不足。人之道，则不然，损不足以奉有余。"损欠补余，是大错；损余补欠，也不可取。正道应该是发展不足以追有余之盛，以补有余之缺，叫作共同发展、全面繁荣。

现在还是先说社会科学、人文科学如何"有可为"的问题。我始终认为，从某种程度上说，在人类社会的发展上，自然科学、技术科学是解决战术问题的；而社会科学、人文科学是解决战略问题的，也是解决"人心"问题的。在当代科学技术高度和高速发展的情况下，尤其显出发展人文科学、社会科学的重要性。

**记者：**那么，你认为我们现在正当要大力发展科学技术，以实现经济起飞、实现现代化的时候，问题也是同样的性质吗？

**彭定安：**我们在实现社会主义现代化的过程中，要同步解决三个方面的问题。①避免、抵制和消除西方发达工业国家在实现工业化、现代化过程中出现的种种问题。②预防、避免和创造条件来消除当代人类社会发展过程中出现的全球性共性问题，如环境污染、生态失衡、人口膨胀等问题。③减少、规避和消除在现代化过程中带有必然性地要出现的问题，例如：传统的既破坏、扬弃又继承、发扬和实现创造性转化的问题；在工业化、城市化、商品化过程中必然出现的生产、生活方式改变的问题；家庭制度的变革问题，以及在社会生活与精神世界迅速世俗化过程中的文化整合，保证道德、文化、精神境界的既现代化又保持纯净的问题；等等。这三个方面总括起来也就是保证在实现工业化、现代化过程中的社会主义前途与归宿的问题，也就是保证实现社会主义现代化、保证建设有中国特色的社会主义问题。而这个总题目和它的三个方面，在理论上和实践指导上，都是由社会科学的各个学科来解决的。

从另一方面来讲，在总体上，同时也是在与前面说到的三个方面对照的意义上说，我们有三个传统，也是"天然抗毒素"，这就是我们民族历史悠久、举世均称优秀且富人文精神的传统文化；我们党几十年来，在马克思主义同民族文化传统结合的基础上、在我们党领导的亿万人民群众的革命实践基础上形成的革命传统；再加上，新中国成立几十年来的革命与建设所形成的现代传统。这些都是我们极宝贵的文化积淀，是防腐御变的抗毒素。不过，这些都是既必须仔细辨析，进行选择，又需要同当代实践即改革开放和现代化建设事业结合进行的。而这些重大的工作，又都是要由社会科学来承担，而不能由科学技术来代劳的。

记者：那么，你以为我们应当怎样来解决这个问题呢？

彭定安：我们的科学政策可以从两个方面考虑：第一，自然科学的功能的内部调整；第二，自然科学同社会科学以至整个文化的外部整合。就是说，一方面，在运用科技进步时，同时注意到它的负面效应而加以抑制，并且发挥科学技术在非生产领域的作用，以保护人类的自然家园、社会家园和精神家园，即全面发挥科学技术的功能。另一方面，又同社会科学携起手来，调整关系、共同协作，互补互助、互相推动，同心协力推动社会全面发展。

# 科学部类协调发展的新世纪①

20世纪可以说是科技的世纪，它依凭的就是不断发展的科学技术。科学—技术—工业—经济，这就是从科技到经济发展、社会进步、文化蜕变的进展系列。科技在20世纪的发展速度、程度是空前的，创造了人类社会从未有过的生产力、经济水平、社会福利和生活享受；但是在这100年中，科技在带来人类福利之外，也产生了负面效应，且其不良的甚至恶劣的影响巨大。归纳起来，可以称为"三个'三'"，这就是：人类"三大家园（自然、社会、心理）"的破坏；"三大关系（自然、社会、人类）"的紧张；社会生活中的"三大倾斜"（重物质轻精神、重科技轻人文、重个体轻群体）。对此，人类的"思考人"，那些智者、哲人、科学家们，可以说进行了百年反思。从斯宾格勒的《西方的没落》（1918—1922）到汤因比、狄尔鲍拉夫与池田大作关于21世纪的对话，从法兰克福学派到丹尼尔·贝尔的《资本主义文化矛盾》（1976），都是这种反思的思想、文化、学术记录。

20世纪人类思考的结论就是：调整过去的文化方向。从"与自然

---

① 原载《探索与决策》2000年第5期。

为敌"转到"与自然为友",利用、开发自然；同时保护自然、养育自然；采取可持续发展战略，从"技术导向的现代化过渡到文化导向的现代化"。为此，就要科学的四大部类（即自然科学、技术科学、社会科学和人文科学）同时携手、协调发展，就要改变科技方向、科技路线、科技战略和科技政策。其中，特别是要"人性地使用科技"和"使科技具有人性"，要一面加强社会科学与人文科学的发展，一面加强科技的人文性。可以预计，而且现在已经出现了这样的世界性发展势头，即适应四大科学部类的渗透、汇合的趋势，加强它们之间的合作；并在其结构比中增加人文社科的比重，同时强化科技的人文性。

在20世纪，人类产生了许多新的理论学说，改变了原有的认知，对于宇宙起源、地球起源、生命起源、人类起源，以及时间、空间、物质等的认识，都有了发展。已经形成被人们称为"新的亚当苹果"的新认知体系。科技之光更加照亮人类社会和人类自身。而这一切成果的取得，并不只是科技自身的"聪明—才智—能力"所能做到的，其中，不仅有社会科学与人文科学的合作和"配合作战"，更有知识支援、理论总结、方向把握和方法论指导。这不是某个领域、某件工作、某些人之间的"关系"，而是整个人类社会空间、知识构造体系和智慧-能力场中的普遍现象。这里一个根本的原因就是：人文与社会科学是解决人类社会发展战略问题的，而科技是解决战术问题的。这里没有高下优劣之分，只有各自的性质不同。

西方有的学者说"21世纪是社会科学的世纪"，此说可能过分；但是21世纪人文—社科将会大大加强，科技的人文性也会强化。"四大科学部类协调发展"，这是可以肯定的。顺应世界发展的大潮，适应国际发展的大情势，认清人类知识的大趋势，我们在重视科技、大力发展科技的同时，需要考虑对社会科学、人文科学的发展对策。并且，要用人文、社会科学来调整、制定新的科技路线、科技战略、科技政策。

# 繁荣哲学社会科学的当代意义[①]

面对20世纪的成就和问题，人类几乎进行了百年反思，并得出共识：哲学社会科学在21世纪应居于重要地位，必须受到格外重视，它的作用将会越来越重要、迫切和具有决定性意义。社会科学在"自然科学、技术科学、人文科学、社会科学四大科学部类共同体"内部结构比值增长，并居于比以前更重要的地位。

这是为什么？

在新世纪，有两个方面表现了人文与社会科学超过科学技术的、迫切而突出的重要性。一方面，在20世纪，人类社会在现代化上出现了越来越严重的偏差和问题。自然破坏、生态失衡、物种灭绝、家庭破损、亲情疏离、社会犯罪严重，吸毒、艾滋病、新型病毒、恐怖主义等威胁人类，人们普遍缺乏安全感、意义感、归属感；幸福感也在缩水，还有社会节奏过快和工作压力过大，人际关系和个体心理紧张，造成普遍化的心理疾患，"焦虑""疯狂""自杀"成为困扰人类的"世纪病"……这些"现代化症候"严重侵袭人类、破坏社会。个中原因，很大因素是"过度现代化"、对传统破坏过多过重、对历史隔膜疏离与遗忘、盲目追求现代化等。而且网络传媒、信息技术、虚拟世界、克隆技术、"借腹生子"等，产生了一系列社会、道德、伦理、法律以至审美和人性的问题。面对这些，反思追索，人类在21世纪想要纠偏正误、救危补罅，只有靠人文与社会科学来研究探讨、把脉诊治，"确诊"并开出"医案"之后，才能制订社会方案和科技方案，并借助现代科技手段来进行治疗。

---

[①] 作者2006年10月9日在辽宁社会科学院学术报告会上的发言文本。《辽宁日报》（网络版）2006年12月28日发布。

另一方面，在20世纪，自然科学、技术科学贡献巨大。但是，由于人类科技战略和科技政策的失误，对科技使用不当，具有"双刃剑"性质的科学技术的"福"的一面受到影响，而"祸"的一面则得到发展、产生危害；人类自然家园、社会家园和精神家园均遭破坏。这是人类不恰当使用科技的不幸结果。因此，从20世纪末开始，人们强调地提出"人性地使用科技"和"使科技具有人性"的科技战略思想。这就是要以人为本，使科技始终为人类谋福利而不损害其利益；科技的发明、创造、创新都以此为界限。在整体上，强化科技使用、科技战略的人文关怀和人文精神；在工具理性、价值理性之中，渗入人文性和意义理性。这正是我们在21世纪要大力贯彻的科学思想。人文社会科学的当代意义也于此突显。

人文与社会科学对经济、社会发展、人类总体发展的推进作用及其作用力的方向，仅从外在的、"机械的"划分来看有三个方面，即总体范畴的作用、对物质文明和对精神文明的作用。在总体上，人文与社会科学对人类的生产、生活、认知、智能、道德、审美、创造这些"人的——人性的"一切方面，都发挥着武装、推进、提高的作用。在当今时势中，在"现代困惑和现代症候"中，人类社会正是在这些方面遇到麻烦、产生问题、经受痛苦、处于迷茫，而人文与社会科学也正可以在这些方面充分发挥其积极的作用。当今所谓"人类在寻找丢失的草帽""人类在走向回家的路"，其意蕴所在与所归，均在人文与社会科学的作用范围，也是它的用武之地。我国在20世纪70年代末把整个国家机器和全社会，从"以阶级斗争为纲"转换到"以经济建设为中心"的轨道上来运转，并实行改革开放方针，从而挽"国民经济濒于崩溃边缘"之狂澜于既倒，使得国家民族摆脱贫困、获得生机，创造了欣欣向荣的局面。这是社会科学的巨大胜利，也是它在总体上发挥作用的实践证明。

在社会生产和物质文明方面，人文社会科学在确立发展方向、体制制度，制定方针政策、战略战术，制定和实施经营管理秩序与方略，规划人才战略，达到出色的"聚才、用才、人尽其才"目的，实现内部人际关系融洽协作与优化组合、外部社会关系广泛良好、"四方来归"，建立创新机制、培养优秀员工、培育优秀企业文化等方面，都可以发挥巨大的作用，为社会生产和物质文明的发展做出贡献。而这些，对于经济、社会发展是具有决定性意义的。

在信息社会，在信息经济与知识经济时代，高科技日新月异发展，科技创新层出不穷，文化从经济与社会发展的跟跑角色成为领跑力量，在"科技文化丛"中人文与社会科学占有相当大的比重。蕴含于文化母体中的人文与社会科学，不可或缺地、积极地、卓有成效地参与科学技术的创造发明；灵感思维、直觉思维、创新思维，综合、宏观、整体把握对象等思维方式和能力，大大促进科技的创造发明与创新。经营管理、高速高能量培养人才与合理使用组合人才，使人尽其才、力尽其用等，也都需要人文与社会科学的鼎力襄助。

在精神文明和政治文明方面，人文社会科学更是大有用武之地。它对于树立正确的世界观、人生观、价值观，提高全民文化素质、社会道德水平、政治文明水平，对于社会稳定和社会主义和谐社会建设，对于民族文化从传统向现代转化、国际文化交流以至中华民族的伟大复兴，所有这些在经济发展、社会进步、民族复兴上具有关键意义的重大关节上，都具有不可或缺的作用。而这些方面急迫需要改进提高达到新水平，正是我国当前以至21世纪严重的民族母题与历史任务。

这里，还单独谈一下哲学对于人类认知世界、理性世界和情感世界的至关重要的作用。歌德曾经要人们赞叹和敬畏"头上的星空和内心的道德法则"（贝多芬对此赞赏并在创作中受到启发）。黑格尔曾指出："世界精神太忙碌于现实，太驰骛于外界，而不遑回到内心转回自身，以徜徉于自己原有的家园中。"日本近代思想家中江兆民针对日本资本主义现代化进程中生产发展而精神衰迷的社会状况，慨叹"日本自古没有哲学"。鲁迅20世纪初留学日本，近观东邻、远眺西方，概括其社会现实是"物质发达，社会憔悴"。这些哲人都超越现实，从物质层面升华、深化，作形上哲思。这对于我们今天摆脱"物质困顿"、建设后院、守望精神家园，以维护社会稳定与和谐，都具有振聋发聩、精神补益的巨大作用。我们现在缺乏和需要的正是这种超越物质困顿的精神提升与玄想哲思。因为社会心态中太重利益与实惠，太驰骛于外在，太钟情于自我，社会生活中的"三大倾斜"（重物质轻精神、重科技轻人文、重个体轻群体）使人们心理紧张、心态烦躁、行动越轨，也使社会产生摩擦、矛盾与冲突。哲学是一个民族的形上的思维、理性与理论思维，是精神世界的升华，是人"带着乡愁对心理与文化故乡的回望与探访"。正如中江兆民回答"没有哲学便怎样"的问题时所说的，那就会

"茫茫然不懂得宇宙和人生的道理"，"不论做什么事情，都没有深沉和远大的抱负，而不免流于浅薄"。

繁荣哲学社会科学的当代意义是十分突出而重要的，具有关键的、决定性的、涉及人的本性的意义与价值，应当引起我们十二分的注意和重视。

2006 年 10 月 9 日

# 学科建设的三个层次及其整合[①]

每一个新兴学科的产生，或者是已有学科的发展建设，一般地说，都经过三个阶段的发展，存在三个层面的建设。

首先是实践与经验阶段和层面，就是通过集体的、多次的、广泛的、重复的实践，积累了经验和材料，产生了感性与知性认识，为学科建设、成型和发展打下了基础。其次是理论阶段和层面，就是通过对前一阶段和层面上所积累的经验材料——感性与知性认识，做由表及里、去粗取精的研究思考，做出理论的概括，形成具有真理性的观念、原理、定律、公式，形成观念—理论形态的总结。最后是结构体系阶段和层面。在这个阶段和层面上，理论不仅做出了局部性的、短时段的和阶段性的概括，而且已经形成理论体系，根基、主干、枝、茎、叶俱全，是一个有机的、互相沟通、支撑、证明的理论构造。到这一阶段和形成了这一结构层次，一个学科就终于成熟了，成型了，成立了。

当然，学科形成之后并不会"一劳永逸"、停滞不前，而是随着实践的发展变化而不断发展变化，其理论概括和结构形态也会做出相应的改变。这就是学科的不断发展、提高、完善。现代自然科学、技术科

---

① 原载《东北大学报》1996 年 11 月 15 日。

学、社会科学和人文科学的各门学科，其体系和形态都与它们的古典形态大不相同。随着高科技的发展、人类社会的进步和文明的发展，这种学科形态的发展仍在以更快的速度前进和变化。

这种迅速发展变化的轨迹，仍然是循着实践（材料）、理论（概括）、结构（构形）这样三个阶段和层面行进的。

基于上述认识，在高等院校所设置的各门学科的建设发展可以有几方面的考虑：

第一，各个已有的学科，在建设中要不断收集本学科范围内以至相关学科内的实践与经验材料（收集学术资料），不断掌握最新信息，并对其做阶段性的理论概括，从事理论性思考与研究。同时注意收集、整理这方面的有关理论材料，予以消化、吸收，丰富和提高理论的装备。然后，掌握本学科的结构层次的信息，或者既有自身的实践（第一手材料），又独立进行理论概括，并形成结构层次，形成本身独特的学科形态（可能的话，物化为教材）。前者，是学科建设的初步阶段，能够随大势而发展，不故步自封，"年年老模样"；后者，则是对学科的发展，是学科建设的高级形态。

第二，教师不仅要能够"相沿成习"地授课，而且要能够并且积极从事实践（包括理工科的实验和人文社科的社会调查）和研究。教学与科研不仅不是脱节的，而且是有机的互相沟通和促进的，是"教学—科研"这种形态的关系。可以说，科研水平有多高，教学水平就有多高。要提高教学水平，要搞好学科建设，就必须搞好科研。强调和推动科研的发展，是学科建设最重要的一环。这一点对于文科的学科建设来说尤其重要。文科教师一定要搞好科研，否则就无所谓学科建设了。

第三，注意学科发展建设的三阶段、三层面的整合。一是三者不要彼此脱节，更不要脱离，而是紧密结合，形成有机的整体。二是有所侧重。工科的学科建设在实际教学中，更侧重的是实践与经验层面。因此，在学科建设上，更要有意地注意理论层面和结构层面的建设。理科"更理性""更抽象"，在教学中侧重的是理论层面，因此，要同时注意收集实践与经验层面的材料，以供"理论思考"营有"薪"之"炊"，并且注意上升到结构层次。文科建设则侧重在教学实践中，能够不断吸收经济、社会、文化日新月异发展的新情况、新资料、新信息、新问题，来丰富和"活跃"既有的理性知识。同时，注意搞好科研，以提高教学的理论水平，并积累实践、理论的丰富材料，形成结构层次，体现在教材上，使教学工作和学科建设都跟上时代的步伐、社会的发展和社会实践变化。

在以上各有侧重的学科建设中，同时还要注意三阶段、三层面的互相整合，使之整体地发展。这样才能促进整个学科的发展，真正搞好学科建设。

第四，具体到某一所高等学校，还有一个学科群的建设和整合问题。一是理、工、文大门类各学科之间的群体建设和互相整合；二是已有学科、新兴学科之间的滚动、汰选、或"收"或"放"的选择机制和整合工作；三是根据本校具体情况确立几大门类的学科建设重点及其整合问题。此工作可以发挥整体效应和规模效应，产生"1+1＞2"的效果。

第五，东北大学目前需要以适当的力量、适度的规模和速度发展人文社科的科系，着实建设发展这方面的一两个学科，下力气搞好其学科建设，以发挥培养学科人才作用和向全校辐射，产生文化效应。

在这方面，既要保持已有重点学科的后继有人并有所发展，又要计划建设新学科。门类不要多，但不可偏废。


# 社会科学与城市文化建设

——在大连2008年社会科学周学术报告会上的演讲

我今天打算和大家讨论的是社会科学与城市文化建设问题。这是当前一个非常重要而又迫切的问题，但它却是尚未引起重视，而不重视会使我们遭受重大损失的问题。这个问题实质上涉及两个相关的子课题：第一个是"城市的文化建设问题"；第二个是"城市建设的'建设文化'"问题，或者叫"城市建设的文化理念"问题。前者是局部的、部门性的问题，也可以说是战术性的问题；而后者则是整体问题、全局问题，是战略性问题，因此更重要，也更具关键性。目前，应该说普遍地对这个问题并不重视。

在进入主题之前，我想先提出两个结论性的概念或者叫理念，这就是：① 21 世纪是社会科学的世纪；② 现代大城市尤其是拥有 100 万以上人口的特大城市建设，需要文化的充实和救助。

关于第一个理念，这里只极为简单地提示一下。人类经过 20 世纪的发展和所取得的成功，带着巨大的物质与精神成果，也裹挟着复杂而艰巨的问题与困惑进入 21 世纪。这些问题，比如城市过度集中、人口过于密集、家庭破损和家庭危机、人际关系紧张、亲情疏离，缺乏认同感、归属感、意义感，远离故土与故家感，社会生活中的"三大倾斜"（在物质与精神、科技与人文、个体与群体之间，重前者轻后者）、社会犯罪严重和恶性犯罪增加、自杀现象加剧、心理疾患侵扰广泛的人群、环境污染、生态失衡、气候变暖、地球面临第六次毁灭危机、"三大家园"（自然、社会、心理家园）被严重破坏、大自然的愤怒与报复接踵而至，等等，都在困扰人类，使人类惊醒。这些严重问题的产生，都与过度现代化、过度城市化和城市化不当有着密切的关系。人类在"三大反思"（对现代化、科技和最佳生活指标的反思）的基础上，思考并实践着"三个适度回归"（向自然、向传统、向相对朴素生活的回归）；人类在调整自己的文化方向；人类在"走向回家的路"，提出并实施保护环境、拯救地球、建立生态伦理观、使科技具有人性和人性地使用科技、提高人文关怀和实施终极关怀等社会—生活—建设与发展的新方略。而这一切都在呼唤着文化登场升帐，期待文化的旗帜高高飘扬；也在呼唤社会科学登场，尤其是人文科学拯救人心、救助和抚慰心灵。可以和应该说，社会科学是 21 世纪为人类寻觅新的发展道路、新的发展理念和思路的导引，是经济、社会发展补缺纠偏的药方所系。

那么，这一切怎样与城市文化建设关联呢？这就进入第二个理念范畴。

我们现在发展和建设大城市，是实现现代化进程中必须完成的城市化过程。这是一个奔向现代化目标的社会和民族必须完成的历史使命。这不仅是历史的和现实的需要，而且是国家、民族的巨大进步，是社会的巨大发展，也是文化的巨大提升。但是，如何来完成这个进程，如何来实现这个伟大目标，却是值得我们深刻反思、认真研究的。

一个大城市的建设，不仅是物质的建设，而且要有精神的、文化的建设——有外在的和内在的，有外延的和内涵的，有现代的和传统的，有中国的和外来的，有生产的和生活的，有城市的和"乡村"的，有服务的和享受的，有平常的和节日的，有热闹的和清静的，有狂欢的和舒缓的，等等。总体上，就是两个方面的结合，是物质的和精神的结合、外在的和内在的结合。

人类社会城市的出现，至今有几千年的历史。从公元前4000年到公元18世纪，被称为古代城市时期；从18世纪工业革命时期到现在，是现代城市时期。古代城市一般只具有防御和商品交换的功能；而现代城市则类型化、功能化了，比如政治城市、经济城市、文化城市、旅游城市等。它的特点就是多功能化和文化结合的城市。为什么如此呢？因为现在是知识经济时代，是信息化时代，是科技化、网络化时代；文化创新产业成为最新的支柱产业，充满了生产的、市场的、经济的与文化的活力和创造力，文化从经济、社会发展的跟跑角色变成领跑力量，成为经济、社会发展的最后控力，文化无所不存、无处不在。文化在城市里已经泛化、弥漫化，渗透在城市的各处，深入城市的骨髓。没有或缺乏文化建设与发展的城市发展，是有缺憾的发展，是瘸腿的发展，是缺乏灵魂的发展。其结果是经济与生产的发展受到抑制，城市的进步受到阻滞，人的生活陷入片面性，人得不到全面发展。

因此，我们现在需要文化导向的城市现代化，需要社会科学中属于交叉学科和新兴学科的社会文化生态学的指导。

我们不仅要建设高楼大厦、工厂企业、楼堂馆所、游乐场所，而且要建设图书馆、博物馆、展览馆、文化馆、群艺馆，建设多种多样的教育机构、科研机构，要使这些文化设施与机构成为城市的标志、形象代表、艺术与文化的展现，要使它们成为城市的一座座文化岛，传播文化、学习文化和创造文化，并且辐射文化于大连市、全国以至国外。要发展现代文化、科技文化、人文文化、社区文化、商业文化，等等。要提高全体公民的文化素质。总之，要适当收缩外延的城市建设，而大力加强内涵的城市建设；不仅要有物质上的现代化，而且要有思想上、精神上的现代化；不仅要有社会硬件的现代化，而且要有社会软件的现代化。要使高楼大厦不仅物质的、硬件的设施齐全而现代，而且要让它们被文化所充实而富有。城市的各类建筑不仅是具有建筑审美价值的美丽的建筑物，而且为具有艺术性的雕塑、艺术品、纪念性人物塑像等所围绕和装饰。总之，要建设一种"人—自然—社会三位一体和谐的生存空间"。

举例而言，可以设想到这样一些方面，比如，使企业、机构、学校、科研单位、各类文化设施等和人群与自然处于一种合理的、均衡的、协调的布局与设置之中，成为一个城市的完整而和谐的整体。比如，保持自然和"乡村"在市区中适当的生存比例，留出和设置相当比例的绿地、森林、草地、湖泊、池塘、河流与水渠以至"城市中的乡村"，并且配置均匀适当。比如，建设大中小结合的现代自然—人文区域，给城市居民以通向自然、接触自然和与自然共处的渠道与条件。比如，不取分散资金、多处营造、四方投资的策略，而相对集中资金、人力、物力、技术和艺术构思，建设极少数甚至一两处坚实、宏伟、美观，具有高级建筑艺术水准的标志性、现代性、传统与现代结合的纪念碑式建筑。比如，形成多样统一、独具特色、具有地方风格和民族风韵的建筑风格和城市个性。比如，尽量保留老城区和能够保留的遗迹，修旧如旧，又建设新区，新与旧、传统与现代结合。这些对于在建设和发展中的我们来说，是理念、设想、计划；但是对于西方许多国家（也许可以说所有西方国家），是既有的实践，是现存的事实。这是值得我们借鉴和引发思考的。

保护应该是我们坚守不渝的一个城市建设的文化理念。保护，某种意义上蕴含着、意味着深沉的和悠久的建设内涵。我们还要保护环境，保持生态平衡。建设服从环境保护，建设自身保护环境，在保护的前提下建设，建设之后要使环境更优雅、更美丽、更具人文性。生态环境和生态平衡，不仅是自然的（就是说不仅有山水、树木、花草的秀美与繁茂），而且有人文生态的平衡和秀美繁茂。大楼里有文化设施、文化呈现、文化景观；大学里有大师，有充实的、高层次的、多元的文化，又具有学术特色与地区特点的校园文化。校园和科研机构里，活跃着文化的律动、文化的倡导、文化的创造、文化的精神。

保护自然和传统相连。如何在建设和发展中保护传统和保持传统，使历史与现实结合、传统与现代结合、洋与中结合，是城市建设中又一个必须坚守不渝的文化理念。今天是历史的延续和继承，现实存在于历史之中，现代人应该回顾、尊重、了解历史和传统。历史的遗迹、古旧的建筑、往昔的遗存、历史人物的遗痕等，在建设与发展中，都应该得到尊重、保护和现代利用。当然，在方式和方法上可以探讨，但保护的理念则应该毫不动摇地恪守。这一点对于具有几千年历史的文明古国更加具有巨大意义。

我们还要从社会生态方面考虑城市的布局和构造。构成城市的单元或要素有两项：人群和机构。传统社会学从社会生态方面提出了群体和机构分布的"浓缩"与"离散"、"集中"与"分散"、"隔离"与"侵入"的命题和理论，后来又提出"同心圆说""扇形说""多中心说"等学说。20世纪50年代以后，则有新学派把社会因素和文化因素结合到城市土地利用理论研究中，提出了新的分析和模型。文化因素的介入，使城市布局、构造和土地利用引入了文化这个城市主角，土地利用和机构布局以至人群分布，都在实质上形成一个个文化单元、一座座文化岛。现代大城市的建设，文化成为题中应有之义，成为核心元素。

我们还要使城市居民都成为现代公民，养成高层次的行为准则、行为文化。其商贸活动、人际交往、待人接物、社会生活、衣食住行等，都为高层次的道德风范和文化氛围所装备和充实，展示出一种现代特大城市的内在文化素养。这是城市文化建设中一个更广泛、更复杂、更深沉也更具挑战性的课题。

总体上，现代城市建设的终极目的是为人创造一个宜居空间，一个舒适的、美丽的、人性的空间，一个和谐的（人与自然、人与社会以及每个人自身均处于和谐状态的）美好空间。用恩格斯的生存、享受、发展的三层次概念来说，不仅是生存空间，而且是享受空间、发展空间。并且要使在这个城市里生活的人群成为具有文化和享受文化的人。

"城市病"即城市社会问题，在国外社会学界习惯称为"城市危机"。其内容包括政府作为低效率、财政亏空、交通拥挤、能源紧张、种族歧视、就业困难、犯罪严重、老龄化等。我们现在也出现不少城市病症，这些都需要社会科学、人文科学来解决。

我们可以说，文化是城市病、城市危机、城市问题的消解器、减震机、消毒剂和排污散。

因此，要说社会科学与城市文化的关系，那是一种战略关系，一种生死攸关的关系，一种除漏减灾、积极推进的关系。我们的任务是：要物质建设，也要文化建设；要加强文化建设来建设城市，要以文化的眼力、文化的胸襟、文化的关怀来建设城市。在这方面，我们迫切地企盼和追求是切实执行科学发展观，切实执行既定的"控制大城市规模、合理发展中等城市、积极发展小城市"的总方针。根据中央推行城镇化的方针，也许还可以补充加入"广泛发展城镇"这样一条。那么，大城市——特大城市（控制甚至缩小规模）——中等城市（合理发展）——城市（积极发展）——小城市——城镇（广泛发展），就成为一个城市发展的合理的现代化发展体系，而贯穿其中的是文化发展。

# 关于社会学学科建设的几个问题①

中国社会学在停滞了20多年之后又得到发展，这反映了中国社会科学事业的日益繁荣，也反映了社会学自身的生命力。当前，社会主义物质文明和精神文明建设及经济体制改革的实践，向社会学提出了多方面的要求。因此，搞好马克思主义社会学的学科建设，是一项极为重要的任务。本文就怎样建设社会学学科的问题发表一些意见，以供讨论。

## 一

我们应该提出这样的任务：建设一门马克思主义的、具有民族特点的中国社会学。这个任务的提出有什么样的条件和文化背景呢？

首先，在中国，社会学正处于一个复兴期。这个复兴的势头来自实践的多方面迫切需要。科技革命在研究手段、研究方式、研究领域以及思维方式上武装了社会学，国际学术发展态势推动着社会学向前发展。近年来，不仅中国老一辈社会学家重新拿起了这个武器，发挥自己的专

---

① 原载《学习与探索》1987年第4期。

长，引导社会学向前发展，而且有一大批中青年学者投身于学科建设，他们在前辈学者的帮助和指导下开展研究，取得了可喜的成绩。

与此同时，社会学的相邻学科和亲缘学科研究工作的进展，也给它的复兴和发展提供了很好的条件。比如经济学、伦理学、心理学、文化学、文化人类学、美学等，都直接地向社会学要求"协助"并给予"学术反馈"，从而大大推动了社会学的学科建设，在学科发育上给社会学研究提供资料、理论和方法。而社会数学、社会化学、社会物理学、社会医学、社会心理学、社会语言学这些交叉学科的出现，更为社会学提供了新的科学基础，表现出科学发展上的"杂交优势"。

近年来社会科学发展所出现的值得重视的新趋势，也直接或间接地给社会学带来了生机。自然科学和社会科学的互相渗透、补充和朝着整体化方向发展的趋势，使得社会科学研究越来越具有现代手段，越来越精密化、定量化、数学化、技术化、系统化、多极化，由此更引起了社会科学突破旧规范、形成新规范，导致结构性的变化。通过吸取自然科学的新方法、新"技巧"，借鉴新的思维方式，社会科学研究领域越来越开阔，研究对象越来越多样，因而其与社会的发展、人的发展的关系更为密切，社会作用、社会效益也愈来愈显著。作为软科学的社会科学也在逐渐地、部分地硬科学化。所有这些，都给社会学发展与建设奠定了认识上的、学理上的、方法上的和手段上的基础。

另外，我们还可以从文化背景上考察一下社会学发展和建设问题。当前，我们正处在一个新的文化复兴时期，处在一个实践愈益深入、理论愈益繁荣的时代。其特点是：第一，马克思主义愈益紧密地与建设有中国特色的社会主义伟大实践相结合；第二，马克思主义在广度和深度上与中国文化相结合，这种结合又是在中西文化第二次大撞击的背景下进行的。中国面临新的文化反省、文化选择和文化发展方向的确定问题。其中，贯穿着马克思主义与非马克思主义甚至是反马克思主义思潮的斗争。针对这种情况，社会学和社会学研究者的任务，就是要从文化学、文化人类学的视角来认识和研究中国社会从古代到现代的发展史，中国社会结构的特征，中国文化的特征、发展方向。只有这样，社会学才具有更大的针对性，学科优势才会得到更好的发挥。可见，文化背景给了社会学以发展的动因，同时也增强了它的责任。

综上所述，文化动因、科学基础和社会需要，是社会学发展强大的外在推动力和内在驱动力，也是社会学发展的有利条件。

那么，在建设具有民族特色的、马克思主义的中国社会学学派中，我们的当务之急是什么？

首先，要加强社会学层次结构的研究。目前，社会学研究比较普遍的问题是习惯于在"高层次"上下功夫，即往往在一些根本性问题、基本原理上做抽象的、空洞的讨论，而缺乏对具体问题的探讨。我们既要加强层次结构的研究，又要对不同层次的状况和问题有清醒的了解，"对症下药"地予以解决，这是十分重要的。一个学科的建立，需要有经验要素、理论要素和结构要素这三个方面。经验要素对于实证科学和应用性特强的学科（如社会学）来说是十分重要的。在这方面，我们还是比较重视的，做了许多调查研究，接触了许多实际问题，近几年来，这种情况有了很大发展。但是应该看到，对于社会这个大机体，尤其是对于正处在空前巨大而深刻变化中的当代中国社会，我们的调查和观察还局限于旧的规范，思维空间和眼界都不够开阔，缺乏适应客观状况及其发展趋势的新眼光、新设计、新领域、新规范。而且调查研究侧重定性分析，实验很少，更缺乏模型化的作业。这对于产生于调查、观察与实验，经验要素居于十分重要地位的社会学发展来说，是很不利的。

理论要素产生于对大量经验材料的抽象。即使是一个老的学科，也需要不断从经验材料这个活的源泉中不断概括、提炼出新的理论要素，去发展学科的基础理论，建设理论体系。对于社会学来说，这一点尤其重要。我们更多地忙于实践，而对于浩瀚的经验材料缺乏理论的提炼。就是已有的尚不充实的基础理论也同学科实际结合得不够。由于这两方面的原因，社会学本体论的体系化工作也就做得不够好。此外，对于西方的社会学理论，我们以鲁迅所论证过的"拿来主义"精神与方法去做的"外取"工作也很差。在我们自己的民族科学文化传统中也不乏社会学的理论素材，有些具有很高的科学价值和较大的启发意义；但是需要"剥离"（因为传统文化中，有关社会研究的思想学术，往往和其他科学思想观点混同）、收集、整理和阐述，并在此基础上加以改造、继承和发展，这就是"内继"工作。这方面的工作可以说比"外取"工作做得还要差。我们很需要有一部《中国社会学史》，至少现在要有一个资料专辑。

对于一个学科的建立来说，结构要素是后期工作中更应重视的材料组成部分。它要求把学科知识放在知识整体和外学科群的背景下进行整理加工，使之有序化、范式化、体系化，形成理论结构。这种工作不是一次性的，也就是说，出手就成为终极形态的东西是不存在的，也不符合科学发展规律，它是分阶段地进行的、滚动式前进的。因此，也不必要求一拿出来体系结构，就是完善的、齐备的或唯一正确的。但是，前进过程中总是要有人不断贡献具备一定规模但还不够理想的"本子"来。这是理论总结与发展过程中的必经阶段，是过程的定型化经历。在这方面，社会学研究显得落后得多。我们多着眼于实际，似乎不太自觉地去提炼结构要素，进行使理论体系化的工作。这当然同社会学几十年来的遭遇有关。

如果把上述三个要素目前存在的问题逐步解决，并整体化地来完成学科建设工作，相信我们定能较快地取得成果。

其次，社会学发展和建设可以而且应该从与亲缘学科的互补中获取力量。社会学作为一个综合性学科，其"亲属"是相当多的。现在，这些亲缘学科都在向前发展，并在理论和实践上取得了许多新成果。这既可以推动社会学发展，又给社会学以智慧和力量。有些学科的成就本身就是在同社会学的协作中取得的，它对社会学的发展更是直接的助力。比如关于生活方式的理论，就是社会学诸种亲缘学科的共同研究对象。生活方式既涉及生产关系和分配，又涉及家庭的财产关系，还涉及生存、享受和发展三种资料的获取及其数量、质量与分配状况，这属于经济学研究的范畴。生活方式还涉及文化、民族、国家、人种、区域等因素的内涵决定作用与具体表现，涉及人的新型文化性格的内涵、形成与发展，这些问题则是文化人类学和文化学的研究内容。而社会审美心理和审美活动对人们生活方式的影响等，又涉及文艺学和美学。生活方式还离不开择偶、婚姻、家庭等问题研究，这又涉及伦理学。如此等等，还可以列举许多。这些亲缘学科的参与工作和它们自身的发展，都会从研究领域、方法、手段以及思维方式等方面促进社会学发展，丰富它的内涵。我们应该自觉地从"亲缘互补"中去求得社会学的发展。

最后，按系统地开展社会学研究，既发展部门社会学、类型社会学，又由分而合、由局部到整体地发展社会学。我们可以把"社会"作为一个整体、一个大系统来研究，探索它的结构、功能、问题、发展方向等。首先是"人类社会"的共性，然后是"社会主义社会"的个性，最后是"建设有中国特色的社会主义"过程中的中国当代社会的特性，这些就构成了社会学的广阔、深厚、丰富、深邃的研究对象。我们可以把社会这个大系统按各种分类法分成各种部门（即子系统）来进行研究，探索它自身的系统质、功能质、发展规律、发展战略与预测；还要从它与其他近的或远的子系统的关系中，研究它的吸收力、亲和力与抗逆性，从而掌握其发展规律。比如，我们可以分成城市、农村、乡镇、山区、港口、沿海地区、内地、发达地区、落后地区、少数民族地区等；也可以分成机关、学校、厂矿企业、部队、街道等；还可以分成文化、经济、教育、政治、军事等，这样便形成众多的部门社会学。另一方面，我们还可以把社会这个大系统分割开来，从中提炼出若干问题来研究，如公害问题、青少年犯罪问题、家庭问题、老年问题、终身教育问题、科技知识早期获得问题等。

以上这些，既是社会学应该开展的工作、开辟的研究领域，又是社会学建设与发展的途径。这是一条学术坦途，它不仅供应经验要素，而且提供理论要素，并催化结构要素的形成。

在社会学发展过程中，我们还应该和可以站在社会学的角度，向其他学科延伸或接受其他学科的"侵入"，即开展交叉学科研究，从而发展社会学自身。我们不妨称为学科性"顺向"研究和学科性"逆向"研究。"顺向"的，是从社会学出发，延伸到它的对象进而"侵入"其他学科研究领域，发生学科交叉，如医学社会学、地震社会学、核社会学等。"逆向的"，是某个对象为某一学科所研究，在研究过程中延伸至"侵入"社会学领域，而形成新的交叉学科，如社会心理学、社会语言学、社会数学、社会化学、社会物理学、社会医学等。这些交叉学科的发展，无疑对于社会学发展具有极大的开拓和推动作用。比如，如果从传播学和接受美学的角度来研究社会问题，像"电视作为消费资料与发展资料，作为文艺普及手段，其积极与消极作用、作用的极限与价值轨迹"这样一个课题，对于社会学研究具有直接的和间接的巨大作用。又如，从社会审美心理角度来研究青少年犯罪问题，也同样如此。在现实中，这样的课题多得很，社会学是大有作为的，其发展途径极为宽广。社会学除了应该研究"问题"之外，还应研究社会发展，从积极方面去掌握材料，经过研究、分析，提出建设方案；也要面对社会发展的新情况、新经验、新趋势，研究前进的途径。例如关于社会发展战略模型、社会保障、新生活方式的模式等，都是带有积极意义的课题。这类课题对于我们这个发展中的社会主义国家来说尤其必要。在这方面，现在我们的社会学还重视得不够，参与得不够。社会学工作者应该把目光转向这边来（当然不是把"问题"一方丢弃）。这是社会学求得发展的重要一环。

建立社会学方法论体系，当然也是社会学发展不可或缺的一环。方法科学有三个层次：第一是"宏观"的、综合的、整体的方法论层次。对于社会学来说，辩证唯物主义与历史唯物主义是高层次的，又是基础的方法论。建立马克思主义的社会学，在方法论上必须坚持这一点。第二是学科方法层次。以社会为研究对象的社会学，自然应该有自己特殊的学科方法。对于马克思主义社会学来说，历史唯物主义既是它的总体方法的组成部分，又是它的学科方法的基础和核心。此外，当然还有传统方法、现代方法等。第三是具体方法层次，如调查研究的具体方法。传统的走访、座谈会、调查会等方法依然是有用的，而现代西方的许多新方法也是值得我们借鉴的。

在探讨社会学学科建设的过程中，还必然会遇到如何对待西方"古典"的和现代的社会学的问题。毫无疑问，我们需要借鉴西方社会学。过去那种一律用"资产阶级"封条封死的或一棍子打死的做法，造成了社会学不应有的落后和与国际学术界的脱节。现在，我们应当以"拿来主义"精神，把那些西方传统的与现代的（诸如美国学派、英国学派的）或东方日本学派的各种著作翻译过来，作为发展自己的借鉴资料。但是，我们也不能"唯外是举"，只是介绍、照搬外国社会学的材料、理论，以为只有他们的才是正确可用的。这个问题目前是存在的。总之，我们要建设现代的社会学，不吸取西方社会学的精华是不行的，而对其糟粕无所舍弃也是不对的。

使命感、历史感、时代感、民族文化的自省与自觉，世界意识和现代观念，坚持和发展马克思主义的自觉性，这便是我们建设具有民族特色的、马克思主义的中国社会学和中国社会学学派的基本要求。

# 建设具有民族特点的马克思主义社会科学体系<sup>①</sup>

## ——为纪念《社会科学辑刊》出刊50期而作

随着社会主义现代化实践的发展和马克思主义理论在新时期由抽象到具体的上升发展，随着马克思主义与中国新的伟大实践的进一步结合、与中国文化以空前深广程度的结合，以及社会科学基础学科与新兴学科的发展，我们现在已经出现了形成具有中国气派、民族特点的马克思主义的社会科学体系的良好势头。这个势头以改革、开放的实践为基础，以深沉的带有新时代气息的民族意识、充足的时代感情和清醒的现代观念为广阔文化背景，正在发展，并为建设中国新的社会科学体系开辟道路、创造条件。

这是一个历史的课题和机遇，也是广大社会科学工作者的责任和光荣。重点在于具有明确的理论意识和强烈的历史责任感、时代使命感。

我们曾经在学术发展过程中形成了由三部分组成的中国社会科学体系：① 中国古代的文史哲以至自然科学浑然一体和后来相对分离却多方渗透的社会科学体系；② 中国近代主要是继承传统体系但吸收了"欧风美雨"带来的西方近代科学成果的社会科学体系和更多地发展了后者的"五四"运动以来的现代社会科学体系；③ 以学习苏联模式为特征，经过中国马克思主义理论家、科学家努力创建的马克思主义社会科学体系。现在，这个体系正在物质实践与精神实践的推动下，在继承、坚持、发展和创造的基础上向前发展，层垒式地建设自身。有人认为，这是对于过去的全盘否定，是另辟蹊径，在有些人心目中甚至认为是走向西方，要全盘西化；又有些论者认为，这将会是儒文化的恢复和再建。这种在"低层次"上的误解和在"高层次"上的反对，都是一种

---

① 原载《社会科学辑刊》1987年第3期。

阻滞、障碍，甚至会导致走向历史迷误和实践挫折的歧路。

因此，我们的责任和工作内涵是多重的。既要努力重新学习马克思主义，真正掌握其精髓，又要使马克思主义与中国新的伟大实践和民族文化结合加以发展；既要继承原有社会科学体系，又要创建发展新的体系；既要坚持开放政策，吸取国外对我们有益的现代化的科学的文化营养，又要继承民族文化传统；既要对前者进行"拿来"、批判、改造、吸收、归化的工作，又要对后者进行发掘、整理、剥离、批判、优化的工作。最根本的是把马克思主义理论、社会科学研究紧密地与坚持四项基本原则结合，与实行改革、开放、搞活的实践结合起来，取得源头活水，方得葆其青春生命。

当代世界社会科学正处在它的第三个发展阶段即扩展阶段，向多学科扩展，向交叉学科、新兴学科扩展，向自然科学扩展。这对于我国社会科学的发展来说，既是一个挑战，又是一次发展的机遇。面对这个挑战，抓住这个机遇，服务于建设有中国特色的社会主义的实践，作为它的理论先导、经验总结和科学论证体系，中国新的社会科学体系必将以马克思主义为理论基石和核心，吸取世界社会科学的现代化的、科学的内涵，取得新的进展，构筑新的建构。

祝《社会科学辑刊》在这一历史发展过程中，做出自己应有的贡献。

# 关于社会科学的发展与改革问题①

我国的社会科学在最近几年来，在党的十一届三中全会以来的正确方针政策指引下，得到了巨大的发展。胡绳同志指出，这是"我国建国以来社会科学发展最快、思想最活跃、成果最多、获得社会效益最大的时期"。这个估计是完全正确、符合实际的，当然也是令人鼓舞的。

---

① 原载《社会科学评论》1987年第4期。

我们不妨略微申述几句。这四个"最"中包含着这样一些突出的表现：社会科学事业在全国规模上的巨大而迅速的发展，现在全国各省（市）都建立了地方社会科学院，省辖市中也有一部分建立了社会科学院（所）；社会科学同党和政府的决策机制结合得更紧密，应用研究得到加强；新兴学科在生长发展，而老的学科也在演变前进；社会科学在总体上的旧规范已经发生了变化；社会科学研究在为实际服务和为民族文化发展做贡献这两个方面都有了显著的成绩，如此等等。

这些成绩确实是空前的，应该给予充分的肯定。

但是，这只是做纵向（历史）比较所得出的结论。如果做横向比较，我们就会发现，在一些重要的方面，我们的社会科学还相当落后。

## 一、我国社会科学落后的表现

第一，落后于实际。

对于我国蓬勃发展的社会主义建设实际和正在发生深刻变化的社会生活实际来说，我们的社会科学是不敷需要的。在两个方面显出了落后：一个是发展的规模、速度跟不上实际的需要；另一个是社会科学的"本领"（社会科学研究机构的能力和社会科学工作者的能力）跟不上实际工作、实际生活发展的需要。我们的社会科学研究，在为科学决策服务方面，在为改革服务方面，在为建设有中国特色的社会主义提供理论服务和总结实践经验方面，在进行各种类型、各个行业广泛、有效的社会咨询方面，以及在规模、方式、能力等方面，都显得落后，很不适应实际的需要。

目前普遍存在的对社会科学的不重视，从客观上来说，在两个方面反映了社会科学的落后状况。一是由于社会科学为两个文明建设服务得还不够好，能力还显得薄弱，因此不能很好地引起人们的重视；二是社会科学的落后状况反映在人们的头脑中，就是看不到它的作用力，甚至有人不知社会科学为何物，因此不能重视社会科学。

第二，落后于自然科学的发展。

科学本是自然科学与社会科学结合而成的一个完整的结合体，它们的发展应该是平衡的、协调的；但是，我们现在却是粗细两条线。如果说自然科学已经成为一支大军，那么，社会科学却还只能说是一支"小军"。无论是在发展的规模、队伍的大小和投资的多少上，还是在对它的支持、使用、培养上，都是如此。当然，社会科学与自然科学是有区别的两类科学，不能要求社会科学在一切方面（比如说规模）都与自然科学同步、同等发展。社会科学就无需自然科学必备的庞大的实验机构和实验工厂。但是，它们的发展总应该是平衡的和协调的，有一个科学的、合理的结构比。现在却是社会科学大大地落后于自然科学的发展，处在一个不适当的、不合理的结构比中。而现在的科学发展的新趋势恰恰是在"科学"这个结合体中，社会科学的比重增加了。我们应当适应这个新的趋势。

第三，落后于世界水平。

当然，我们不是在一切方面、一切领域和所有学科上都落后于世界水平；我们不仅在对于中国的多种研究中不落后甚至高于世界水平，而且在一些世界性共同学科的研究上、在一些研究领域中，处于领先地位。但是在总体上，我们不能不看到自己的落后。我们曾经把自己封闭起来，"关起门来自己研究"；我们曾经用不科学的态度和不适当的办法来对待一些社会科学学科；我们对于一些新兴的学科也曾经有错误的判断和不妥当的对待，这些都使我们在许多方面脱离了国际学术社会，而造成了自身的落后。第二次世界大战以后，由于科学技术的突破性发展、社会的巨大变革以及人类文化总是处在不断前进的过程中，世界社会科学领域发生了很大的变化，在思维方式、研究领域和研究方法上，都有很大的发展和提高。而我们正是在这个时期把自己封闭起来了，还发生了"文化大革命"那样对文化进行全面否定，尤其是对社会科学给予摧残的大动乱。这些不能不造成我们的落后局面。

应该说，党的十一届三中全会以来，情况发生了很大的变化，我们已经或正在追赶国际学术水平，跟踪国际学术思潮。但是，由于主观和客观方面的种种原因，这种落后的局面还没有彻底改变。

我们应该勇敢地面对这种落后，认真地对待这种落后。这是进步的起点。

## 二、关于如何改变我国社会科学落后状况

那么，我们应当怎样改变这种落后状况？这是在社会科学大发展中

值得研讨的问题。这里仅就一、二问题发表一些不成熟的意见。

（一）社会科学的应用价值、现时性效用和直接的社会效益，目前是受到重视的，是有了较明显的发展和较显著的效果的

这是社会科学事业发展的重要方面，是它的主体性功能的一个方面，理应努力发展和受到重视；但是，在这方面也存在着值得注意的问题。一方面，在总体上对社会科学的作用和作用力还认识得不够，还有一大部分人不了解或看不到它的作用，因此不重视它。另一方面，社会科学工作者本身对社会科学在这方面的功能和对这种功能的发挥也重视得不够。这样两种情形，一种是缺乏了解，对社会科学的本质、特征、作用、其作用的力度和范围都了解得很不够；另一种是对社会实践和社会科学为社会实践服务能够促进社会科学的发展，对这种促进力具有根本的和极重要的作用认识不足。也就是说，没有看到这是社会科学获得生命力和发展机制的"源头活水"。

这样两种倾向，对于社会科学应用研究的发展都是不利的；因而对于社会科学更好地发挥现时性效用和社会价值是不利的，进而对于社会科学的生长发展也是不利的。

（二）与此同时，我们也还存在对于社会科学在民族文化复兴、民族文化建设和对人类文化发展做贡献方面的作用和意义认识不足、重视不够的问题

这里有几个问题值得探讨。

第一，人文科学以及整个社会科学的文化功能和作为文化载体的社会科学，在现实社会实践中，不仅具有一般的、长久的、缓慢的作用和一般的文化意义，而且具有现实的意义，具有现时性效能和社会效益。

我国的改革已经进入文化层的改革，一方面提出了民族文化从传统向现代化的转变问题，另一方面也提出了提高国人的科学文化素质的问题，总体上可以说是用现代化的文化重新塑造人、建设人民的新型文化性格问题。《中共中央关于社会主义精神文明建设指导方针的决议》中已经着重地提出了这个任务。为了完成这个任务，发展科学（其中包括发展社会科学）教育文化是十分必要的，这本身就是已经进入文化层改革的整个改革运动的现时性任务；同时，社会科学的发展，也会为文化层改革的全部改革任务服务；而且要重新塑造国人的文化性格，社会科学的发展正是重要的内涵和重要的手段。因此，社会科学的发展和社会科

学的这种文化功能的发挥，对于发挥它的现时性效用和应用价值是至关重要的。现在许多人不重视社会科学，其重要原因之一，就在于既看不到社会科学的文化功能，又看不到这种功能的应用价值和现时性效用。

第二，我们正处于民族文化复兴的重要历史时期，要建设民族新文化。它应该是马克思主义的、民族的、科学化和现代化的。建设这样的民族新文化，既是我们改革的重要内涵之一（不是它的"身外之物"），也是实现改革、促进改革更快成功的重要条件（不是额外的负担），还是我们实现改革的目的——振兴中华的目的。对于改革来说，它是不可或缺的。因此可以说，发展社会科学和发挥它的文化功能，这本身就直接具有现时性的价值。

第三，我们对世界、对人类文化的发展负有伟大的历史责任。从长远来说，中国作为世界文明古国，作为最大的发展中国家，作为建设具有中国特色而又具有世界意义的社会主义国家，对于人类文化理应做出更大的贡献。这是民族的和历史的伟大责任。在世界上，延续数千年而没有中断的文化，只有我们中华民族一家，而这个古老、悠久、优秀的文化对世界和人类是做出了巨大贡献的。我们的民族文化，对世界和人类，过去和现在，都发生了很大的有益作用，将来也同样会。因此，发展社会科学，发挥它的文化功能，对于我们民族做出对人类的更大贡献，是有很重要意义的。

总之，我们不仅要发挥人文科学的文化功能，而且要发挥整个社会科学的文化功能，使它对现在、对改革、对历史、对民族、对人类和全世界都能做出有益的贡献。

（三）大力发展边缘学科、交叉学科和新兴学科

所有这些学科的出现和发展，既反映了科学技术革命时代人类在自然科学和技术科学上所取得的新成就，又反过来推动了科学技术的发展。它们的这种边缘性、交叉性，沟通了自然科学与社会科学，促进了两者的结合。就社会科学一方来说，从自然科学汲取了新的研究意识，开辟了新的研究领域，引进了新的方法论，从而加强了自身的装备，强化了自身的能力。因此，我们可以说，社会科学的改革，重要方面和内容之一就是发展边缘学科、交叉学科、新兴学科。这是我们发展社会科学的当务之急，是我们跟踪世界社会科学学术水平的必需，也是建设现代社会科学的重要内容，还是我们培养、更新和建设一支新的社会科技

队伍的重要方面。

（四）加强两种科学的结合，加强两种科学工作者的合作

马克思和列宁都曾经预言自然科学和社会科学的合流问题，100多年和几十年来，由于两种科学的发展，大大加强了它们一体化的趋势。现在这种趋势越来越强化了。在这种时代条件下发展社会科学，就必须加强它与自然科学的合作，从自然科学取得新的推动力和新的内驱力。

## 三、关于社会科学体制改革

在我国近年来的改革中，社会科学界一般地说是走在前列的；在理论探讨和论证上、在对改革实践的支持和积极参与上，都做出了成绩。在这方面，也可以说是超过以前任何时期的。但是，社会科学界对自身改革却关注得不够，它自身的改革却是比较落后的。这种现象值得研究。也许是"战士们"都在前沿阵地上忙于战斗，而顾不得自己的后方；也许还有一部分"战士"绻守在书斋、埋头于鸿篇巨著而忽视了自身的改革；也许还有不少人并不觉得改革的必要和迫切。总之，这个问题值得研究。但不管是什么原因，这种不注意自身改革和自身改革不力的状况，对于社会科学发展和社会科学为两个文明服务，都是不利的。

社会科学改革，首先遇到的是体制改革问题。这有两方面的含义：一是科研行政体制改革；二是科研体制改革。

就全国范围讲，科研机构的行政体制改革，首先要解决"纵""横"问题。"纵"的系统，有一个形成从中央到地方、垂直的、成体系的社会科学领导机构和行政机构的问题。这是加强社会科学发展所必需的。当然，解决的方式可以探讨，可以参照其他系列（比如中国科学院、国家部委、高校、党校等）的情况和得失利弊，根据社会科学的特点来加以解决。解决的方式可以有这样或那样的选择，但是要解决这个问题，把它放到改革的议事日程上来，则是十分迫切的。"横"的系统，是一个加强横向联系的问题、进行适当的地区性学科性的分工问题、把社会科学院办成开放体系的问题。这些问题也是迫切需要解决的；解决了，对于社会科学发展是具有重要作用的。

对于社会科学改革来说，更重要的是科研体制改革。如果说前面一

项改革还是一般性的、解决改革中的共性问题的，那么，科研体制改革，就是特殊的、具体的问题的解决，就是实质性问题的解决了。这里的根本问题是如何加强和改进党对社会科学事业的领导，党的领导如何在社会科学研究机构中发挥其领导机制的问题。党政的适当分工，不是削弱党的领导，而是为了通过党更好地发挥其领导作用来加强党的领导。为此，实行院长负责制是必要的。改变科研人员吃"大锅饭"、实质上的终身制，实行淘汰制、聘任制、奖罚制度等，也都是十分必要的。在体制上，如何保证能够更早、更快地培养人才，更好地使用人才，使他们能更好地发挥作用，也是亟待解决的问题。

然而，对于社会科学改革来说，更具有实质性的、更深入"肌肤"的改革，还是科研本身的改革；因为这是增强社会科学内驱力的改革，是使社会科学自身更好地生长发育的改革，因此是更重要的改革。我们现在的社会科学研究存在的普遍性的问题是：科研意识保守、科研规范老化，科研手段落后、科研方法陈旧。这就大大抑制了社会科学在为社会实践服务上的作用，影响了它本来有的作用力的发挥。

最重要的改革还是社会科学研究的接触实际、深入实际、研究实际，从对实践的研究中得出实际有用的意见、建议以及理论上的建树。比如，在当前，乡镇企业的健康发展，就是一个很可以研究的大课题；保证乡镇企业的发展，发展对外贸易增加外汇收入等，都必须以正确的产业政策为依据。又比如，经济发展战略和发展模式、投资需求和投资规模、消费基金的增长和控制、增强企业活力、劳动就业制度、社会主义市场体系、宏观管理的控制形式、生产资料所有制、横向经济联合、金融货币问题、雇工经营等，都需要下大力气进行探讨，拿出有分量的研究成果来。

经济理论工作者要为经济体制改革提出具有真知灼见的政策建议，靠经院式的研究和从书本到书本的演绎是不行的，必须积极投身到改革实践中去。建设有中国特色的社会主义是前无古人的伟大事业，许多问题在书本上和文件中找不到现成答案。无论是马克思主义的经典著作也好，东欧社会主义国家的改革经验也好，还是西方资本主义国家的经济理论和管理方法也好，我们都不能照抄照搬，一切必须从中国的实际出发，创造性地提出适应我国国情和特点的理论和政策。这就要求经济理论工作者投身到改革的实践中去，跟上改革的步伐，走在改革的前列，树立为改革服务的思想。具体做法可以是多种多样的。例如，让理论工作者担任某些实际职务、参加改革试点、进行专题调查研究、实行经济理论工作者和实际工作者密切合作等。在亲身实践中，对纷繁复杂的经济现象进行认真的分析研究，对改革的实践及时做出新的理论概括，并升华为政策建议，以此指导实践，并在实践中检验它的正确性，从而丰富和发展我们的经济理论和经济政策。

改革的过程是人民群众创造历史的过程，理论工作者只有深入群众之中，才能总结出新鲜经验来。对于旧经济体制的弊病，多年从事基层工作和经济管理部门的职工干部了解最多、体验最深，因此，他们要求改革的决心最大、劲头最足。某些影响深远的改革，往往首先是从基层突破，逐步为人们所认识进而普遍推广开来的。体制改革十分复杂，单靠少数人去研究是不够的。从这几年的实践看，真正能够从自身情况出发，提出较好改革建议的是广大群众，特别是一些有多年经验的管理干部，他们经历过十几年的政策变化，已经在实际上实践过各种"改革方案"，曾亲身领受过这些"方案"的后果，孰优，孰劣，自有一番比较。理论工作者如能和他们多交往，共磋改革大计，把理论和实践紧密结合起来，一定能够提出许多切实可行而又比较理想的改革意见来。

# 建设具有中国特色的社会主义社会学的断想①

建设具有中国特色的社会主义社会学，就是要从文化学、文化人类学等方面来认识和研究中国社会从古代到现代的发展史，其社会结构的特征、性质与优劣，其文化特征和社会各类成员中的存在方式及作用，以及这一切在现代社会、现代生活方式和现代人的观念中的影响及发展趋势。

当前值得注意的问题有：首先，提高社会学研究层次结构的觉悟。其次，对于西方的社会学理论，做"外取"的工作；还应对我们自己的

---

① 原载《社会学研究》1986年第6期。

民族科学文化传统进行"剥离",并进行改造、继承和发展的工作,这是"内继"工作。这后一方面的工作也许可以说比"外取"工作更为重要。

我们可以把"社会"作为一个整体、一个大系统来研究,探索它的结构、功能、问题、发展趋向等。首先应研究"人类社会"的共性,其次是"社会主义社会"的个性,再次是"建设具有中国特色的社会主义"过程中中国当代社会的时代的与历史的特性,这些都构成了社会学广阔、深厚、丰富、深邃的研究对象体系。

我们可以把社会这个大系统按各种分类法分成各种部门(即子系统)来进行研究,探索它自身的系统质、功能质、发展规律、发展战略等;还要从它与其他相近的或相远的子系统的关系中,研究它的吸收力、亲和力与抗逆性,从而掌握其发展规律。

在社会学发展过程中,我们还应该站在社会学的角度,向其他学科延伸或接受其他学科的"侵入",而开展交叉学科的研究,从而发展社会学自身。我们不妨称为学科性"顺向"研究和学科性"逆向"研究。"顺向"的有医学社会学、地震社会学、核社会学等,"逆向"的有社会心理学、社会语言学、社会医学等。

社会学除了应该研究问题之外,还要研究社会的发展,提出积极的建设方案;也要面对社会发展的新情况、新经验、新趋势,研究前进的途径。

# 社会科学发展新趋势与科研规划①

——省社会科学规划领导小组副组长、辽宁社会科学院副院长彭定安同志在抚顺市社会科学科研课题落实大会上的讲话

抚顺市召开这样一次很隆重、很有意义、很有实际内容的规划落实

---

① 原载《抚顺社联》1986年第2期。

会，在辽宁省是走在最前头了。抚顺市做了很有成绩的工作，它推动了辽宁省社会科学的研究工作，推动了全省的社会科学规划工作。我感觉这个科研课题规划做得很好，有三个特点：第一，确定了一系列的科研课题。在"立足抚顺，侧重运用"这样一个正确方针指导下，提出了一批很好的科研课题。根据材料介绍，共有58个题目，其中有29个是重点课题，有29个是一般课题；有16个是准备推荐给省里的。这些课题除了两个战略研究（抚顺市经济、社会发展战略和抚顺市精神文明发展战略研究）之外，还提出了一系列政治、经济、文化、思想方面的课题，都是很好的课题。第二，进行了很有成效的编制。科研的课题应该形成一个系列，形成科研的群体，按照学科、研究课题的内容进行编制。当然，这个编制还是一个初步的编制。第三，动员了专业和业余、领导和一般同志相结合的社会科学研究力量来研究这些课题，使科研工作落到了实处。

社会科学研究可以分为四个方面：一是基础理论研究；二是应用基础理论研究；三是应用研究；四是开发研究。现在看这58个题目里，缺少的就是基础理论研究。作为一个地方的社会科学研究规划，多数的、主要是应用研究的课题当然是对的，但是基础理论研究和应用基础理论研究特别是开发研究，也是值得重视的。以上是我对规划的一点感想。

现在我想和大家讨论的是当代社会科学研究发展的新趋势，以及这个趋势对我们制定社会科学规划有些什么意义。根据今天会议的主题，我想提出几个主要方面和大家来研究。

第一，在自然科学和社会科学结合体里，社会科学的比重、社会科学的作用越来越提高和加强。社会科学发展的历史有200—300年，社会科学和其他科学脱离开来独立发展只有100多年的历史。而真正把社会科学建立在科学的基础上是在马克思主义产生之后。但是在第二次世界大战之后，它的发展却是突飞猛进的，现在由于全球性共同性问题的产生，像能源问题、交通问题、人口问题、青少年犯罪问题，提出了用社会科学来解决这些问题的要求。从社会主义国家来看，因为我们是自觉的世界改造者、自觉的社会发展推动者，是用马克思主义来指导我们的行动的，所以对于我们来讲，社会科学更为重要。在一定程度上，可以说社会科学是解决战略问题的，自然科学是解决战术问题的，这是各自的性质决定的，并没有高下之分。社会要凭借自然科学的力量来武装，才能推动它的发展，不仅社会发展，社会人口的结构如何配制、阶级和阶层力量的配制，以至于它的政体、团体、管理体制等一系列根本问题也要靠社会科学来解决。事实上，我们正面临着这样的问题。我们的改革要解决的也正是这样的问题。这些问题都属于社会科学范畴，所以社会科学在两种科学的结合体中，比重越来越大、作用越来越强。

第二，很重要的趋势是列宁讲的：自然科学奔向社会科学的潮流越来越强化。马克思在《1844年经济学哲学手稿》里就提出将来自然科学和社会科学要一体化。现在，这个潮流更加强化了。特别是第二次世界大战结束之后，自然科学有了突破的发展，使自然科学奔向社会科学的潮流更加强化了。现在几乎没有一个任务，没有一个社会的大课题，特别是研究经济社会发展的战略问题，是可以离开社会科学或者离开自然科学就能解决问题的。单独依靠科学技术不能解决问题，单独依靠社会科学也不能解决问题。

第三，新的趋势是社会科学自身的结构性变化。所谓自身的结构性变化，一是老的学科的规范被打破。比如说经济学，就产生了许多新学科，产生了许多和自然科学结合的科学，像计量经济学、国土经济学。国土经济学同地理学的关系很密切，和社会学的关系也很密切。此外，像美学、文学、哲学，它们的规范都发生了很大变化，这是结构性变化的一个表现。还有一个结构性变化，其表现就是新的学科不断产生，产生了许多边缘学科、交叉学科，像社会心理学、社会医学、社会物理学、社会化学、社会地震学等。还有社会科学内部交叉学科，如文化学、文艺美学、艺术哲学等。这样一些学科的产生就引起了社会科学内部结构性的变化。

第四，社会科学研究的领域越来越宽广，对于问题的研究越来越深入，对于社会的作用力也越来越强化。就是说，社会科学力量发育得非常强大，许多社会问题可以靠社会科学来解决。因此，与之相联系的就是社会科学的应用性也越来越加强了。不但需要应用它，而且可以发挥它的作用、发挥它的力量。

社会科学的这些新的发展趋势，给我们制定社会科学科研规划提出了什么任务呢？

第一个问题就是眼界要开阔。由于社会科学发展的一系列新的趋势和它本身发育的强大，所以需要在制定社会科学规划时，开阔我们的视野，思维领域要宽广。我们现在制定经济社会发展战略，往往只局限于经济领域去考虑问题。无论是从出发点，还是从归宿来讲，我们都是从经济的角度，或者只偏重于经济的角度来考虑问题。我想，这在视野上就是一个很大的局限。比如国家现在公布的关于2000年的中国，这里有一个总报告，又有20个分报告，总报告的第一、第二个报告是人口及其就业和消费问题。

那么，它提出来的蓝图和预测是什么？总的目标就是到2000年，多少亿人达到小康水平。在这个出发点之下来制定经济发展战略规划。一般地考虑社会经济发展战略往往忽视这个前提，人口问题是放在最后考虑的，首先考虑的是基建项目要上多少项，电力、煤炭、轻工业、重工业产值达到多少。

产值为谁服务呢？一个社会的发展是整体性的，如果仅仅从经济的角度去研究经济问题，我想弄得不好是逆向的效果，至少有不良效果。比如，我们的发展很少考虑环境污染问题、人口空间利用问题。抚顺这个城市现在是100万人口，那么2000年是多少万人口？我不知道抚顺人口增长率是千分之几，假如是达到120万人，那么120万人的就业、学习、分配、住宅、用水以至洗澡、理发这些问题都应该在经济社会发展战略的一个规划之内，而现在我觉得在这方面考虑是不足的。特别是社会主义国家，我们的基本点就是通过提高生产最大限度地满足人们不断增长的物质文化生活方面的要求。但是，现在我们思考问题，一般是把产值放在第一位，好像经济社会发展等于经济增长，经济增长又等于工厂增加，工厂增加等于产值增加，是这样一个循环圈。日本也在研究2000年，据说日本提出了2000年发展镶牙业问题。初听起来觉得很有意思，很可笑。中国人是绝不会考虑这个问题的。但是日本是怎么考虑的呢？就是到2000年，日本人老龄化是比较严重的，老年人在人口中的比重将要大大增加，而现在日本的镶牙业，镶一副牙相当于半个汽车的价钱，两副牙就是一辆汽车，所以它考虑镶牙业的发展问题要适应社会的发展。我们如果不做这样一个深入和广泛的考虑研究，那么若干年后等我们回过头来发现这个问题，那就产生恩格斯所讲的"自然对我们的报复"。所以，在社会科学研究领域越来越宽广、研究力量越来越强化的时候，我们可以考虑也应该考虑这个问题。如果不考虑或者考虑得不够，最后可能要吃苦头。

第二个问题是在考虑科研规划的时候，把规划用一个总体设想贯穿起来，加以精细的编制。比如，抚顺市"七五"期间社会科学的规划，概括起来说，就是以研究抚顺市的政治、经济、历史、文化、思想为中心来形成一个科研群体，可以用这个中心思想把58个题目再重新加以精细的编制。比如，关于抚顺市经济发展战略的这个题目，同时这里还有一些其他题目。这些题目都属于抚顺市经济社会发展战略总题目下的子题目。子题目和母题目、大系统和小系统，就应该编制在一起，而不应该是并列的。这里不只是一个大小的问题、一个层次的问题，而是一个思想体系的问题。比如，题目里是有一个抚顺的耕地面积减少和解决的办法。这个问题就是属于抚顺市经济社会发展战略一个子系统。因为耕地减少有很多因素，其中有一个就是工业发展占地的问题，农民将来还要占地的问题，还有其他占地问题，那么它就和工业发展相矛盾。其他还有一些课题，比如关于商业的、关于第三产业的发展，大概都属于这个课题。这种编制，项目可能就不是58个了。项目将会减少，在这个战略总课题下将会有很多子课题，但是这些课题之间不仅是横向联系，而且是内在联系，是一个体系性的联系。

第三个问题就是所有这些课题中间，基础理论课题还是要考虑的。我不太了解抚顺的社会科学研究的实际力量如何，具体情况如何。这里有些课题涉及应用基础理论，比如说关于商业的蓄水池作用的问题，关于价格的杠杆作用问题，这些都涉及应用基础理论方面的问题。但是属于基础的课题，我想也应该适当地考虑。现在强调应用研究，这是正确的。尤其是地方社会科学研究，更应该加强应用研究，以它为主。但是，什么是应用研究？就是把基础理论的立场、观点、方法应用于解决实际问题，它不是一种抽象的应用，而是理论的应用。基础理论和应用不是对立的而是相联系的，而且基础理论是多高的水平，应用就是多高的水平。因此，应用基础理论和基础理论的研究都是不可忽视的。当然，对于地方的（如辽宁省的或一个市的）科研规划，基础理论和应用理论的研究只能占极小的比例。在比重上不可过大，尤其要考虑研究的力量，但是不可没有。一方面，就科研队伍整体来说要有少数人研究，他们可以指导和帮助其他应用科学的研究人员。另一方面，在从事应用科学研究的一个科研小组中，也要有一两个人侧重搞基础理论研究和应用基础理论研究。在课题的应用理论和基础理论方面发表他们的意见。每一个科研人员都要有一定的精力和时间来从事基础理论学习和研究。

第四个问题是新兴学科、边缘学科、交叉学科的研究我们也应该稍有一些。要使抚顺市或是一个区的社会科学研究和国际的学术界、和全国的学术界相衔接，不是落后一步的，不是跟踪的，而是同步的，这是我们要有新兴学科、边缘学科、交叉学科研究的一个理由。还有一个理由就是这样的科学研究可以带动和促进其他一些学科的研究，这是我们在制定规划时要考虑的。

第五个问题是现在社会科学研究越来越精密化，越来越数学化、定量化、国际化、未来化，所以在研究课题和从事每个课题研究的时候，需要掌握这些情况。比如抚顺的发展与国际的金融界、国际的学术界、国际的生产发展状况都是有联系的。国际上石油大幅度降价，那么国际上的这种石油降价对石油产品发展的影响如何？石油是继续降价还是在某个阶段将上升？这是国际化、未来化的问题，也有一个定量化的问题、经济化的问题，研究抚顺的社会科学不能不考虑这一点。

第六个问题就是每一个题目都需要有比较充分的论证。开题的论证如果是充分和准确的，这个课题的成功率就增加了不少。开题论证至少要包括三个内容：一是为什么要研究这个课题，这个问题的出发点和归宿是什么？二是关于这个课题的现状、发展的态势，研究到什么程度，遇到了什么问题，攻关的难题何在？三是关于这个课题研究的力量和条件、资料情况、人员情况、学术水平、知识结构等，这些都要有一个估计。如果经过论证，已经有充分的条件，那么这个课题的完成就有可能了。这样，这个科研课题的研究实现不实现就不是什么行政命令，而是一个学术性的工作了。刚才社联主席不是讲这个问题吗？从道义上和声誉上要"合同"。我想还要补充上一个，就是在责任上也要求这个"合同"。我们都在抚顺工作，都在为抚顺的"四化"和两个文明建设工作，希望做出贡献，那么就要从事这方面应用课题的研究，这是我们共同的责任。社联是做这个工作的。（代表甲方在"合同"上签字）不仅是道义上和声誉上的，还有责任上的，你有责任完成这一"合同"。在学术上完成这一课题的研究必须有这样一个约束。

最后再说一个问题，就是我们做了这么多的研究，比如抚顺市就有58个题目，将来还要写出很多报告。每一个报告都是几万字，每一份报告里面还包含分报告，其下还有子报告，简直不得了。谁能看得了这么多呢？所以，有的人就对自己科研成果的社会效益、作用产生了怀疑。人类的知识包括我们的发展战略，很多研究报告都是层垒式地积累，每一个人所提出的东西，比如写了50万字的东西，提炼出几句话是有用的，把每个人写的都提炼出来几句话，那么提到领导机构，就归纳成几句综合的、总体的、战略性的话语。如果被采纳了，就是发挥了作用。不过，在领导机构拍板定案前，对某些问题要考虑它的可行性、科学性，追溯它提出的根据，于是就要查阅有关的分报告、子报告了。在执行过程中，有时也会查找各种数据，比如发展石油业，要看看电力怎么样，就要查查电力的报告。我们工作的意义就在这里。不可能要求省委书记、市委书记对每一份科研报告都仔细地看，他考虑某个问题时可以查找。这就是智囊团的作用、思想库的作用。所以在这方面不要多考虑，应该有自信心、有自豪感，我们做的事将来会有用的。

# 社会科学研究的新趋势[①]

　　随着新技术革命的出现和现代社会的发展，作为人类文明最高成果的科学整体，正在经历着巨大而深刻的变革。其主要标志是处于科学结构体中的两个有机成分（自然科学与社会科学）互相渗透、彼此结合，产生了结构性变化，而它们两者也在各自并不完全相同的方向和关系中经历着类似的过程。

　　科学整体上的这种变化反映在当代科学研究之中，并要求我们迅速地做出自觉的反应，以顺应其发展的趋势，卓有成效地指导和设计科学事业的发展。在人类适应和掌握客观规律创造历史的活动中，了解和把

---

① 原载《社会科学评论》1985年第1期。

握社会科学发展的新趋势，尤其具有重要的意义。

那么，当今的社会科学研究出现了哪些值得重视的新趋势呢？

如果我们做系统综合的观察，将可以发现变量、多维、多层次的状况，那将需做出长篇的描述方能反映。在这里，我们只能"平面"地列举几个主要的趋向，以为讨论的参考。

我们现在可以说是处在一个科学的时代。新的技术革命已经在发达和不发达地区发生，其作用与影响已经显露了势不可挡和至巨至深的势头。而技术革命的源流、动力和发展趋势，都以科学为最深厚的源泉。科学的时代最主要的特征就是囊括了当今人类一切文化现象，科学已深入经济社会、生活的广泛领域和各个角落，这反映了人类总体智慧的空前提高，反映了人类了解和掌握社会与自然规律，并利用其来为自身服务的能力空前地提高，也就是人类改造世界的力量已大大地、空前地强化了。在这样空前发展的形势下，自然科学固然经历着突破性的发展，显示了速度、频率、深广程度和内涵都在迅速变化的趋势；而同时，受到自然科学的这种发展力的影响、推动和"武装"，社会科学也发生着情况类似的发展变化。

社会科学与自然科学的一体化趋势越来越强，并且在实际生产、生活、经济和社会发展中发挥了巨大影响和重要的作用。马克思早在《1844年经济学哲学手稿》中就指出："正像关于人的科学将包括自然科学一样，自然科学往后也将包括关于人的科学：这将是一门科学。"列宁也明确地说过："从自然科学奔向社会科学的强大潮流，不仅在配第时代存在，在马克思时代也是存在的，在20世纪这个潮流也同样强大，甚至可以说更加强大了。"列宁在这里使用了"自然科学奔向社会科学"这种表述，这是科学而形象地描述自然科学与社会科学一体化发展的历史的内在趋向；列宁把这种趋向称为潮流，并且加上了"强大"二字，又说在20世纪这个潮流更加强大了，这是列宁当时的深刻观察和科学预言。现在20世纪80年代，经过近一二十年的科学突破性发展，可以说，这种从自然科学向社会科学奔赴的潮流，是比列宁说这番话的时代更加强大得多了。这种趋向之所以会产生，其根本原因就在于科学本来就是一个整体，自然科学和社会科学是共处于这个整体中的两个部分，它们是有机地结合在一起的。德国著名物理学家马克思·普朗克在《世界物理图象的统一性》中说："科学是内在的整体。它被分解为单独的部分不是取决于事物的本质，而是取决于人类认知能力的局限性。实际上存在着由物理化学，通过生物学和人类学到社会科学的连续的链条。"普朗克在这里深刻地指出了自然科学如何奔向社会科学的"流经"，说明了两者内在的联系和连接的关节。不过，他这还只是从科学各个部门自身的内在联系来观察和表述的，也可以说是纵向剖析。事实上，自然科学与社会科学在研究对象、构想对象、构想方法上，以及科学与实践的结合上，也都是整体化的。它们以其自身的特点相区别而又相联系地统一于一个有机的结合体科学之中，这可以说是横向剖析。无论是纵向还是横向的剖析，都反映了自然科学与社会科学的"天生性""命定的"整体化。只是由于人类认识能力的局限，由于恩格斯提到过人类认识事物所需要的由收集材料、分割剖析到综合认识的过程（这也与人类的认识能力的局限性相联系），所以"整体的"曾经经历了"分体的"发展。现在，由于人类认识自然与社会以及人类自身的能力和手段的大大强化（科学化），也由于在这个水平基础上的人的思维科学的发展，以及人类生产与社会实践的发展，自然科学与社会科学的整体化趋势就日益地强大起来了。这一新趋势给社会科学提出了新的任务和新的"技能"，因此从外在和内在两个方面获得了发展的战略设想、共同克服各类社会问题和人类社会前进的阻滞的因素。例如对于目前使我们苦恼的一些社会公害与社会问题，就需要医学、心理学、社会学、美学、文艺学以至历史学等众多学科的共同努力。至于经济科学同自然科学的合流与合作，更是有目共睹的事实了。当然，这两门科学的合流与合作，给两种科学家都提出了新的智力内涵和水平的更高要求。尤其对于社会科学工作者来说，自然科学知识的获得已经是刻不容缓的事情了。在这方面，我认为只作狭窄范围的理解，只是学习一般的自然科学知识，已经很不够了。从两种科学互相渗透以至合流的一体化趋势来看，社会科学工作者除了掌握一般的自然科学知识之外，还需要掌握自然科学的一些现代化研究手段，比如对电子计算机的运用等，需要了解某种自然科学与本身有关学科的相互渗透的状况与规律。尤其重要的是，需要了解和吸收自然科学研究的一些方式、途径和方法论的知识，以灵活运用于社会科学研究，即如"三论"（信息论、控制论、系统论）之运用与社会科学研究，已经在这个领域里开辟了新路径、新方法、新领域、新角度、新境界，取得了新成果。

总之，社会科学与自然科学的一体化，已经和正在向社会科学研究、社会科学工作者提出严峻的要求，也给予了可喜的广阔发展前景。

由于上述原因，以及其他因素的加入，社会科学的研究手段现在越来越科学化、现代化了，因此也越来越强化了。许多现代科学技术的成果和手段可以用来从事社会科学研究，这就是社会科学研究的某些依据可以站在"物化"的基础上，而不限于理论分析和事实材料的证实了。比如通过放射元素测定对象的生存年限之于考古学的作用，心理学的测试、调查对于文艺学、美学的作用便是如此。至于经济学研究领域对于自然科学、技术科学的运用，则更为广泛、更有成效了。随着现代科学技术的应用，社会科学在许多重要领域里，都可以不仅限于定性分析和状貌描述，而且可以进行定量分析和以数据来进行论证了。这些都使社会科学研究更为科学化了，无论是手段上、过程上还是结果上，都是如此。这方面目前社会科学所显示出来的借助于自然科学而获得的优势，同时向社会科学工作者提出了获得这些知识以取得个体优势的要求。

至此我们看到，当今社会科学发展的第三个新趋势就是它的对象越来越多，研究领域越来越宽广，研究的深入程度也大大加强了。在宏观上和在微观上都出现了这样的情况：过去有许多不可能研究的对象和领域，现在可以涉足了，甚至可以做一些比较深入的研究了；过去有些在研究中不可能考虑到的领域（或者是因为思想认识还达不到，或者是因为实践还没有提出问题，或者是因为研究手段还不具备），现在也提到研究日程上，列为研究课题了。目前科学正在左右逢源吸收各种能力和动力促进自身的发展。思维科学的发展之得力于心理学，以及经济学之得力于多种自然学科，都说明了这一点。这种新趋势自然提出了社会科学工作者开拓新的研究领域的课题，这里需要思想的开阔与灵活、视野的辽远和深入、治学的严谨与过人的胆识相结合。这里也需要知识面的广阔。"专业知识"的"专业"性发生了变化，它的外延与内涵都有所变化，而其有关的面也多了，其"触角"延及多方面。这既为社会科学工作者开拓了道路与领域，也提出了更多更高的要求。但从研究领域和获取成果以及为社会实践服务的可能性和前景来说，则是十分丰富也是十分诱人的。

当前，社会科学的新学科不断产生，这是前述诸多发展趋势所必然带来的结果。这些新的学科有一个共同的重要特点就是，既反映了社会科学研究领域的新拓展，又反映了两种科学的互相渗透与合流。目前，这种新学科的增长势头还在发展，在经济学和其他应用科学方面表现得极为明显而突出。就是人文科学方面也显示了此种趋势，即使美学及文艺学、历史学现在也出现了新的学科。不过，现在这种新学科的产生，却不同于以前社会科学在发展途中的断层分支，而是表现为既从"母体"学科中分离、独立出来，又藕断丝连，而另一方面，又延伸其触角于另一"母体"学科以至多种"子"学科，如此而成为一个"庞杂"的结合体。但是，它自身却又有独特的功能和性质。经济学科都表现了这种特点。而文化人类学、比较文化学、技术美学、劳动美学等新发展的学科，也都无不显示了这种特性。

与此紧密联系的是，社会科学各学科的边缘性、综合性、应用性和定性分析的可能性都大大加强了。一个新的学科，跨越两三个以至更多的学科，跨越自然科学与社会科学两界，或者与其他学科交叉和渗透，表现了多方向性和多层次的边缘性；同时也就增强了它的综合性和应用性。当然，随着社会科学各学科的综合性的加强，还由于人类研究手段的现代化、科学化和思维科学的发展，我们能够对研究对象进行综合研究；也因为现代社会的复杂性和多维、多层次结构，提出了对其各类现象做综合性研究的要求，这种要求迫使研究者去开辟综合研究的新途径，创造综合研究的新手段。在这方面，社会科学工作者也同样面临着艰巨的新任务，也在自己面前展现了施展才能、开辟新路的美好的诱人前景。当然，为了完成这样喜人的任务，取得美好的前景，我们对"自我装备"方面的要求也是越来越高了。

至此，我们更可发现，当前社会科学发展的另一个值得注意的新趋向是：社会科学发生了结构性的变化。这表现在几个方面：第一，以前自然科学和社会科学虽然内在互相渗透，有机地结合着，但在学科的个别设置上却被割裂开来。现在自然科学则更进一步渗入社会科学，而人们在认识上、研究上、实践上，也把它纳入了社会科学领域，这样，社会科学在结构上，无论是外延还是内涵都发生了深刻的变化，许多学科的"两重"性加强了，整个社会科学与自然科学边缘"混淆"、交错，其自身的结构及"面目"与"色泽"皆变了。第二，已有学科的研究对象、科学内涵和研究方法也发生了深刻的变化，这既引起了原有学科既定结构的变化，又引起了该学科在整个社会科学中的地位与作用的变化，于是连锁反应式地引起社会科学结构的变化。在新技术革命时期，经济学科和应用科学的地位与作用的变化，它们的发展与"膨胀化"，都带来了社会科学的结构性变化，而社会学的长足发展以及外延与内涵的变化，则反映了现代社会条件问题的提出和要求解决，使它在整个社会科学中的地位、作用也发生了结构性变化。此外，这种情况当然还很多。第三，"两重性"学科的产生，使社会科学中包容了一部分既可归属于社会科学又可隶属自然科学的新的学科，它们既有自然科学工作者在进行研究，也有社会科学工作者在进行研究，有的则是两支队伍合作研究。这等于是楔入社会科学的新因素，从而引起它的结构性变化。第四，新学科的不断产生、发育，使得社会科学内部新旧学科的比例关系发生变化，从而导致社会科学的结构性变化。

这样，我们又可以进一步观察到，社会科学在自然科学与社会科学这个"科学"结合体中地位与作用发生了变化，从而引起了"科学"本身的结构性变化。这种变化的特征是，社会科学在这个"科学"结合体中的地位增强了、提高了，它一方面在总体上居于"战略之战略"的地位，另一方面在各个学科的作用上，在与自然科学的合流中，发挥着重要的、领先的、指导的作用。我们说，当今可称科学的时代，其意义也许不妨说具有偏重于社会科学的地位变化这一方面的含义。社会科学在各国都比以前更加受到重视。近年来，它在我国受到了比以前更为突出的重视，取得了新中国成立以来空前的发展。随着建设有中国特色的社会主义伟大事业的发展，社会科学将会更加受到重视和能够更快地发展。

正是在新技术革命的时代，人类社会迅猛地向前发展，生产与生活的各个角落和深层部位都在发生变化，其中也包含空前的结构性变化。这里需要人类运用自己的智慧和能力，按照客观规律去规划，指导以至引导这种发展确定正确的轨道，制定合理的、科学的发展战略，掌握前进的方向，尽可能避免"客观"的报复和消极的后果，消除可能结出苦果的萌芽，等等。所有这些，都是社会科学需要去研究的问题，在它的肩上担负着这样的重任。它的成功的研究，将避免人类社会发展的盲目性。因此，社会科学在它所在的双重结构体中，地位更为重要了。

在这里，我们要特别指出马克思列宁主义在这种变化中的地位与作用。自从马克思主义产生以来，辩证唯物主义和历史唯物主义把社会科学建立在科学的基础上，使社会科学得到了近代历史上的辉煌的发展。现在，自然科学的突破性发展和社会科学新的大发展，毫无疑问丰富了马克思列宁主义，改变了它的某些形式，但是，马克思列宁主义在新的现代社会和新的科学发展面前，并没有失去它的光泽，减弱它的地位，恰恰相反，它的基本原理没有变化、没有过时，而是得到了新的证实，在新的科学、新的领域中显示了它的生命力，表现了它的指导作用。正如马克思、恩格斯当年宣布过的，他们的主义与思想是行动的指南，而不是教条，它本身是要随着人类社会的发展而发展的。它始终保持着开辟认识真理的道路的威力。我们看到，马克思主义又将概括新的事实、新的情况、新的问题、新的实践，从而发展它自身，并发挥它的指导作用。许多新学科在创立和发展时，将从马克思主义的学说中吸取力量。

现代社会是信息社会，信息瞬息万变，信息的产生、传播和发生作用均以极快的节奏进行。整个社会的生产节奏也空前地加快。此时，社会科学对于信息、资料、成果的掌握、集聚、交流、研究、加工、精制与"再生产"的过程也都在加快、提高、深化和发展，频率、节奏在加快、增强。其壮观景貌是空前未有的。今后不能说费时一年、数年、数十年的研究不再有了，绝不是如此，有的课题、项目仍然会是如此。而且有的不能在当代取得最后成果，必然要跨越时代而留待后世继续研究。但是，我们同时也不能不注意到，由于应用性的加强，整个社会各项实践活动节奏的加快，社会科学研究力量、手段的强化，社会科学的一部分学科、一部分研究课题与项目，其进展速度、发展节奏确实大大加快了。这种情形，使社会科学的发展以空前的步伐迈进。如同一部庞大而复杂的机器，它对人类社会的各种信息资料进行着广泛、深入、迅速的加工，得出于人类社会形成新的反馈。社会科学的此种情况与新趋势，对于社会科学工作者来说，也是应该为之欢欣鼓舞的。

综合上述各种新趋势，我们还可以得出一个社会科学在总体上的新趋势，这就是它与决策机构、与人类的决策行为结合得越来越紧密了。许多国家、企业都建立了社会科学研究机构，作为自己的智囊团，以用之于决策时咨询、战略设想提供、决策可行性论证。这成为新的决策行为的必备条件，成为决策科学化的重要措施。我国近几年来社会科学研究机构的发展，也反映了这种客观趋势及党和政府对这一趋势的了解与对策。社会科学研究机构要成为党和政府的得力参谋与助手。它的任务之确定和它足以承担此项任务，其根源就在于它已经具备了这种与决策行为、决策科学精密结合的趋势。

这种新趋势对于社会科学的反馈，成为它向前迅速发展的重要源泉和动力。首先，实践不断提出问题、要求、需要，迫使社会科学在对策研究中吸取动力、向前发展；其次，由于与决策行为结合，在实践中便又得到新的推动力，去发展自身；最后，由于与决策机构及行为的结合，社会科学的发展在人员、资金、设备、资料方面便都得到从未有过的助力和推动力，这自然更加快了它发展的速度、规模与频率。

需要指出，社会科学当前的一个重要新趋势，是对于新的研究方法的迫切要求。由于上述各个方面的变化，必然要引起研究方法需要改善、提高、发展，新的研究方法需要创造、探索。由定性分析到定量分析，由状貌性质的描述并由此分析综合而得出结论，到进行系统综合，从宏观到微观的观察、测试、解析，以及系统论、控制论、信息论引入社会科学研究所带来的方法论方面的变化，如此等等，既反映了社会科学研究在方法论方面的变化发展，又反映了在这方面产生新的需要的情况。从科学史的事实来看，每当科学取得历史性的发展时，事先和进行过程中，总有新的方法论出现，为之开辟道路，指引行进的途径，开辟新的天地。今天，又同样面临这样的时代，而且新的方法论也已经出现，正在被社会科学的各个学科所运用。在这方面，发展前景也是令人深受鼓舞的。

以上，我们对当前社会科学发展的新趋势择其要者而言之，列举了几个方面。这种列举不仅是不够全面的，而且是单维地、单线条地和非综合地描述的。因此并不能系统综合地反映这种新趋势，而只是从侧面列举了一些变化和新的趋势。但是，即使如此，也足以使我们感到，社会科学工作者目前面临着一些迫切的任务，面对着一些重大的紧迫的要求，这是每一个有志气、愿为祖国和社会主义事业做出贡献的社会科学工作者都应当勇敢地去迎接的。那么，有哪些紧迫的任务呢？

第一，我们感到，社会科学发展的新趋势对社会科学工作者的素质提出了更高的要求。这种要求有几个方面：首先是知识领域的宽广、深厚和智力水平的提高。前者既包括社会科学与自然科学两方面，也包含种种与本专业相关的学科的知识。同时，专业知识本身和对相关学科知识的掌握，在广度和深度上的要求标准也更高了。至于智力水平，并不是指先天的禀赋，它更主要的是后天的学习与修养，它与知识面的深广程度相关，也与思维能力（即对思维科学的掌握与运用以及理论上的素养、新的方法论的掌握）有关。对于一个从事社会科学研究的人来说，这种智力水平特别重要，要求也高。这里我还想着重指出思想政治素养的问题。这对于我们来说也是重要的，不是说现在这方面就不必注意了，恰恰相反，思想政治方面的素养现在更显出了它的重要性。因为我们面对的是变化多端、庞大复杂的研究对象，我们的工作同人民、国家、社会的进步与发展直接相关，我们又处在转折的时期，这样，在思想政治上就要具有坚定、纯洁、勇敢、谦虚、好学、扎实等品质。对于社会科学工作者来说，更需要有坚定的马克思主义立场和高度的理论修养。如果我们把知识与智力水平、专业修养比作"硬件"的话，那么，这些思想政治方面的素养则可称为"软件"。只有"硬件"与"软件"结合，才能构成一个有成就的社会科学研究者的"内心的宝库"，才能为人民、为祖国、为社会主义做出贡献。

第二，社会科学发展的新趋势，要求我们改革旧的研究规范和研究方法。既然科学的整体已经发生了深刻变化，社会科学本身也发生了结构性变化，而且又出现了许多趋势，那么，原有的社会科学研究规范，从整体上和单个学科来看，都显得陈旧了，有必要进行改革。当然，这种改革不是随心所欲、异想天开的，而是依照实践的需要，经过实践的逐步检验，来设想、筹谋和进行的。

第三，要注意发展新兴学科。这是社会实践的需要、研究工作的需要，也是各个学科自身发展的需要。在这里，主观地去硬创立一个新学科固然是不可能成功的，但新的学科建设的条件已经具备，我们却不主动地去进行开创工作，进行学术上的探讨与建设，也是不对的。值得注意的是，要组织一批有心人，学有专长、修养有素，而又有胆有识、积极热情，有意识地去收集资料、整理素材，进行理论探讨，形成理论体系，逐步地把学科建设起来，为社会实践和学术事业的发展做出贡献。

第四，要大力加强应用研究。当今是社会科学能够为实践服务的条件空前良好的时代，而社会科学本身也与社会实践结合得最为紧密，并且手段也比以往任何时代更优越，因此，加强社会科学的应用科学和人文科学的应用研究，不仅是应该的、必要的，而且是可能的。现在确实是我们任务重大的时期，也是有可能施展作用的时期。

第五，基础理论研究也是不可忽视的，必须同时予以重视。它同应用研究是紧密结合、相辅相成、互相促进的。所谓应用研究，自然是将理论应用于实际，将两者结合起来，因此理论的水平如何，直接关系到实践（应用）的水平和效果。而且，当从事应用研究时，实践也不断地提出新的理论问题，许多具体的、实际的问题，也提出了从理论上来予以总结、概括，予以理论表述的要求，以至从理论上予以解决的要求。忽视基础理论研究，在短时期内也许看不出什么问题，但是时间稍长，便会碰到理论概括不够、理论水平不够、理论跟不上实践需要的问题，而使应用研究的开展受到抑制、应用研究的成就受到限制。

最后，社会科学研究的新趋势，还向我们提出了建立符合新形势、新要求所需要的科研体制、科学组织形式、科研考核、科研成果的评估等方面的新课题。这是我们在改革中应该努力予以解决的。

# 现代科技的负面效应问题[①]

## ——关于全面发展文化科学问题的探讨

几年前，在一个座谈会上，我说到现代科技的负面效应，当即有一位我所尊敬的老科学家批评我说："什么自然科学的负面效应，中国现在三峡工程还没有修好呢！"我有许多理由来回答这一责问，但我默然而退。既没有以"吾爱吾师，吾尤爱真理"的精神去同老先生争论，也没有因他是师长又是科学家而同意他的意见，只是感到此非三言两语所能谈得清的。从这件事我倒想起，此事确实值得议一议。因为这个十分值得注意的问题，还远未引起注意。

一个农民用锄头刨地，对地球的改变和改造只是"浮皮潦草"，收

---

① 原载《友报》1994年7月29日。

效不大，问题也不大。用炸药开山，对地球来说就"触及皮肉"了，也就有点问题了。如果利用核能，就广及巨大地域、深到地层底里、撒播大气层生物圈以及河流山川，触及肌体骨髓了。核能源、核动力功率大、收效大、作用大，对地球和人类的改变和改造也大，而问题也就大了。核垃圾的运送和处理现在已经成了一个大问题。装载核垃圾的船只走过谁的领海，谁都反对。扔在海里，久而久之，积少成多，其危害所及，也许人类还估计不到。大家对切尔诺贝利核泄漏造成的灾祸，至今记忆犹新。我1992年访德，得知德国有一处疗养胜地，专门接受切尔诺贝利核污染受害的孩子们来休养，说明存在第二代受害者，且已引起国际注意。1993年访问日本，在乘车从富山到京都的路上，司机告诉我此去不远就是"痛痛病"的发源地。这种病是工业污染造成的，得病者浑身作痛，嘴里喊："痛！痛！"故此得名。司机又说，现在"痛痛病"已经控制住了，这就是说工业污染问题已获解决。举目可望，青山绿水，空气清新，不见林立的烟囱和冲天的浓烟，确实把环境污染控制住了。苏联切尔诺贝利核污染的后遗症和日本过去的污染灾害，都说明现代工业、现代科技有负面效应，而且这种效应很严重、很持久，应该认真对待。扩大来讲，当代世界几大危害和困惑人类的问题之中，环境污染、生态失衡、大气层破坏、生物物种灭绝、温室效应等，无一不与这种负面效应有关。

人类为了自身的生存和幸福，不仅要取之于自然，而且要控制自然、利用自然、开发自然、改造自然。这个结果有利于人类，但同时又出现以上一些问题。

对这种负面效应如何看待，怎么解决？有人说，回归自然，到深山荒野中过原始的生活，不要现代的东西。这是顺乎自然了，但却倒退了。人类不能倒退。这种说法显然是错误的、行不通的。防止和解决负面效应还是应当用科技手段。比如，人类为了粮食高产而使用化肥、农药，产量上去了，但是水资源被污染、土地硬化、人身受害，并且转借吃粮食的家畜、家禽而毒损人类，还有环境污染问题、生物物种灭绝问题等。人们就想出了种种办法来抑制或解决，如慎用农药、少用化肥、提倡生态农业、发起"绿色革命"、保护珍稀动物植物、保护水资源等，这些都是有利于解决科技的负面效应的。我们完全可以做到预为之谋，吸取西方发达国家在工业化、现代化过程中的教训，少走弯路，少

"付学费"，取得更好的效果。

以上所说的还只是显现硬伤性的问题，还有一种内在的问题更值得注意。这就是科学技术是否在整体的、多元的、丰富的文化发展的基础上发展，是否在一种有另外一些与之互渗互补、互促互动，以及有亲缘关系而较疏远以至于一些与之对称、对立、对抗的文化存在并发展繁荣的整体文化语境中来发展。单纯科技的发展会造成一种"单向度社会"和"单向度人"。前者，如西方有的学派对当代西方社会所揭露的一切按科学的、技术的、精于计算、刻意求工的方式方法去操作、生产、工作、生活，那么，就会是机械的、刻板的、硬性的、客体的、强制的、无人的主体性，即无人文性、随机性、随意性、弹性、模糊性、应变性，从而造成反文化、反人性。最明显而简单的例证就是卓别林在他的影片中所表现的那样，人在自动化机械面前也成了机器的一部分。人的思维方式、生活规程都被这种工具理性所支配，而不去理会价值理性，不思索与追求人生终极价值的意义。于是，一面不得不像机械一样工作和生活，一面则感到苦闷、失落、痛苦，缺乏人文文化中的人情、温馨、审美、人天与人际的和谐等。

所以，人类的文化必须整体地、平衡地、协调地、互补互渗又互相制约地发展。在现代，至少是要自然科学、技术科学、人文科学、社会科学均衡地发展，不可畸轻畸重、顾此失彼。此外，工业文化、农业文化、商业文化、企业文化、传播文化、娱乐文化等，也都要均衡地发展，不可以利润为唯一原则。

我们当前存在着过于偏重自然科学、技术科学的发展，而忽视或轻视人文科学、社会科学，以及其他诸多领域文化发展的现象。西方走过的弯路本不应重复。他们现在正在弥补过去的缺陷，我们则不应该造成缺陷后再来补救。我们应该未雨绸缪，防患于未然，使文化（包括科技）均衡地发展，以造福于当前和后代。

最后，还要申述两点，它们是具有重要意义的：

（一）社会科学、人文科学，对于社会发展来说，是解决战略问题的，即解决方向、道路、决策、策略等社会向何处发展的根本问题的。自然科学、技术科学则是解决战术问题的，即解决社会如何发展、在什么生产机制（用什么生产、如何生产等）的基础上发展的。当然，这只是一种基本的分类，自然科学、技术科学也有的高精尖部分会在一定条件下进入战略层，而人文、社科也有少部分会有时在战术操作层发挥作用。

（二）当代世界科学—文化潮流，是两大科学体系合流，这是马克思和列宁都预言过的。同时，科技和人文科学、社会科学在"科学结构体"中的结构比也在变化，人文科学、社会科学的重要性将逐渐为更多的人所认识。

# 访美观感和社会科学发展趋势<sup>①</sup>

**编者按：**辽宁社会科学院副院长彭定安同志应我院邀请，于1985年2月12日在我院作了关于访美观感和当代社会科学发展趋势的演讲。彭定安同志是江西省鄱阳人，他热忱地对老家江西省的社会科学的发展提出了很好的设想和建议，并愿帮助和加强两省社会科学院的联系和交流，促进两个兄弟省份的社会科学研究事业的发展。他的演讲受到了大家的热烈欢迎。征得本人同意，现将彭定安同志演讲的主要内容整理出来，刊载于下。

## 一、访美观感

我们辽宁社科院一行四人，应美国乔治·华盛顿大学负责学术事务的副校长弗朗奇（音译）博士的邀请，于1984年11月到美国访问。我们访美主要有三个内容：第一，考察美国社会科学的研究情况，参观访问美国的有关社会科学研究机构以及图书馆，探讨加强今后资料交换的途径与方式；第二，会见美国科学基金会官员，探讨今后学者互访、合作研究以及互相代培研究生等；第三，进行对口学术交流与讲学，对方

---

① 原载《社会科学研究资料》，1985年第3期，王永平整理。

给我的题目是：中国当代文学和中国古典美学。

我们访问了华盛顿、纽约、旧金山三市，访问的大学有乔治·华盛顿大学、乔治敦大学、哥伦比亚大学、加州大学伯克利分校。我们还访问了美国国会图书馆、美国国家艺术博物馆研究图书馆、纽约公立图书馆，以及一些专业图书馆，如哥伦比亚大学研究图书馆、加州大学伯克利分校中国研究中心图书馆等。我们还会见了美方的国家科学基金会和联邦政府人文科学捐赠基金会的负责官员，讨论了双方学术交流与合作问题。

我们的出访，受到我驻美大使馆和驻纽约总领事馆的重视、关心和帮助。使馆和领事馆同志认为，社会科学方面的人员出国访问太少了，地方社会科学研究机构组团出访，这还是第一个。章文晋大使和曹桂生总领事都认为，今后应增加社会科学家的出访。

在美期间，我们受到美方热情友好的接待。华盛顿大学正副校长接见了我们，为我们举行了学者圆桌会谈；在中国餐馆宴请了代表团，好几位教授请我们参加家宴或宴请我们；几个图书馆都赠送了许多图书给我们。

美国人把研究中国的目的称为"Hands across the seas"，可以翻译成"过海之手"。

美国社会科学研究是现代化的，这种科研现代化首要的是手段的现代化。我在美国的三家图书馆做过试验，其图书检索手段确实非常现代化。例如一分钟以内就把有关瞿秋白的所有论著、研究著述的索引拿出来了；又如，几秒钟就把我的论著目录在电脑上显示出来了，我请他们复印给我们做纪念。可见，他们的工作效率是非常高的。美国图书馆工作人员学历很高，必须有两个以上的学位（其中必须有一个是图书馆专业）才能当馆员。他们非常重视图书情报工作。在这方面我们是应当努力赶上的。

美国的社会科学研究大致可以分为四个领域：① 地区研究；② 国际问题研究；③ 学科研究；④ 政策研究。他们进行社会科学研究总的原则是强调国家利益，强调应用研究。他们的研究领域很广，眼界开阔，资料丰富，手段现代化，题目具体，方法新颖。我们院过去的科研规划基本上是"积木式"或"拼盘式"，亟待改革。三年来，我们进行了调整，逐年在改变。但受原来的结构的影响，难以一下子彻底改变。

江西社科院是新建的,这也有一种优势,就是可以根据现代化的需要进行设计和研究。我们的社会科学研究总的原则是"三个面向":面向现代化、面向世界、面向未来。现代化首先是研究手段的现代化,其次是科研内涵、领域、规范、方式、方法的现代化。这方面可以研究和应该研究的问题是很多的。

## 二、当代社会科学研究的新趋势

当代社会的发展是很迅速的,特别是近年来,世界各国都有不同程度的变化。随着社会经济的发展,社会的各个方面也都发生了较大的变化。作为研究社会现象、探讨社会发展规律的社会科学也出现了一些新趋势。这主要可以概括为以下十个方面。

(一)科学地囊括了社会的一切文化现象

现在,凡是谈文化都是谈科学,讲文化就离不开科学。在社会经济与生产、生活中都蕴含着科学的内容。其中,特别值得注意的是,社会科学的作用在增强。我们共产党人主要是靠马克思主义,也就是社会科学的指导打天下的,现在我们搞社会主义建设仍然必须依靠马克思主义,靠社会科学。如果说搞建设的关键是自然科学的话,那么最后解决问题还要靠社会科学——在确定社会发展方向,考虑发展的战略方针,确立各种制度、体制,以及论证、指导发展途径和方式上,都需要社会科学的指导。

(二)自然科学、社会科学互相渗透、合流,互相合作

现在涌现大量的边缘科学。如经济学、美学、社会学需要数学,哲学更不必说了。马克思和列宁都曾预言两种科学一体化的发展趋势和必然性,现在这种趋势更是大大加强了。因此,我们在尝试搞两种科学的合作研究课题。沈阳市很重视我院同志提出的建设沈阳南湖文化科技区的课题,拨了经费和人员,支持沈阳科委和省社科院联合搞这个课题,建设辽宁的"硅谷"。听说咱们江西省社科院科研大楼将建在青山湖畔,听说这里也是文化区。那么,青山湖地区今后也可以考虑建成江西的"硅谷"。

(三)科学发生了结构性的变化

首先是在科学即这个两种科学的结合体中,社会科学的比重增加

了、作用增强了，两者的比例和作用力发生了变化，这就引起了它的结构性变化。其次，自然科学中许多学科和边缘学科加进了社会科学的内容。西方现在很重视社会科学，许多智囊团成员是社会科学家。

我们国内也开始注意这种综合研究。如马洪同志带领自然科学家和社会科学家共同研究国内重大建设问题，效果显然比单一研究好。

（四）社会科学也发生了结构性变化

比如，经济学、美学、哲学、社会学、文艺学等都应用了自然科学的知识，使许多学科的内涵和外延发生了变化，因此引起了社会科学的结构性变化。社会科学中，现在产生了许多新的学科，许多老的学科的研究规范也发生了变化，特别是"三论"（信息论、系统论、控制论）引入了社会科学研究领域，这些都引起了社会科学结构的变化。

（五）社会科学研究领域越来越广泛、深入、精密

许多过去不可能研究的领域，现在有可能进行研究了；过去没有深入研究的领域或想不到要研究的领域，现在需要深入进行研究；而且涌现了不少研究领域，微观研究的发展使许多研究深入细密了。比如脑科学的发展，对裂脑人的研究成果，对认识科学的发展就起了很大的、很好的作用，这也就引起了哲学、美学、文艺学的精密化、深入化。系统论对于历史学研究的作用，对文艺学研究的作用，现在也看出来了。为了适应这种变化，我们的研究机构设置和课题开设，也要有新的考虑。为了适应这种形势，我们辽宁社科院把原经济研究所分为四个研究所：经济研究所、城市经济研究所、对外经济研究所、经济法规研究所。

（六）研究手段越来越现代化，加强了社科研究的能力

收集、整理资料，统计、处理数据，研究、探索问题和规律，都可以运用现代化手段，运用现代化科学技术。我院有的同志利用电脑对我国离婚原因进行研究，研究结果表明：20世纪50年代主要是由于反封建、反对包办婚姻；60年代主要是反夫权；70年代是多元；80年代青年夫妇离婚增多，原因是"多因型"，但主要是经济原因。此外，还有人用电脑研究青少年犯罪等问题。

（七）定量研究越来越加强

社会科学过去基本上是定性研究，进行现象、情况、规律的描述和论证，而定量研究不够。现在，不仅经济研究需要定量研究，而且社会学、历史学、美学、文艺学、法学等都需要和可以应用定量研究。西方

很注意这一点。定量研究的发展，增强了社会科学研究的精确性、可信性和应用性。另外，顺便说一下，有一点很值得研究，就是我们过去很重视行政区划，而忽视经济区划。如我的老家鄱阳县属于上饶地区，可是历史上它与景德镇和乐平联系较多。现在听说把鄱阳划归景德镇，这就比较恰当。总之，不能只考虑行政区划，应更注意经济区划。

（八）社会科学各个学科的边缘性加强了，许多学科的外延交叉，内涵互相渗透

这反映了边缘性知识的大量出现，研究对象自身的交叉、渗透、合流，以及社会经济和生活各方面的发展对社会科学的应用性的多侧面、多层次与多维性的要求。因此，社会科学多学科的那种"纯度"减弱，而跨科性和向其他学科的渗透性都加强了。

（九）社会科学应用研究突出地加强了

它与决策行为和决策机构的结合越来越密切了；决策科学化在实践上要求社会科学加强它的应用性；而决策科学这个理论，也多方面地吸取各学科的理论材料与应用品性，这又加强了社会科学应用性自身的发展。社会科学一方面论证，一方面提供决策方案。为了适应这种理论的发展和实践的要求，我们院一方面强调加强应用学科，另一方面加强人文科学的应用部分；同时，加强科研规划的应用课题。1985年，由院部提出"辽南经济区研究""现代化生活方式研究"这两个跨所、跨学科的课题。限于人力，原拟的"农村发展研究"未能列入计划。我国农村的"外壳"总是像马克思所论述的"亚细亚生产方式"，它老是攻不破（新中国成立后我们派过各种形式的工作组、宣传队进驻农村，都没有解决问题）。但是近几年商品经济一发展，农村结构就改变了。乡镇企业一发展，改变又进了一步，随之一切都会发生变化。这变化本身的伟大、深刻的意义，它的发展趋向，它的历史作用，它所带来的新情况、新问题，以及如何设想全国性、区域性的发展战略与模式（如产业结构、人口结构、乡镇企业及乡镇自身的发展等），都值得研究。这里要注意，加强应用研究当然不能忽视理论研究，二者不是对立的，而是相辅相成、互相促进的。因为应用研究是以相应的基础理论研究为基础、为指导的。在大学教授的理论水平的基础上，才能搞出大学教授那样水平的应用研究。这是两个互相联系的方面，都不可轻视，而应紧密结合起来。就一个科研机构来说，在机构设置和课题确定上，要两者结

合；就科研人员来说，也应两者结合，在实践中、应用中学习理论，提高理论水平，在理论修养的基础上搞好应用研究。

（十）对社科研究人员要求越来越严格、越来越全面、越来越多

我看主要有三个要求：① 较精当的专业学科知识。② 要有与自己的专业相邻学科的知识。凡是社会科学研究人员，都必须具备一定的文、史、哲、经知识，且都要有自己独特的知识结构。社会科学研究人员如果讲竞赛，那主要就是知识结构的竞赛。③ 一定的自然科学知识和较好的外语修养。这三者是基本要求，当然也需要其他各方面的知识。只有这样，研究工作才能做出成绩来。

# 社会科学将帮助人类摆脱当代困境①

## 一

人类面临着当代困境。这种困境不同于近代、古代，更不同于原始时代人类所面临的情景。困境的内涵和性质都远不同于历史困境。因为，人类当代困境，不是由生产力低下、不发达和社会发展程度不够而造成的。恰恰相反，就人类整体来说，当代困境之产生，正是由于生产力的高度发达、经济的飞速增长，以及科学技术的空前高度发展。其中第三项属于人类文明的高度发展，已经进入又一次空前伟大革命的时代或这种时代正在到来。社会的整体发展程度也是很高的了。"地球村"这个概念和名称的产生、应用和被接受，全面地反映了人类社会整体发展的水平。

然而，问题和不幸正发生在这种情况下。这是为什么？

---

① 原载《理论与实践·理论内参》1991年4月5日。

近年来我几度访学欧美诸国，虽然时间短、接触面窄，但是耳濡目染，浅尝所及，也有两点深切的感受：① 生产力高度发达，人们的物质、文化生活水平很高，社会的发育程度很高；② 社会问题丛生，不安情结弥漫社会，人们生活得并不幸福。我的一个真实感受是，他们不仅不满足于物质生活的优越，而且为这种好生活所累。因为他们失去，或者说正在失去人类最需要的东西，这就是人间亲情。加上个人享乐主义的膨胀（客观上的优厚的物质享受条件，包括客观存在的物质条件和个人手中拥有的金钱，又都允许鼓励和刺激这种膨胀），更加上家庭在这种客观经济条件、社会条件和意识形态的影响下正在本质性地崩溃，人间温情稀少，家庭关系淡薄，这就使人心失去了平衡，空荡荡无着无落。

这是一种物质文明与精神文明的失调和矛盾。用中国老话说，可谓阳盛阴衰、阴阳失调。

我在哈佛大学的一次教授聚会上问到一个问题："美国物质生活如此丰富优厚，为什么犯罪率还这么高？"一位世界知名的社会学家想了一想，回答说："美国是一个竞争性很强的社会。那些在竞争中的失败者，往往产生不快、痛苦、怨恨，因而产生报复心理而至犯罪。"

美国的报纸上也有人写文章指出，性犯罪大多数的动机不是性满足，而是残暴与虐待——这也正是一种心理病态。这些情况说明，优厚的物质生活并没有带来全面的生活幸福，相反，越是物质生活富足优厚，甚至是"要什么有什么"，倒越是感到精神生活的空虚；而且，越是生活在优厚物质生活条件下，便越是希求更高更好的精神生活。这样便形成了恶性循环，从而导致不惬意舒心的生活。

概括起来，当代西方国家的生活中普遍存在的问题是：感情萎缩，理性逆反，心理失衡，情绪紧张。总之，是人的生命范畴的生态失衡。当然，西方国家的问题远不只是这一方面，经济问题、生产问题、社会发展问题也是成堆的。

就我们所要讨论的问题范畴，需要指出的是：这些问题的产生，都不是由于自然科学方面出了问题，而是属于社会科学范畴的这个方面出了问题。问题的解决自然也就要靠社会科学，而不是靠自然科学。这个道理很简单。问题并不是出在人们在生产力发展、在劳动生产率提高方面还有什么大的障碍，也不是科学在什么方面没有能够发挥作用。自然，这些方面也是存在问题的，但却没有导致上述问题的产生。

上述问题的产生，是由于社会生活方式的安排、人际关系的调整、家庭制度的设计、人们心理生活的整合、个人享乐主义的抑制、个人主义人生态度的改变，以及社会各阶级、阶层关系的改变与调整等。而所有这些，都是社会科学研究的课题，是它能够发挥作用、提供方案的用武之地。小而言之，是用社会科学来治标地解决这些问题；大而言之，是用社会科学——马克思主义的革命学说和社会学说——来治资本主义制度之本，彻底解决问题。

## 二

当然，这里自然又产生另一个问题：在实行社会主义制度的国度里，情况又如何呢？它是否也面临着是靠自然科学还是靠社会科学来解决当前问题与当代困惑的问题呢？

我国自改革开放以来，在经济增长和社会发展两个被认为社会现代化的主要指标方面，都取得了令人振奋的巨大成绩。这不仅是有目共睹的事实，而且成为世人瞩目的伟绩。随着改革开放，这种成绩还在继续扩大，这是毋庸置疑的。但是，无可否认，我们还存在一些前进中需要解决的问题，例如：如何进一步改革、进一步开放，如何确定各方面、各地区的发展战略，等等。这可以说是积极方面的问题。消极方面的问题，如贪污腐化问题、青少年犯罪问题、家庭婚姻问题、社会道德问题等。这两方面的问题，无论是消极的还是积极的，都只能从社会科学角度来谋求解决之道，而不可能谋之于自然科学。这是我们一想就明白的道理。

我们在现代化过程中，可以说面临着三大类型，或者说三个"混合在一起"的问题：① 避免发生欧美各发达国家在资本主义现代化过程中所发生的种种社会弊害；② 保证最终实现社会主义现代化的前途，保证最终社会主义制度彻底实现；③ 在现代化过程中，避免、克制、预防目前人类共同面临的世界性问题，如环境污染问题、生态平衡问题、老龄化问题、家庭问题、人口问题等。

这三类问题的解决，也同样都要靠社会科学研究来提供决策依据；因为自然科学在这些方面只能提供科学技术的解决方案，而不可能提供战略性的、全面的、综合的方案。这是它的性质所决定的。

我们的社会里，还有旧社会、旧制度的遗痕劣迹存在，这是过去的污垢与灰尘。随着改革开放之风吹来的，除了正面的、积极的、优秀的东西之外，作为次要的、部分的、个别的现象，也还有消极的东西以至腐朽的东西反复。西方风、资本主义风，又吹起了旧的残留的尘垢。这也是我们面临的问题。

我们有自身原有的三种抗毒素：① 我们民族的优秀文化道德传统；② 我们党几十年来形成的优秀革命传统；③ 我国近40年来在社会主义革命和社会主义建设中形成的优秀传统。当然，现在这三种"天然抗毒素"在受到侵害、蚕食。

因此，如何清除外来的风中夹带的尘垢和被它"吹而又起"的本土旧尘垢，以及如何发挥三种抗毒素的作用，便是我们当前的重大社会课题。那么，这个课题，有哪一件是可以用科学技术来解决的呢？没有。依然只能靠社会科学来解决。社会科学中的决策学、未来学、领导科学，"传统社会科学"中的经济学、社会学、伦理学、法学、美学、文化学、文化人类学等，就是分别地或综合地解决这些问题的。或者，可以由决策部门把这些学科的力量统领起来，综合地解决问题。

三

我一向认为，在总体上，在某种意义上，自然科学是解决战术问题的，社会科学是解决战略问题的。按照马克思主义的观点，自然科学属于生产力范畴，马克思指出："生产力中也包括科学。"[①]因此，生产力的意识形态性不强，我们纵然不能完全肯定它是非意识形态的，至少也可以肯定它的非意识形态性大大强于其意识形态性。自然科学的非阶级性便是此种性质的突出表现。自然科学作为生产力的内涵，足以推动社会前进，是社会发展的动力。但是，社会如何发展，社会在发展中如何解决必然产生的问题和防止可能出现的问题，以及如何使生产力能够充分发挥效应，使社会发展更迅速、更符合人的理想，自然科学是"不闻不问"的，因为它更多、更根本的是解决社会发展的"力量"与"技

---

① 马克思，恩格斯：《马克思恩格斯全集》第46卷下，人民出版社，1980，第211页。

术"问题,而不管社会发展的方向、方式和方法问题。这一点,往往在从事自然科学工作和技术人员的思维方式、总体工作态度与社会意识上,也表现出来了。这几乎可称为一种"职业惯性"。而社会科学家则正好相反,他们总是喜欢去琢磨那些社会发展的战略问题,方向、方式、方法问题。他们常常为此而犯错误,跌跤子、被误解,但仍然要那样去做。这也是一种"职业惯性"。这里,两种不同的从业人员、不同的科学工作者,两种品性,并无高下之分,但确实有性质之别。

## 四

这里还有一个问题,这就是科学技术给社会发展带来的消极效应,这已经是公认的事实,并且引起了广泛的关注。自然,科学技术给人类带来了极大的福利,从衣食住行到整个"生活世界",从生产的低层次到高层次,都无不体现科学技术的作用。自然科学囊括了一切文化现象,是当代文化的一大特征。但是,正因如此,科学技术便产生了负面的结果。

首先是它为谁服务的问题。大概最早切身感受到这个问题的是因机器的发明和使用而大批陷入失业困境的工人,他们用毁坏生产力来求得自身的解放。但马克思主义解决了这个问题:事情不在机器本身,而在于作为生产资料的机器掌握在哪个阶级手里,即科学技术为谁服务的问题。因此,根子在生产关系——改变生产关系的革命是出路所在,这一点也恰恰证明解决人类社会发展的战略问题要靠社会科学。

而后,大概要数原子能的和平利用问题的全球性关怀了。"二战"期间广岛原子弹爆炸,数百万生灵遭受毁灭和伤害,又一次使人们想起当科学技术作为杀人武器时,它属于谁的重要性。

但这些都还是表层的,还只是说明科学技术由谁掌握,会有不同的结果。它可以由人们的自觉意识和立法约束来抑害扬福。更为重要和难办的是科学技术发展自身就会带来负面效果。比如,现在全球性的问题如环境污染、生态失衡、生物物种日减以及由此带来的生物圈破坏等,都表明科学技术一方面装备人类,使人类可以更好地利用和改造自然,但另一方面,不是也就更严重地破坏自然了吗?大自然既遭此厄运,"一怒之下"便向人类施行报复。这是灾难性的后果。这就是说,科学技术既有创造性，又有破坏性。从人们对于自然科学的拥有目的来说，以及自然科学与技术科学自身所拥有的力量来说，都是如此。"技术"向自然索取、挖掘，对自然缺乏感情，更无敬畏与亲和之感。这是一种深刻的矛盾。

但这还不够，这还只是涉及自然环境方面，还没有涉及社会人文生态方面呢。这方面的负面效应，也许更为令人担忧。社会病、城市病、工业病、心理病以及许多怪病奇症，统构而成一种现代病，都与科学技术的日益发达直接有关。工业化、城市化、科学化、技术化的现代生活方式和生活手段，使人得到高度的物质享受，而精神生活上却越来越扭曲，感情淡漠、人伦怪戾、理性悖逆、家庭被毁，孤独、荒谬、无安全感等，以至有人称这为"科学奴役"。人在自己庞大的、宠信的"自然科学"巨人面前丧失了自己，人性在蜕变。这些账当然不能全记在自然科学身上，这是不公平的，也是不科学的。但是，确实，自然科学只是在解释世界，揭示自然的奥秘和发展规律，并由此得出控制、改造、利用（不幸得很，同时也就包括破坏）自然的计划、方案、理想；但它却不负责也无力回答人生、过问社会的发展。它揭示生命的奥秘，但不回答生命的意义；它管"天理"，但不问"人心"。这是自然科学的缺陷，但不是它的过错。本来，科学从人类的生产生活的漫长奋斗史中产生、发展，一开始是一个自然科学和社会科学不分的混沌一体的"元科学"，以后逐渐由一分为二到分离到分裂，但两者始终是一个整体。只是人类自己在认识和实践的发展过程中，把它们日益分裂；从分工和各自发展自身的需要来说，这曾经是一个必须经过的阶段，但随着社会的发展、人类文化的整合性发展，两者又逐渐趋合。马克思在100多年前就指出了自然科学和社会科学合流的趋势，列宁后来又再次强调两种科学合流的趋势越来越强大了。第二次世界大战之后，随着新的科技革命的发展，这种趋势就更为强大，两者互相渗透、汇合，交叉学科不断产生并发展。这已经提出了两种科学需要互补。而从人们的主观来说，则主要是"纠偏"，纠正那种科学等于自然科学、只知自然科学有用有利而不知其有害，而目中全无社会科学的偏见与偏颇行为、偏颇决策。

法兰克福学派对科学技术提出了尖锐的批判，认为科学技术在发达工业社会中，其消极作用已经发展为一种异化现象，科学技术成了社会的一种新的控制形式，它造成了"单面社会""单面人""单面思维方式"。科学技术作为一种社会力量、一种人类自身的创造，已经产生了"异己"者的作用。它渗透到社会的整体结构中，深入到人类的日常生活中，物质、实用技术效率统治了人的价值观念，"横行社会"，甚至成为人们的终极价值。法兰克福学派虽然在总体上是错误的，特别是以对科学技术的批判代替了对资本主义的批判，是与马克思主义对立的，但是它指出的科学技术在社会应用中、人类发展中产生了异化现象和对人与社会的负面结果与效应，却是可取的，有可以借鉴的合理因素。

就我们讨论的问题范围来说，看到自然科学、技术科学的这种负面效应，因此把眼光转向社会科学，适应两种科学合流的趋势。而重视社会科学的作用，发挥它对抑制科学技术的异化现象的作用，将它纳入正确的社会发展战略体系，是十分重要、十分有意义的。

最后，基于上述诸端，我不得不郑重提出，我们现在上上下下存在的问题，就在于对正在合流的两种科学处于一种偏执状态，眼中只有科学技术，而轻视社会科学。从片面和"近利"的观点看，难免如此；从全面和"远效"的观点看，却应该加强对社会科学的重视和应用。从经济社会发展的战术眼光看，自然科学来得快，效率有价，实惠可得；但从战略的眼光看，社会科学虽然来得慢，但效应长。效率往往无价（不是无价值，是无法精确计算价值，甚至是"无价之宝"之"无价"），实惠远在千秋万代。

这已经不是一个原理问题、认识问题，而是一个非常迫切、非常实际的问题。

那些看不见但逃不过的广泛而长久的社会效应，正在前面等着，就看我们如何认识和具体对待两种科学了。处理好了，效应佳；处理不好，效应差，甚至是灾难性效应。西方之所以产生法兰克福学派并非偶然，它正是科学技术在工业社会产生负面效应、显出异化恶果的反映，只是作为理论反映与总结，其理论有误，但对社会实际的反映是有根据的。我们不应该在现代化过程中，在经济、社会、科技发展的过程中，重蹈西方工业社会的后辙，吃别人吃过的和正在吃的苦头，等吃了苦头后再来纠偏。我们可以和应该预为之谋，这不仅是马克思主义者的本领，而且马克思主义也已经为我们奠定了解决这个问题的基础理论、基本认识和基本方针。就看我们是否真正理解，真正执行了。


# 发展与前瞻：科技与社会之关系①


在世纪相交之际，我们面对一个科学技术以前所未有之速度、广度和深度向前发展的形势，以信息技术之发展为"龙头"，其发展势头之迅猛、变化幅度之广泛与深邃，令人有应接不暇之感。特别值得注意的是，这一科技迅猛发展之势，又迅猛地推动了世界经济之发展、人类文化之变革和认知体系之蜕变。在这一形势下，科学技术与人类社会的关系发生了巨大变化，传统的关系在发生变化并迅速发展，从而形成一种"科技与社会"的格局。

## 一、百年反思：从20世纪初到20世纪末

对科学技术与社会、人之关系的反思，从20世纪初就开始了，而且这种反思不是突发的、灵感式的、初步的，而是在科学技术在资本主义社会经历了300年的发展历史，取得了空前巨大成就的基础上进行的，是科学技术的负面效应在社会发展与人的生存方面均已明确显现的条件下进行的。因此，它反思的思维架构是在这样的状况下实现的："科学技术（其力量、功能、作用、成果与负效应）—资本主义（其正负两面）—社会与人的存在状况（同样，正负两面）—西方文化—人类文化"。这是一个广阔深邃的文化背景和思维架构。这100年的反思，是从科学技术发达（特别是科学思维发达）、贡献了众多杰出科学技术专家的德国开篇的，其第一部名著就是奥·斯宾格勒的《西方的没落》

---

① 原载《世纪论评》1998年第2期。

以及另一部著作《人与技术》。斯宾格勒肯定了技术是人们"对自然的一种有目的的改变"，这使人类的"高级生活的历史"发生了一种"决定的变化"，人在技术的应用中真正地扩大能量，技术成为一种策略、一种达到目的的手段。斯氏巧妙地比喻说，技术具有一种"近代魔术家的表象"式的"象征"，这就像"一个带有许多杠杆和标记的配电盘"，凭着它，丝毫不了解这个"配电盘"实质的人，只要用手一按电钮，就能产生巨大的特定的效果。他称现代技术为"高级文化的技术"，它使人类"胆敢扮演上帝的角色"，"向自然冲击，决心要做自然的主人"。但是，机器却越来越不近人情，越来越折磨人，"它们用一些微妙的力、流和张力，结成一块无限的网遮盖着大地"，人（工厂主和工人都在内）因此"变成了他的创造的奴隶"[①]。终于，"技术是人的最高成就，但它导致他的彻底毁灭"[②]。20世纪30年代马姆福德讨论了"文明史中的技术"，详细论述了文明史与技术史的发展问题。他在结论中指出："承认技术的人类学价值，但要抛弃那些使人的目的服从于机器的目的，或者最多把人看作机器借助于它能够创造另一种机器的手段这种哲学概念。"[③]也就是说，要让技术成为人达到目的的手段，而不能像现代技术这样使人成为技术达到目的的手段。F. 荣格则指出："处处可以发现，随着机械工具的出现，死的时间就渗透到活的时间。"他说，"轮子到处都引导着技术进步。最后，人类本身也变成了技术发展中被技术发展左右的轮子。技术使人臣服于机械的苛求"。海德格尔在他的"科学—技术—人"这一命题框架中指出，"技术性的本质即存在本身"。他说："科学—技术的人忘记了存在。"他特别指出了从科学中脱出、超越、凌驾于其上的技术的威力和威胁，他说："技术—科学不思维；人迄今为止干得太多想得太少。"他反对把技术看作"应用了的自然科学"，指出是技术"运用实际自然科学"，而人则离开存在去求助于技术的控制。[④]文化批判主义学者之一的克·雅斯贝尔斯则尖锐地指出，现

---

① 奥·斯宾格勒：《西方的没落》，商务印书馆，1991，第765–773页。

② E.舒尔曼：《科技文明与人类未来——在哲学深层的挑战》，东方出版社，1995，第64页。

③ 马姆福德：《技术和文明》，转引自达夫里扬《技术·文化·人》，河南人民出版社，1987，第86页。

④ 同②，第87页。

代技术反过来反对人，一方面是人变为机器的一部分，另一方面则是社会本身变成了一架大机器。于是，人就受到双重的"机器"压迫：一个来自工具—技术之"机器"，一个来自机器化了的"社会—机器"。雅克·埃鲁尔作为法理学家和社会学家，指出了技术科学"吞"了其他人文—社会科学的威力。他说，我们现在所处的是一种"技术社会"，在这里，任何东西都出自技术，都是为技术而存在，都变成了技术，连经济学、心理学、社会学、伦理学、法学、政治学都成为"构成现代技术的成分"，"人类自由消失了，世界变成了一个巨大的集中营"①。法兰克福学派的重要代表人物、美国著名哲学家赫伯特·马尔库塞则以社会与人的"单向度"来概括科学技术对人与社会的危害和制约，也就是说，人与社会在技术统治面前都失去了自主性、主体性。"在这个世界上，技术还为人的不自由提供了很大的合理性，并且证明，自主、自己决定自己的生活在技术上是不可能的"。甚至于科学的领域也成为"具体的社会实践地带"，理论的操作主义同实践的操作主义相一致，理论理性为实践理性服务。②我们极简要地介绍了一些对现代科学技术的"阴暗面"和负面效应进行批判的西方各学科学者的主要观点，如果将它们综合起来，就是在"人—自然—科学—技术—社会—文化"的现实的和认知的大构造中，历经二三百年发展史的科学技术，发展到现代科技和科技革命的阶段，"科学—技术"已经成为中心项统治力量。尤其是技术将一切都打上自己的烙印，笼罩、遮蔽、统治、压抑一切，它被人类创造出来，甚至再反过来反对人、奴役人、压制人、统治人，使人异化了，"消失了"，人的身体、生理、心理以至整个人性都变异了，深深烙上技术的烙印；而社会也机器化了，也从人的创造物变成了通过技术而实现机器化的力量。总之，人类在科学技术所带来的巨大的高质量的福利享受的同时，遭受到它的广泛深邃的戕害，技术成了英国小说家谢斯笔下的"弗朗肯斯廷"（Frankenstein）③。这种情况在最近十几年之

---

① E. 舒尔曼：《科技文明与人类未来——在哲学深层的挑战》，东方出版社，1995，第114页。

② 赫伯特·马尔库塞：《单向度的人——发达工业社会意识形态研究》，重庆出版社，1988，第126、134-135页。

③ "弗朗肯斯廷"（Frankenstein），谢斯小说中的怪物。它被创造出来之后，反过来吃掉了创造它的人。

中发展得更严重了，变化剧烈而迅速，影响力也更大。这是随着电子计算机（特别是个人计算机）突飞猛进的发展和信息高速公路的出现而出现的。人类面对自己的"弗朗肯斯廷"，在思谋如何来解决问题，获得未来，变"福—祸"为"福—祸—福"。

## 二、21世纪：新的发展、新的格局

正如德国诗人荷尔德林所说："哪里有危机，哪里同样生长着解救之力。"在当代社会，在人类不断推进高科技发展和科技革命逐浪高涨的时代，在人类一面得福、一面受害的同时，在科技失控的同时，人类也在发现、提出、创造解救之力、解救之方。前面提到的对科技的百年反思，就是"科技负面效应"之正面效应：它使人类不断加深对科学技术本质的认识，对科技与社会、科技与人的复杂关系的认识。这些认识自然也不断地产生积极的行动，这样就正面地和局部地得到了对"科技控制"的反控制力量、举措和思想。而与此同时，科学技术内部也正产生对其负面效应的消毒剂和消解剂。由于这一切缘故，在世纪之交的当代社会，便呈现出一幅科学技术与社会发展的新状态、新格局。在我们面前展开了一种"四相构造状态"：① 科学技术以高科技和科技革命的空前的、超常的速度向前发展，推动社会的发展和人性的改变，并同时产生"百年反思"以前所未曾有的严重后果，其"弗朗肯斯廷（Frankenstein）性"更为恶性发展；② 人类也更加注意对科技负面效应的反思，更加有"惶惶然不可终日之感"，一种拯救人类与社会的呼声由书斋和学术圈中冲出，并在日常刊出的新闻传媒上出现；③ 从理论层面到实际层面，都在对科学技术实行"运用—控制"的双相战略和操作策略；④ 一种新型的人类文化也在出现、发展和建设，一种思想的亮光、社会的美景和文化理想在鼓舞人们前进。

这种在世纪之交出现而且将绵延至21世纪的科学技术的新发展、新"命运"，以及它同社会发展之关系的新发展、新格局，在现在已经看得到的诸种现象和特征中，有几个重要的方面值得我们注意。

以计算机的迅速发展和信息高速公路的国际化为龙头的新一轮科技革命及高科技的进一步发展，将比以前更为迅速、普及、广泛、深入地引起新一轮工业革命、产业革命，并由此导引出社会生活的全面变革，其中包括产业和社会结构、工作方式、生活方式以至思维方式的变化。这种变化突出地表现了新的科技具有迅速和全面引起生产革命和社会革命的品性，其速率是前所未有的。它在"福"之外的"祸"，也比以前更快地被人们发现。现在在学术-文化领域已经有人提出和探讨这一问题，而且问题也"捅"到新闻传媒上了。这一方面表现了科技对社会之影响力的迅速、剧烈和深刻，另一方面则表现了人类对科技负面效应的敏感、认识能力的提高和警惕性之强。

技术成为社会的中心环节，"掌握技术"成为社会人的责任和"本能"，由此技术也就左右着人-自然-社会这一大系统，决定人的生存质量。这一共时性现象，也共时性地为人们所注意并在谋求克服之道。这是"百年反思"的经验帮助了人们，也是新的"科技与社会"的关系促醒了人们。科学技术的品性，让人类更全面而深刻地掌握了。这不仅对20世纪及时实行技术监控有利，而且为21世纪防患于未然起到很大作用。

当前对于科技的评价框架，已经将三个相关系统纳入，也表现了"科技与社会"新关系的发展和新格局的正在形成。这三个相关系统是：① 对技术运用的过程系统。注目和关照在过程中所产生的关涉全社会、影响多方面的作用，这种"技术关怀"不是在过去结尾的总结反思，而是在过程之中的跟踪监控与调整，因此不是"马后炮"。② 技术的对象系统。技术不仅直接作用于它的"加工"事物系统，而且间接地、连锁地作用于广泛的"自然-社会-人"的大系统。在行进过程之中来掌握这两大系统之"接受—反应—后果"以及对象之改变、对技术之反馈，如此把技术作为客体纳入对象的主体系统，又把"对象"作为客体纳入技术的主体系统，更全面地对待科学技术。③ 技术的环境系统。这里包括技术体系、社会体系和生态体系，也就是包括某一技术之外的"技术-自然-社会-人"整个大环境、大系统，技术被纳入一个大格局之中。巴西当局和国际上把亚马孙河热带雨林的破坏污染看作"地球之肺"被损毁的大问题，美国以至全球对美国和其他发达国家排放氟里昂、核爆炸、超音速飞机等造成的臭氧层空洞出现，表现了高度的重视。《保护臭氧层维也纳公约》（1985）的签署、《关于消耗臭氧层物质的蒙特利尔议定书》（1987）的通过，也都突出地表明了人类的"技术—环境"觉悟的提高。

与此相联系，科学技术与人、自然（生物圈）和社会的关系，也就成为既存在于客观又为主观（人）所反映的一种全面的、系统化的、有机而不可分割的关系。科学家和技术专家的社会角色与社会作用也不再是那么单纯和专业化，处于一种封闭状态，而是在专业范畴之内工作而辐射于四面八方。因此，这种传统封闭模式被打破。各个科学门类都交叉渗透了，互相影响、彼此沟通、相互关怀。这也反映了人类科学技术觉悟的提高和高层次发展。

现代科技还带来许多对社会与人的次生的、派生的、效应促动的"非技术性"的社会震动与人间变迁。现在已经出现了由高科技带来的社会流动的减缓，社会流动的加快和幅度加大是社会现代化一个指标，但是高科技使地球都变成"村"了，许多事情可以凭信息流、电脑网络解决，流动自然减速。而水平社会流动中的移民转移方向也在相当大的地区发生了转变，即从"由乡入城"（这是现代化过程中的城市化进程的必然趋势）而变为"由城入乡"了（美国人口分布"郊区化"）。再一点就是由于生活质量的普遍、全面、高层次的提高，人的精神需求在物质较易和较高满足的情况下而大大加强了。这种需求恰恰非科技所能满足，而是自然与人文能够满足的。亲近自然，加强人伦亲缘关系，暂时和局部地不使用科技和排斥科技，"回归自然"，寻找文化故土、心灵家园，成为现代人的一种得到心安与平衡的追求。

后工业社会的出现，使科技与社会的关系进一步发生变异，这是在高科技基础上和科技使社会构造发生了变异之后产生的变异。科学技术已经从生产商品的领域大显身手，发展到在劳务服务上服务社会与人类了。美国在服务部门工作的人数占在职人数的一半，其他发达国家也日渐增加。如今，白领工人数已经超过蓝领工人数了，在美国，70年代就已经达到5∶4的高比例。因此，理论知识层占据了中心地位，抽象的科学理论知识比具体的技术知识更重要，"知识技术"是更高科学含量的技术，技术向高科学、高知识、高能量发展，科学与技术构成混交科技体。

由此也就产生了四大科学部类的共同性发展和它们之间结构比的"方向性"变化。由于上述诸种原因，以及科学技术自身的发展，在"科学共同体"中的四个部类（即自然科学、技术科学、社会科学、人文科学），在现代社会中共时性得到发展都得益于高科技，而彼此也在高层次上互相渗透、彼此推动，日益在高度分工基础上合流。特别是科学技术和社会—人文两者之间的结构比在发生变化，即后者的地位在上升，重要性在增加，受社会重视程度在提高，其作用范围和作用力度也在扩大。它不仅起到对科学技术补苴罅漏的作用，而且具有战略性作用，使社会与人在科学技术的"压迫"和控制之下获得自由和自主，得到生活的意义和生命的真谛，也使科技具有人性，让社会与人类"人性地使用科技"。当前比较普遍的对社科—人文学科的呼吁和人文精神的追寻，反映了人类新的觉醒。

在"百年反思"的长期"人性的思考"中，那些充当了人类的"思考人"角色的学者们，在思考、剖析科技的"20世纪角色"时，最终都归结到技术进入"文化肌体"及其作用与地位的问题上。他们从不同角度肯定了科学技术进入人类文化这一事实，并担心地指出它在文化总体中的位置之特殊和作用、影响之巨大。正如E. 舒尔曼在《科技文明与人类未来》中所总结性地指出的那样，"技术在现代的、充满活力的文化现实中占据着重要地位。……现代技术是现代文化得到建立的基础。在很大程度上，我们文化的未来无疑将被技术控制和决定。""技术正在变成全球性的力量。它开始染指于人类历史的根茎。"科学技术进入文化核心，染指人类历史的基础，并变成全球力量和控制人类未来，这是20世纪科技与社会关系的新发展与新格局的最重要之点。幸福由此而来，祸患也由此而生。在文化母题与文化主体之中，科学技术尤其是高科技装备的"知识技术"南面而坐，对人类的生存状况和文化产生了威胁。在"科技专政"，科技产生广泛深入的负面效应，产生"单面社会""单面人"的危机面前，社会对科技的发展提出警告和呼吁：如何更好地发展科技，控制和引导它的发展方向、内涵、规模和归宿等，并运用它自身的"抗毒素"和力量来"反其道而行之"。这样也就提出了"科技与社会"的"二元互利互助有机结合"的科技—社会发展战略，也提出了调整人类文化方向的问题。这一警告和呼吁也包含在拜金主义、个人享乐、物欲横流、个性丧失、意义丧失、亲情疏离等现代病症面前，如何在人类的心灵追求上返璞归真，重新获得人生的意义、生命的真谛，从过分自由的失重中，从失去伦常的孤独中，从科技—物质—享乐的满足中醒悟过来，校正社会生活中的"三大倾斜"（在"物质和精神"中重物质轻精神，在"科技和人文"中重科技轻人文，在"个体和群体"中重个体轻群体），拯救三大家园［自然、社会、人心（心灵、心理家园）］。

这样，在东西方文化的权衡中，西方文化的偏颇和东方文化的具有适于纠正此种"物质—科技—享乐与自然为敌"之偏的功能，受到了重视。而东亚经济发展的实践和新模式，也证实了这种人类文化整体调整的必要性与可能性。这种文化整合，正是以纠正科技失控发展及损害自然、社会、人类为其核心内涵与主要目标的，人与自然的和谐是文化的追寻目标。这也就归结人类文化的转型与重构：从高科技型向高科技-人文型转换，从西方文化对自然开战为主要精神的文化，从运用科技以"开物成务"的西方文化为代表的人类文化，向与自然和睦相处以"人文化成"为主要精神的东方文化相融合的人类文化转换。科技将不是凌驾于自然、社会、人类之上的超级力量（即"活的上帝"），而是与自然、社会、人类不仅和睦相处，既发挥其创造力又葆有自我控制机制，而且与三者互相融合并在这种融合的肌体中发挥作用。因此，这种科技与社会之关系的新发展、新格局，也就是人类文化的新发展、新格局与新方向。

# 科技与社会发展的文化学考察[①]

——关于科技兴辽的思考

## 一、关于科技兴辽的意义

关于科技兴辽的意义，人们谈论得很多了，可以说已经论证得比较清楚。我现在想从更广阔的领域和意义上来探讨一下它的意义和作用，

① 1994年7月27日在科技兴辽会议上的发言。

同大家讨论。

我准备从十个方面来探讨。

第一，科技进步是生产发展、经济增长的主要动力。

马克思、恩格斯早就肯定科学是推动生产发展的革命力量，并且认为科学能够转化为生产力。这是100多年前的事情。现在，在新的科技革命时代，在科学技术不仅突飞猛进地发展，而且得到了空前的、突破性发展的时代，科学技术对于生产力的提高，对经济发展的作用力、作用范围、作用力度，就更大、更广、更强了。生产领域不仅广泛、深刻地应用科学技术，而且普遍地"科学技术化"了。生产竞赛、经济竞争，可以说是科学技术发展和应用的竞赛。因此，我们可以说，生产发展、经济增长有许多方面的动力，而科学技术的发展水平与应用水平则是其中的主要动力，而且这方面的作用还在不断地强化。所谓"科技兴辽"，也就是应用"科技"这个主要动力来推动辽宁的生产发展与经济增长。

第二，在今天这个人类文化与中国文化发展的新时期中，文化上的一个突出现象就是科学囊括了一切文化现象，也就是说，在一切文化现象中都有科学技术存在。在"生产"这个文化现象中，无论是实体部分（如机器设备、原材料应用、运输等），还是意识形态部分（如生产从业人员各方面的文化装备、心理素质、技术水平、科学素养、社会意识、行为规范、道德水准等），都存在科学这个因素——科学知识和科学的思维方式等。如果说人是生产力中最活跃的因素，那么这个"最活跃因素"的能力、水平、作用，都是要靠科学技术来装备的。他们的这种装备水平有多高，这里提到的诸多方面的水平也就有多高。我们可以说，离开了科学技术，我们就不可能发展生产、发展经济。我们现在谈文化，尤其是在生产范围内谈文化，主要就是指科技水平、科技文化。

总之，生产力的实体部分与精神部分都与科学技术有关，科学是它们的水平高低的主要标志；人与科技关系紧密，能够使人这个"最活跃的生产力"的活跃程度大大提高。

第三，在科学的发展中，现在出现了一股强大的趋势，这就是在"科学"这一大结构中的两大"部类"——自然科学和社会科学，两者之间互相"侵入"、渗透、汇合。这种"分久必合"的合流趋势，马克思曾经预计到，列宁也强调过。他们提出之后，到现在已经过去七八十年至一百多年，又经过科技革命的发展，是越来越强大，越来越引人注目和作用明显了。这一趋势所产生的影响是多方面的、深刻的。这里只就"科技兴辽"方面来说它的意义和作用。在这方面，它的意义主要表现在：① 四类科学联手推动经济与社会发展；② 大大增强了人对世界的适应、改造能力；③ 互补互促——科技从人文与社会科学获得人文性和灵感，获得方向和道路的正确选择；社会科学从科技获得数据、方法、理论启迪等。这就是自然科学、技术科学、社会科学和人文科学"齐心协力"来推动生产力发展，促进经济增长。也就是说，科学的作用力不仅表现在科学上、技术上、设备上，而且表现在思维方式、思维能力上，表现在心理上、经营管理上、人际关系的整合上，以及社会与环境的各种关系上。这样，也就提高了人的创造力，从主客观方面开发了人的潜力，从而也开发了人力资源、人才资源。这在经济与社会发展战略的研究上，以及在现代化概念指标上，就叫作"人对世界的适应和改造能力的增强"，其表现的一个重要方面就是生产力的提高，而经济增长就是它的直接效应。我以为，从这方面看科技兴辽的意义，是颇有价值的。其意义与作用相当广泛、巨大和深刻。但目前还不是很受人重视。

第四，科学向技术和生产转化的时间缩短、速度加快、频率增高。这也是现代社会的一大特点。一个科学理论、科学假说，以前要经过许多年才能进入生产领域，转化为生产力，产生操作技术，转化为技术，并产生相应的技术科学。而现在，这种转化越来越快，时间也越来越短了。这是因为，科学与技术的双向滋生过程缩短了。人类掌握和应用科学的水平也大大提高了，人类的智能水平也大大提高了。而且，人类的技术水平和操作水平也大大提高了。因此，从科学产生技术或从技术提炼理论，也都出现了加快的趋向。这正说明在"科技兴辽"的力量中，科学和技术都在发挥极其重要的作用。"科学"这个"远水"、基础理论这个"远水"常常不是那么"辽远"，而是能够及时来"解近渴"。而另一方面，"近水"也就是技术，有时也不仅能解"近渴"，而且能够较快地产生具有一般意义和长远意义的理论指导作用。在这个意义上，"科技兴辽"就是科学之"远水"和技术之"近水"一起来解决生产、经济发展之"渴求"。

第五，现在可以说是一个新的理论时代，也是一个新的实践时代。

就是说，现在的理论中实践的含量很大。另外，现在的实践中理论的含量也很大。这就是我们前面所说的"趋向"的一种表现。过去的一种理论显得抽象、一般化、离实践远，但是现在的许多理论富有操作性，很"容易"、很"方便"、很"直接"地可以用来指导实践和付诸实践，所以才能很快转化为技术。而今天的实践，其理论含量也很大。比如一个农民，用锄头耕地与开拖拉机耕地相比，理论的差别是很大的。如果与一个用计算机的蓝领工人相比，工人实践操作中的理论含量就更大了。这种理论之中的实践含量大和实践中的理论含量大的情况，便要求人（劳动者、技术人员、管理人员、工程师、领导者等）都要更掌握理论和更了解技术，要求成为理论与实践结合的人才。而力量也就由此产生。推动生产、繁荣经济（也就是"兴辽"）的力量就由此产生了。

第六，"经济—社会发展科学技术化"和"科学技术发展经济—社会化"。

一个是经济—社会的发展要依靠科学技术，一个是科学技术的发展要依靠经济—社会的发展。现今的社会要发展，经济要增长，必须和只有依靠科技的发展。不仅离自然形态的、低科技水平的发展时代已经很远很远，而且早已不是一般的靠科技来推动生产、发展经济，而是靠科学技术的高度武装和高度发展，来取得这种人类社会的成果了。而科学技术本身，也已经必须靠社会能力、生活方式和经济基础来发展了。单干的科学家、技术专家已经不可能存在，科技要依靠社会组织和企业集团、公司来发展。现在的科技是大课题、大范围、大组织、大资金来发展。这两方面都要求对方的发展，来发展自身。科技足以兴辽，"兴辽"也就可以发展科技。同时，科技又反过来"兴辽"。

第七，生产发展与经济增长需要科技与文化的保证和支援。这是最基本的方面，但又是普遍的和普及的方面。这一方面表现为生产与经济的发展，要有机器、设备、技术人员和技术工人；另一方面表现为所有从业人员都要有高的科技水平。如果前者可称为"硬件"，那么后者则可称为"软件"。两者共同成为生产、经济发展的保证和支援。这是雄厚的和普遍的人力、智力、技能的保证和支援。没有这一保证和支援，资金、资源、资材都不可能发挥其作用。

第八，现代化目标体系中，渗透着科学技术的内容。这就是说，其一，在"现代化"目标体系中，应该包括科学技术的现代化，这是题中应有之义；其二，在其他方面的现代化中，比如工业、农业、国防的现代化中，也含有科技的现代化内涵。如果不是用现代化科技来装备这些部门，它们怎么能够实现现代化呢？同时，我们还应该看到，除此之外，社会发展的其他各方面要实现现代化，或已经现代化了，也都要依靠科技和以科技为内涵。

第九，现代社会的生产发展都是高科技的。当然还不是普及化的，但都是以此为"打头"的，以此带动全面。高科技带来高的速度和水平。高科技也是后进追上先进的一个"法宝"。高科技发展，又会带动科技自身的全面性发展。两者互相推动，互为因果。

第十，现代企业生产均为集约化。我们企业生产由粗放型发展向集约化发展转化，是一个迫切的任务。现代社会主义的集约化发展，当然是在科学技术发展的基础上实现的。

以上我从10个方面列举了"科技兴辽"的意义所在。必须说明，这10个方面只是举其要者而言，远没有说全；而且已经说到的，也阐述得过于简略，只是提一提而已，但即便如此也可以看到，科技兴辽的意义是广阔而深远的。它不是权宜之计，也不是短期行为。它同现代社会、经济、科技发展的大趋势是一致的，是这个大趋势的一个表现。另外，我还要说明一点，这10个方面只是为了叙述得方便和清晰才分开来说的，实际上它们是互相渗透、彼此促进、互相推动的。就像《红楼梦》里所说的："一荣俱荣，一损俱损。"说明这一点的意思是，我们需要有整体的、综合的观念，而不可只取一点。

## 二、科技兴辽的内涵

基于以上的理解，我想，对于科技兴辽的内涵，应该和自然地会产生新的看法。就是说，观念需要更新，眼界需要拓宽，而工作领域和内容也应该拓展和增加。现在，谨将我的理解提出来同大家讨论。

关于科技兴辽的内涵，我们有一种常规的理解，这就是科学和技术。详细地说，就是用科学和技术来推动生产、发展经济、振兴辽宁。这种理解自然是正确的。不过，如果我们从前面所说的10个方面来看，就会感到，对科技兴辽作这样的理解是很不够的。我想，我们至少可以补充以下几个方面。

第一，这里所说的"科学"，应该包含社会科学。社会科学应该成为科技兴辽的一个组成部分。这不是为它争地位，而是事实上它拥有这种地位，客观上也需要这样做。社会科学有一部分可以转化为生产力。经济学、社会学、文化学，更有社会发展战略研究，这些社会科学的学科是可以直接为生产发展、经济增长服务的。它们可以同自然科学、技术科学一起携手合作，尽力立功于经济发展事业。社会科学的其他学科，也可以从这样和那样的方面来为生产服务。艺术、美学之进工厂，心理学的广泛应用性，公关学的兴起和发展，等等，我们可以举出大量事例来证明社会科学的应用性和应用社会科学于经济与社会发展。

社会科学作为一种软科学而正在发展它的"硬科学"的品性，也是当前社会科学发展的一种新趋势。我们前面说到的两种科学互相渗透、结合、回流的新的强大趋势，更是增加了社会科学的能量和作用力。自然科学与技术科学还将从社会科学得到灵感和智慧，得到"前进方向"的指导和有了问题的解决方案，得到思维方法和工作方法，就像社会科学能够从自然科学得到这一切一样。

第二，科学精神、科学态度、科学方法也应该包含在"科技兴辽"的内涵之中。我们不能只瞩目于科学技术的生产性，而忽视它们的人文性。使广大干部、群众具有科学的精神、态度和方法，来制订计划、思考问题、决定事情，这显然不是一般的具有重要性，而是具有很大的、不可忽视的重要性。它对生产发展、经济增长所能起的作用是无法统计的，是"无价"的。

第三，从消极方面讲，在"科技兴辽"中，还应该预防科学主义、技术至上等偏向的产生。这一点很重要。科学技术只有在相应的政治、经济、文化条件下，才能发挥作用；否则，"力不从心""心有余力不足"的事情都可能发生。仅凭科学技术自然是不能搞社会主义现代化的。

第四，关于科学思维方式和科学工作方法问题，即认识论和方法论问题。思维是客观的反映，反映有多种形态。思维包含逻辑思维、理性思维、形象思维、直觉思维、灵感思维等。具体思维方式则有：聚敛式思维、发散性思维。掌握和运用这些思维方式，有利于发展生产、增长经济。

## 三、关于"科技兴辽"工作的几点具体建议

一是，应用科学（包括自然科学、技术科学）和科学的应用（包含社会科学和人文科学的应用部分），具有迫切性、直捷性、重要性，这是应重点发展的。

二是，基础理论、基础研究也不可忽视，需要有计划、有重点地统筹发展。

三是，自然科学与社会科学共同发展，促进两者的合作研究，协同促进经济发展。

四是，普及科学，全民性普及科学知识、科学思维、科学方法。

五是，大力培养大批中初级科技人才，包括技术工人。

六是，培养一点数量的高级科技人才，包括基础理论研究人才。

七是，搞好继续工程教育。

八是，创造条件使用人才，使人尽其才、才尽其用。

# 结构改革：地方社科院的重要课题[①]

**本报讯**　辽宁社科院彭定安研究员最近提出，当前，地方社科院迫切的课题应是：抓住结构改革，推动事业发展。

彭定安说，所谓结构改革，有两个含义：一是学科结构的改革；二是组织结构的改革。他说，各地方社科院都是按文、史、哲、经等传统学科结构和组织结构组建的，由此树立学科建设、研究设计、人员安排和机构设置的"四梁八柱"。近年来的实践显出了主观努力脱离社会需要和实际能力脱离客观的弊端。前者是传统学科"按部就班"研究，著

① 原载《社会科学报》1990年6月21日。

书立说，却脱离经济与社会发展的客观实际需要，没有能够围绕地区工作实际开展研究、提供服务。由此也使社会科学研究受到社会和工作部门冷淡。主观能力脱离客观需要的弊病，主要表现在文、史、哲、经等基础理论研究并非都能出现创造性成果，由此产生较低层次的重复研究。当然，不少社科院在加强应用研究的基础上作了补救匡正：① 尽量发挥自身的优势，开设具有特色的学科研究；② 确立、开展为地方经济与社会发展服务的研究课题，向实际部门和工作靠拢；③ 主动向地方领导机关提出研究课题。但鉴于机构建制、人员构成和学科设置仍停留在传统模式上，结果是：成果不少，功效不大；实际需要很紧迫的课题，科研工作却排不上。更深层的弊害则是科研工作和社会实践脱节。为此，就须破除按传统学科的封闭式的建制。应按经济与社会发展的需要组成滚动的、大科学的建制，即两个科研群体（自然科学和技术科学群体与社会科学和人文科学群体），主要力量集中于经济与社会发展领域，部分力量从事文史哲类学科研究（文化研究），使其发挥社会科学研究的文化功能，即使这种研究也要有部分为现实服务的课题，如研究文化市场、艺术文化发展的课题。同时，那些属于长远文化建设的课题，则要选取具有地方特点、能发挥自身特长的课题。为此，就须进行学科结构改革，按大课题，按交叉学科、边缘学科和新兴学科的发展新趋势，根据客观实际的需要，组建大学科的研究体（不一定仍按所室，而是混合组建）。由此也就导致研究课题的结构改革。它将打破原来按传统学科、知识体系划分的研究课题设计，而形成更切合实际需要、更能及时为现实服务的研究课题。在这种结构改革中，考虑建立同经济实体结合的、合办的研究机构，即"半民半官"式研究机构。它既是一个社会科学研究与实际结合、为现实服务的广阔渠道，又是科研机构打破沉寂闭锁和经济艰困局面的出路。它应是结构改革的内涵之一。

彭定安认为，进行这两项改革后，还会引起其他方面结构改革的连锁反应，如科研管理机构（体制结构、管理内涵结构等）、经费结构（不是按人员、接所室分配）、领导体制结构等。这样，就会是一个根本性的改革。实践不能很好地发展和提高，易停留在原有水平，缺乏独创性，使研究工作陷于被动、沉闷，发展缓慢。

彭定安说，现在迫切需要解决的课题就是结构改革。它是一种组织建构的变化，是一种科研观念、研究意识的转变，需要形成新的科研运行机制。

# 试论当前我国社会学发展的文化背景[①]

一门学科的建设和发展，有其历史与时代的条件，具备必然性品质；但又不是命定地和刻板地向前发展的。人的主观能动性，学科研究队伍的历史敏感性与创造性，是有着重要的和广阔的作用"场"的。这也许不妨称作历史的偶然性，但偶然性能够通过必然性来发生作用。这取决于学科研究创造者对于必然性的认识程度如何，以及如何掌握必然性来建设和发展本学科。为此，了解学科复兴、发展的文化背景就是十分重要的了。

我国当前社会学的重建与发展，是有一个世界的与民族的、历史的与时代的宽阔而深厚的文化背景的。新的科技革命的到来和发展，以及随着这个时代的到来而已经出现并且日益强化的科学发展的新趋势，给了社会发展以强大的动力和发育生长能力。科技革命首先是在研究手段上武装了社会学研究，使它现代化、科学化，从而强化了它的研究能力；但更主要的是以新的思维空间与思维方式，以新的研究方法来掌握、认识、剖析社会研究对象——人的社会与社会的人，并且具有了创造新的改革与建设方案的能力。

在这种情况下，一方面我们发现、认识到我国传统文化的精华及其生命力，在现代意识的高层次上来审视其新的质；另一方面也在同样的意识和角度上，深刻地感受传统文化中落后于时代发展的方面。在这个过程中发生了两种倾斜：一种是否定传统，切断历史，以西方的一切为新为好；另一种是墨守成规，囿于老的规范和方法，而不能创新、发展。特别值得注意的是，有些研究人员对马克思主义的认识论、方法论

---

① 原载《社会》1986年第3期。

产生了怀疑和动摇，否定了它的指导意义和作用。

这里首先是要不要坚持马克思主义的问题。发展变化的观点是马克思主义的基本观点。马克思主义者从来就认为，理论是灰色的，而实践是常青的。现在有些人感到马克思主义"不管用了"，指导不了包括社会学在内的科学发展了，这实际上是用一种僵死不变的眼光来看待马克思主义，不是马克思主义不灵，是对待马克思主义的态度不对。马克思主义科学地揭示了人类社会发展的规律，对人类社会做了一般的和特殊的（各个社会发展阶段）剖析和基本描述。马克思主义社会学的出发点是资本主义制度、社会主义制度和它们之间的本质不同与发展规律这个最大的社会实际。对于这个实际的基本观点和态度，是研究问题的基本指导思想，这在任何时候都不会过时。目前从西方引进的新方法，包括属于一般的、综合性的、横断学科的方法，如系统论、控制论、信息论以及被称为"新三论"的耗散结构论、协同论和突变论，都是从自然科学引进的。它们对于人类社会的认识有其科学性的一面，但是又不能像历史唯物主义那样深刻地剖析和把握社会发展基本规律。事实上，它们本身也不提出这样的命题和担负解决这些问题的责任。

列宁曾经指出，马克思把唯物主义应用于历史范畴，"第一次把社会学提到了科学的水平"。历史唯物主义把各国制度概括为"社会形态"这个基本概念，列宁指出："只有这种概括才使我们有可能从记载社会现象……进而极科学地分析社会现象。"因此，列宁说，历史唯物主义的产生"第一次使科学的社会学的出现成为可能"。我们要坚持以历史唯物主义为指导思想，就因为它是科学的，它为建立科学的社会学奠定了基础。

当然，这个科学领域里的新潮流，反映的是更为广阔、深厚的一个当代世界与中国文化背景，这就是这几年在全国规模上开展的经济体制改革，比之前一次（五四运动）具有更大的规模、更广阔的领域、更深沉的文化意识、更高的文化素养和更强的自觉性。社会学的发展在这种文化背景下进行，也自然地受到了冲击。其总趋势是对西方社会学（包括传统的和当代的）的理论与实践介绍、引进、学习、吸收比较多，而对它们的整体性掌握，对其缺点、不足之处，以及在我国的适用性和适应性的探讨、分析与认定工作，则做得不够。相对应地，对于马克思主义在社会学领域中的应用，则注意不够、用得不够。

与此相联系，还有一个如何对待西方社会学的问题。我们决不能忘了一个基本的事实，即无论是西方传统的社会学（从孔德、斯宾塞到迪尔克姆、马克斯·韦伯）还是西方当代社会学（包括美国社会学、德国社会学和英国社会学等），都是在资本主义制度下产生的，都是以资产阶级各个学派的观点为指导，为解决资本主义制度下的问题而发展起来的。

社会学作为以社会为研究对象的学科，其阶级属性更为突出。资产阶级社会学理论的唯心主义性质较重。过去我们过于强调这一点，抹杀它研究人类社会一般问题的共性和非阶级性的研究方法、手段的作用，并取消了社会学，这当然是不对的；但是，完全不注意这方面的问题，忽视其阶级属性，无视我们和西方社会学之间在人类历史、社会方面的基本区别，同样也是不对的。

这里最重要和最根本的是，一方面要坚持马克思主义的立场、观点、方法，并以此作为社会学的根本指导思想，另一方面又要吸收西方各派社会学的科学的、有益的东西，包括研究规范、调查方式、研究方法等，以丰富和发展我国马克思主义社会学。

目前，我国社会科学界有一个通病：往往在研究领域的高层次徘徊，"架子"放不下来，不能在高度综合的、宏观的和整体性的视野与观念指导下进行高度的分化，研究具体化的课题。社会学界在这方面显得好一些，但总的来说，也还是未能"免俗"。这里，重要的是以马克思所说的"从抽象上升到具体"的思想为指导，把研究的层次"降"下来，这一点对于社会学研究尤其重要。社会科学应用性的加强和社会对其应用需求的强化，是当前社会科学研究新趋势中的一个重要方面。这一新趋势对于社会学研究来说，也是更强化、更迫切的。这也要求社会学提高其研究层次的觉悟和把研究层次"降"下来。

提高社会学研究层次的觉悟还有另一方面，即学科内部结构层次的问题。社会学的研究层次，因其为一门综合性的实证科学，可以分为三个要素：经验要素、理论要素和结构要素。在这三个方面，我国当前的社会学研究都存在着亟待加强的问题。在第一个要素中，我们重视调查，近年来开展了比较广泛的社会调查，这是应该的，是社会学研究的基本手段。调查也是有收获、有成绩的，收集了许多实际材料。但不足之处在于，一般还限于老规范的调查，调查设计与方法、手段多数还是老的。另外，观察多、实验少，这就难免受调查领域的思维空间的限制，也就使材料的来源和数据都受到影响。在理论要素方面，对经验材料的抽象、概括不够。我们需要既提炼出局部的和阶段性的理论概括，又抽象上升到一般理论高度，并且逐渐体系化，形成自己的一套理论。在结构要素方面，更有待提高。

# 历史感、现代观念与世界意识[①]

—— 关于生活方式研究的宏观视野与方法论的思考

生活方式问题研究现在越来越多了，有的从理论上来探讨，有的从实践方面来总结和调查，都已经取得了很好的成果。这个非常重要的、早已见之于马克思主义经典作家论著中的问题，以前却被视为禁区而无人问津。这不免有点奇怪，但却反映了我们过去在理论上是何等偏狭地理解马克思主义的。现在，关于改革生活方式的问题，已经写进我们党的决定中了。这体现了我们在理论上的前进。

这种前进，对于我们在研究工作上的启发，首先就是视野开阔和方法论上的创新。在这方面，在生活方式问题的研究上，我们认为，有这样三个互相联系、互相渗透的问题是值得我们认真对待的，这就是：历史感、现代观念与世界意识。这是一个研究的视野问题，也是一个认识论、方法论和研究态度问题。现仅就这几个问题谈一些意见，以供讨论。

一

什么是生活方式？这可以有，而且已经有了不少定义。对于生活方

---

① 原载《学习与探索》1986 年第 1 期。

式，需要多角度、多层次、多维地来看待。比如说，生活方式作为生产方式和消费方式的一种表现、一个方面，它体现着人们的经济关系，表明生活资料来源之取得方式和手段，对生活资料的消费方式及其量与质，家庭的组织形式和内部财产关系等。而生活方式作为精神生活的领域和过程，又反映人们政治的、道德的、伦理的、感情的、审美的关系，反映精神生产的性质、内涵、方面，反映其民族性、时代性、阶级性、地方性，等等。作为人们的价值观念在生活方面的体现，生活方式又反映着人们的世界观、人生观、社会观、道德观、伦理观，以及这些观念在实际生活中所表现出来的生活态度、行为准则。当把生活方式作为人际关系的表现来看待时，它则体现着阶级的关系，个体与群体、群体与群体、个人与组织和社团，以及个人和家庭的关系。综上所述，对于"生活方式"，我们可以作为一种文化形态——文化的物化形态和精神形态的统一——来看。就每个社会成员这一"个体"来看，可以说它又是文化的人格化的体现。

恩格斯曾经在《共产主义原理》中指出，当18世纪的农民和手工业的工人走上大工业的劳动行列之后，他们就改变了自己的整个生活方式而完全成为另一种人。马克思则指出："'机械发明'，它引起'生产方式上的改变'，并且由此引起生产关系上的改变，因而引起社会关系上的改变，'并且归根到底'引起'工人的生活方式'上的改变。"马克思和恩格斯在这里指出了生活方式变化的根源和途径，即生产方式的改变引起了生产关系的改变，从而引起生活方式的改变，进而又引起人本身的改变——成为另一种人。

这一切，我们也同样可以归之于人类文化——物质文化与精神文化——的变化与发展。

这是一个科技革命的新时代，新的生产力以前所未有的规模、力度、深度和速度向前发展，从而推动了生产方式的变化，进而引起了生活方式的变化。也可以说，生活方式必须改变，以适应新的科技革命时代的社会与生产的高度现代化条件，也是改变自身来"享受"这种现代化条件所给予的环境、手段和资财。不过，这种生活方式，虽然是其变也有源，却又不是自发产生的，它需要人们依据客观条件发挥主观能动性去创造、去探寻。

人类在现代科学技术高度发达、生产高度发达的条件下，正在摸索、寻找自己的最佳生活方式。在这个过程中，他们享受从未有过的优越、富有、欢乐的生活，同时又经受着种种痛苦，付出应有的代价。

在西方社会，人们正在付出高昂沉重的代价，来寻找新的生活方式。这个代价总称"现代病"。它简直像瘟疫一样折磨着人们。即以艾滋病这个可怕的生理疾病所反映的社会病症为例，便可看出高度现代化的西方社会为寻求新的生活方式所付出的痛苦的沉重代价。这是以扭曲的形式来表现深刻的历史内容：在生产高度发展、科技高度发达和财富极大增长，以及生活质量大大提高的基础上，人们的生活大大地、深刻地发生了变化，但是并不理想。这里涉及深刻的文化问题，最终要靠社会制度的改变来解决。

我国现在也正发生巨大的、深刻的、空前的变革，从生产到社会生活到人的素质都在变化。这些变化综合反映在生活方式领域，也是有利有弊，有适应不适应、可取不可取等两种因素，因此便有一个寻找最佳形态与最佳值的问题。

二

在这个历史性的探寻中，历史感是十分重要的。中国现代生活方式中，凝聚着悠久、优秀的民族文化积淀。这是几千年来，生活在亚洲东部广大区域中的众多民族共同与天、地、人奋斗而产生的文化，它积淀于、表现于人们今天的生活方式之中。我们今天的生产方式、消费方式、家庭组织、人际关系、伦理观念、行为准则等，都体现着这种悠久的历史文化积淀。这是一种深沉、厚重、丰富的民族文化遗产。一方面，作为历史遗产，它以"集体无意识"的方式塑造着我们民族的素质和灵魂，表现为民族优势和民族特质。无论是过去还是现在，这种优势和特质，对于我们民族的发展，对于今天的社会主义建设事业，都具有决定性的作用；并且都赢得了国际声誉，为世人所尊重。但是，另一方面，作为历史的惰力，它又以"死人拖住了活人"的方式，给现代中国人身上注入了消极的、不健康的、落后的素质，表现为民族的劣势和弱点。它困扰着我们的心灵，纠缠着我们的手足，使我们裹足不前。在这里，历史感的意义，就是既要看到我们民族的优势，从而发扬它，又要清醒地对待我们的劣势，从而克服它。无论是妄自菲薄、崇洋媚外，还是妄自尊大、盲目排外，都是不对的。具有历史感的态度就是历史主义的态度，就是科学的态度。

因此，我们就需要很好地认识和理解我国几千年历史所形成的民族特征在生活方式这个"综合指示器"上的表现。我们民族在几千年的文化发展中形成了一个不同于西方文化的文化体系，在政治、经济、社会生活领域中，在道德、伦理、社会、法律、历史、教育以及审美等观念中，在民情、习俗、人际交往和日常行为准则中，都形成了一个价值独具、富有特色的体系。这个体系互相之间有着共同的、一致的"性格特征"。它们也都渗透和表现在我们民族的生活方式之中。如何进行历史的剖析与剥离，择其善者而留之，其不善者而去之？历史感便是一个重要的要求，这就是历史的眼光、历史主义的态度。我们决不能抛弃传统，平地创造一个新的生活方式；也不能忽视传统，从外国照搬来一个新的生活方式。当然也不能固守传统、不事改革，而囿于老的生活方式中。从当前在消费方式上，在婚姻、恋爱、家庭问题上所反映出的生活方式上的优点和缺点、好处和问题、进步和混乱即可看出，对于研究工作者和全体公民来说，具有历史感是十分必要、十分重要的。对于前者来说，负有指导的责任，负有通过研究提供建议、方案、咨询、规划的责任，具有历史感是至关重要的。尤其是现在，面对着我国文化复兴期的现实和时代任务，深刻的历史眼光对于我们民族文化的优秀、特异、深邃的品性的再认识、再估价是十分重要的；而对于弱点和劣势的敏锐观察、深刻剖析和大胆揭露，也是时代的任务，不可忽视。对于广大群众，尤其是老年和青年两代人来说，如何对传统的、外来的和演变中的生活方式采取正确的态度，以适应生活并成为生活的主人，愉快地按新的生活方式生活，有意识地改革生活方式，也都很需要有历史感。

对于我国近代社会在与西方文化接触后所发生的变化的认识和评价，也是历史感的一个重要内涵。毫无疑义，闭关锁国的古老封建帝国，自从被外国人的坚船利炮冲开了国门之后，一方面社会生活发生了极为巨大而剧烈的变化；另一方面，也发生了在新鲜空气的灌输上，久被压抑新的历史的幼芽迅速生长发育的情形，新的质很快发展起来。我们今天的生活方式，只是表现在衣食住行观（念）方面的，与100多年前相比，甚至与半个世纪前相比，变化之大确有天壤之别的感觉。在这种文化交流的过程中，事实上是发生着两种文化、两种生活方式（包括我们在本文一开始所提到的种种方面）的渗透、侵袭、交叉、对话甚至对抗的。这里有拒绝与吸收、内化与外传、侵入与拿来、变化与顽守、变化与继承等情形。在这种自发的演变流程和自觉的历史行动中，有得有失、有成有败、有优有劣，它们表现在实际生活和人的素质中，便也有同样的情形。这些作为结果和近代历史的积淀，存活于我们今天的生活方式中。对此，我们具有两重任务，一个是对这些"历史遗产"进行实地考察、认真分析，得出科学的结论，从而决定取舍；另一个是对这种"历史遗产"的产生过程进行分析研究，以总结经验，指导我们今天的活动。

历史感并不总是眼光向着过去，它同样还要面向未来。任何历史的课题都是现代课题，也牵涉着明天。因此，从昨天到今天，由今天瞻望与规划明天，也是我们所说的历史感不可缺少的内涵。在生活方式方面，如何了解我们现有生活方式的民族性、时代性、变易性及其轨迹，如何了解世界格局和向我们的移入，了解它所造成的冲击波——包括进步的推动力和消极的影响力，从而形成一种"内之既不失民族之血脉，外之亦不落后于世界潮流"的社会主义新的生活方式，这是我们的历史责任、时代任务，也是对未来、对子孙的义务。

三

现代观念是我们的历史感的另一面，它们是成双地结合在一起的，或者说是互为表里的。没有现代观念的历史感，是落后观念与思古幽情的结合，当然不适合时代潮流、不适应改革需要。我们在研究生活方式问题上所需要的现代观念，主要是什么呢？

首先和最重要的是对现代社会的性质有一个明确的基本认识。现代社会是一个科学技术高度发达的社会，生产和生活都为现代科学技术所武装，因此表现出种种现代化的特征。比如，科学成为囊括一切文化现象的因素，人们的生产和生活中，文化因素普遍增长；由于科学技术的高度发达，生产结构、社会结构、伦理结构、心理结构、审美结构，都发生了相应的、连锁性的剧烈变化，由此引起了人们生活各个方面的变化。生产结构和社会结构的变化，自然要求生活方式上发生相应的变化。这种变化在西方已经表现得很明显、很突出。生产由劳动密集、资金密集型向知识密集、技术密集型的发展，企业由大型和集中的向中小型和分散的发展，自然给社会生活（首先是衣食住行等）各方面带来种种变化。这种变化是必然发生也必不可少的。因为不如此，就不能适应生产的需要，不能正常地进行生产，而人们为了谋生也不得不改变自己的生活方式来适应客观需要。电子计算机的广泛应用，特别是它的各种先进技术产品进入办公室和家庭，也给生活方式带来极大的便利条件，并引起生活方式的改变。这里，我们只是略为举例而言；并没有较多地列举；但是我们从中可以看到现代社会这种由于科技发达、生产变革所引起的生活方式变化的重大特点。这就是：第一，这种变化的速度、幅度、深度是空前的，是历史上任何时代的变化所不可企及的；因为这种变化是在科学技术高度发达的基础上产生的，这当然不同于从石器工具向铁器工具时代的转变，也不同于手工业向机械化工业的转变。第二，这种变化的变异性大大超过它的继承性，它不像历史上各个时代所发生的变化那样，既有继承又有异变，但一般都是前者大于后者，表现为渐进过程；现代社会这种变化的突发性、急剧性特别明显。这同样是由于这种变化是在现代科学技术发展的基础上产生的。手段的现代化，震动力、震动面、影响力都很大，社会冲击波可以在很短的时间内扩及全球。第三，这种变异性是为科学文化因素所充实的。历史上每一次生产力发展所引起的生活方式的变化，都意味着人类物质文化和精神文化的长足进步，因而也都有着文化科学因素的增长；但是，现代社会在这方面则表现得特别突出。这原因同前述两项一样，根本在于科学技术的高度发达引起了生活方式的变化。第四，这种种变化，必然引起人的素质的变化，也要求人的素质的变化。"现代化人"这个概念的提出，便反映了这种变化。事实上，在现代社会条件下生活的人，确实在许多方面，甚至是基本品性方面，发生了巨大的变化，因而不同于以前的人。这种变化最终导致人性的变化。马克思所说的人性随着社会的变化而变化，人性是发展的，在现代社会看得比较明显，因为它改变了历史上缓慢渐进的进程。而人性的变化自然会引起社会生活方式的变化，这变化涉及社会结构、家庭结构以及人们的感情结构、心理结构、审美结构等方面；这些结构的变化，又必然会反过来引起生活方式的改变。这种回返效应在现代社会也是明显、突出、急遽的。这是因为，人的主观能动性由于有现代化手段而能更快、更大地发生作用，发挥其创造历史的作用了。

我国当前也已经发生这种现代化性质的变化，但有许多不同于西方国家和其他发达地区的特点。我国还是一个发展中国家，又是一个改变闭关锁国局面、实行开放政策为时不长的国家，特别重要的是，我国是一个社会主义国家，我们正在建设有中国特色的社会主义。因此，一方面，发生对旧的生活方式的改变会感到突然、不适应、不理解以至反对的思想情绪；另一方面，也发生了蔑视传统（认为一切皆坏）而盲目崇拜外国（以为一切皆好的偏向）。在这里，现代化观念的树立，就是很必要的了。以现代观念来看，我们现在在生活方式上的改变是必需的、必然的，这是历史必由之路，是不可抗拒的，也是人们认识必然之后的自由。同时，我们现在的变化还是不够的，对于开放和改革的形势来说，还是不完全适应的。我们不是要阻滞这种变化，而是要推进这种变化、指导这种变化。这应该是我们伟大的改革事业一个不可少的组成部分。其总的目标就是建立健康的、科学的、文明的生活方式。

另外，用现代观念来观察，我们也还能看到，我们现在有些生活方式［首先是衣、食、住、行、观（念）］方面的变化，并不都是实现现代化、实行改革所必需的，并不都是符合我国的民族传统、民族习惯和民族性格的。少数人表现出追逐西方生活方式，作东施效颦之态。这种表面化的、庸俗化的变革则是消极的，不符合我们前面所说的总的目标。这里表现的并非真正的现代观念，而是浅薄的赶时髦。

现代观念非常重要，因为它是我们实行改革、建立新的社会主义生活方式的一种战略眼光。不从这个战略眼光来全面、综合地考察，而只是就具体问题来争辩是与非，往往不能得出正确的结论。

在现代社会，现代化的社会、经济和生活要求我们要有一个新的观念体系。如果我们前面所说的"现代观念"是属于这个系统的总体观念，那么，这里所说的观念体系便是子系统的观念了。这个观念体系，包括社会、政治、经济、文化、文学艺术、审美、道德、伦理等方面。这些方面的观念的变化，一般来说也是历史的必然，随着生产方式的变化而变化。但这种必然性，又要有人的自觉性行动来为之开辟道路。人不是历史的奴隶，而是自己创造着自己的历史。所以，人的主观能动性的发挥十分重要。而人的历史惰性力，又常常拖住了自己的行动和历史进程。因此，树立现代观念，就是要在研究生活方式和认识生活方式的变革时，用一个新的观念体系来观察和分析，以形成一个新的观念体系来适应历史发展的需要。

就我国目前的情况来说，像时间观念、效率观念的树立就是很必要的。管理观念、决策科学化观念、新的家庭观念和婚姻观念的树立以及新的审美观的培养等，都是迫切的问题。

随着改革事业和社会主义商品经济的发展，必然会出现许多新情况、新事物、新要求，这些也要求树立新的观念，同时也必然产生新的观念。这方面的变化也是巨大的。我国一向重农轻商，重读书轻经商。如何看待经商，就有一个观念上的重大变化。经商就必然要有利润观念。"君子不言利"是中国的古训，"利润挂帅"是我们过去批判的主要靶子之一，"算政治账不要算经济账"是长期流行的口号；但这些旧观念同新情况的矛盾是很明显的，因此需要改变。这应该说是"现代观念"的一个重要方面、重要内涵。现在，在生活方式中，旧的观念正在被冲破，新的观念逐步流行。这应该说是个进步，也起了好的作用。但是，"一切向钱看"，不择手段地搞钱，这又成为我们今天生活方式中消极的甚至是破坏的因素，不利于社会主义建设。商业有它的一套行为准则和道德标准，这是商品经济滋生出来的意识形态产品。但是，我们建立的是社会主义商品经济，而不是一般的商品经济，更非资本主义商品经济。因此，我们必须用社会主义的原则"约束"、指导商品经济。从这里，必然会按照马克思主义的原理，产生"社会主义商品经济"这个基础，产生社会主义商品经济观念体系这种演变流程。这个流程中必然产生各种新观念。这种新观念既不同于我们民族的传统观念，又不同于西方的传统的与现行的观念，它是崭新的、从社会主义商品经济中产生出来的新的观念体系。这是我们中国人必须有的现代观念。

观念是客观物质生产条件的反映，但是，它又反作用于物质条件。我们在研究生活方式时，注意研究现代观念和强调要具备现代观念，就是因为它能正确地引导我们研究生活方式问题，并由此而产生对现代化事业的促进作用。

## 四

同现代观念相联系的是世界意识。对于现代人来说，世界意识是十分重要的。早在100多年前，马克思、恩格斯写《共产党宣言》时就提出，由于资产阶级开辟了一个世界市场，打破了各地各国的民族狭隘性而形成了世界文学。100多年后的今天，世界发生了巨大的变化，民族狭隘性的冲破更是大大地发展了，世界文学以至世界文化早已经形成了，发展了。这就要求人们要有世界意识。中国是世界上一个历史悠久的文化古国，又是当今世界上最大的发展中国家，也是正在开创新的事业的社会主义国家，中国人应该具有世界意识。而且，我们要出面参与世界事业，现代国际社会上大的事情都不能没有中国的参与。中国人的世界意识因此而显得更重要。因为这不仅是我们自己的需要，而且是我们处理事务的需要，是国际社会的需要。

在生活方式的研究上具有世界意识，就是对外要用世界意识的宏观的、开阔的视野和眼力，来观察国际社会生活方式的种种形态及其优劣、种种演变的状况和轨迹、发展动态和趋势；对内则要用世界眼光来回顾我们民族的生活方式的现状、变化动态、发展趋势，研究它与世界各国在这方面的互相渗透、交叉、交流的状况、问题和指向，同时以世界眼光来反思我国的民族传统。

我们需要了解、认识、分析、研究世界经济、社会与文化的状况，掌握它的各种形态及其在生活方式领域的反映。我们当然同时要了解世界性生活方式研究的信息，了解它们的观点、思想、体系，分辨其优劣对错，以为我们研究生活方式的借鉴。对这两方面情况的深入了解，是我们在生活方式研究上"世界意识"的主要的和首先的要求。

当然，我们不是说，研究探讨每一个问题、撰写每一篇文章都要从世界大势说起，这是不必要的，也是不可能的。但是，我们必须在自己的思维中，具有世界意识这个文化背景、这个思想装备。只有这样，我们才能见林又见木，以全局的、综合的、比较的观点来看待局部的问题，分析具体的事物。这就是高瞻远瞩，这就是视野开阔。在这种视野和总体观点指导下的研究，才能是不离世界大潮、不带民族狭隘性的研究，其见解、观点才能更带普遍性和更具时代进步意义。

在"世界意识"这个概念中，很重要的一点是现代社会中世界文化格局的形成。在现代化条件下，世界变"小"了，各民族和各个国家在物质上、精神上和地域上的距离都缩短了，朝发夕至、朝发夕知、朝发夕应，互相的影响和渗透速度快、幅度大、频率高；东西方文化的各自基本独立发展的状况已经大大改变了。一个世界性的文化格局正在形成。各民族、各国家在这个格局中各自占有一定的地位，具有各自的特色；但是，同时又具有许多共同点，并且不断地在互相影响中演变。具有世界意识，就是要从宏观上掌握这种格局及其结构、特点，并随时掌握其演变的信息，观测其变化的状态，并推测其发展趋向。在这个基础上，我们可以更好地来研究自身的问题。在生活方式方面，随着文化交流、人员交往、科学技术交流，外来的东西不断向我们渗入和侵入，对此，我们要有一个清醒的头脑。如何做到清醒？具备世界意识十分重要。

　　我们现在，正是由于有些人缺乏世界意识，而警惕当前社会生活中的变革与变化，把前进看作堕落，把改革当成坏事；而另外又有些人，由于缺乏真正的正确的世界意识，以人家之旧为新，以他人之痼疾为桃李，把腐朽的东西当作新颖的货色等，这又走向了另一面。因此，具有世界意识，是同认真学习、仔细分辨分不开的，是同教育程度、文化素养分不开的。对于研究工作者来说，当然，世界意识的具备更加重要。可以说，不具备世界意识，在当今世界从事社会科学和生活方式研究，是不可能做好工作的。

　　所谓世界意识，还包含要对中西方文化体系在今天世界文化格局中各自的地位和动态关系有所认识。前面已经说过，在今天的世界文化格局中，中西文化的交流、渗透已经大不同于以前，彼此的交流加强了，吸收对方有益东西的进程也加快了，而且彼此的看法都在发生变化。现在有些西方人士提出要把眼光转向东方，认为东方文化中有许多可取的东西，可以用来治"现代病"，特别是生活方式领域中的问题（如人际关系、伦理道德、家庭结构等）更是如此。简直可以说，西方有些人惊异地发现在东方文化中有一个新世界、一个他们久在追求而不知道是什么样的文化。当然，这绝不是也不可能是历史的回返甚至倒退，而只能是在物质文明高度发达的社会，在精神文明方面出现空虚和迷惘时，发现了可资借鉴和可以利用的文化的、精神的药剂。在这种情况下，我们一方面固然要重视民族文化中固有的优秀的东西，在世界意识的指导下来继承、改造，进行"现代化处理"，使它成为既保持了传统，又为今天社会主义"四化"所需要的新文化。另一方面，我们又要看到西方文化中进步的、可取的、现代化的因素，看到民族传统中落后的、不健康的、过时的因素，在取舍之间慎重选择，建立新的文化体系。

这样，鲁迅所提出的"拿来主义"就是很重要的了。拿来，是主动的、有意识的、有计划的、有目的的，而不是被渗透、被侵入、被融化、被挤对；因此，"拿来"就必须是有眼光、有魄力的，是知己知彼、有选择、有批判和进行民族归化工作的。我们现在实行开放政策，有些资本主义文化中腐朽的、没落的东西自然也会卷进来、侵袭进来，有的人由于失察，或者由于文化根基差，或者由于缺乏眼力，而至迷惑于这些外来的东西，甚至当作宝物来享用。有些人在消费模式、消费思想和文化生活等方面为西方生活方式中的消极东西所俘虏，便是这种问题在他们身上的反映。因此，我们在研究生活方式问题时具有世界意识，就是要从东西方文化历史的和现实的、静态的和动态的状况中去考察和研究，来解决我们建设社会主义生活方式的问题。

以上，我们从历史感、现代观念和世界意识三个方面，阐述了研究生活方式问题的视野和方法论问题。对于这个问题的论证当然是很不充分的。笔者主要是借此提出研究生活方式时应注意的观念与方法问题，而不是对生活方式本身的探讨。

# 关于社会科学研究的几个问题①

同志们，首先，向大家问好！

我受会议主持人的委托，为这次会议致闭幕词。谢谢对我的信任！

由中国社会科学院财贸物资经济研究所、辽宁社会科学院城市经济研究所、辽宁省商业经济学会共同发起，在辽宁兴城召开的第三产业经济理论讨论会，从8月15日至20日，历时6天，就要结束了。有99位同志出席了会议，会议收到论文51篇。参加讨论会的同志来自中央机关和各省市的学术研究机构、经济管理部门、高等院校、新闻出版等单

---

① 本文是作者在1986年全国第三产业经济理论讨论会上的闭幕词。

位，既有从事第三产业及服务经济研究的理论工作者，也有实际工作部门的同志。年龄最大的74岁，最小的22岁，老中青同志济济一堂。会议讨论和交流了学术观点，探讨了有关第三产业的一些理论和实践问题。大家畅所欲言，各抒己见，相互启发，积极探索。会议开得活跃，成功。这是第三产业经济理论研究的良好开端，对于推动第三产业经济理论研究工作的不断深入和我国第三产业的振兴，都具有重要的意义。

这次会议着重讨论了第三产业的科学定义及其范围、第三产业与发展商品经济的关系、城市经济发展与第三产业的关系、发展中国式的第三产业、城市服务业体制改革方向等问题。6天来，与会同志交流了近期的研究成果，发表了不少新的见解，在某些方面有所突破，也有所进展。例如，划分三次产业的标准，通常是按产品的有形或无形、距消费者远近及生产和消费的结合的情况等标准来划分。在讨论中提出，划分三次产业的共同标准不能用某一次产业的个别方面的特点来判断。我们需要研究各类产业的特点，研究第三产业的特点，才能认清第三产业的本质。又如，对服务性劳动的性质的分析，除了一般按直接生产过程和生产关系分析外，还特别注意到从发展社会主义生产关系出发来划分生产劳动和非生产劳动。再如，长期以来，人们都是把第三产业的产品当作非物质产品。我们这次讨论会上明确认识到，物质产品可以是有形的，也可以是无形的。物质存在的形态可以改变，但本质不变。所以，第三产业中，依靠一定的物质技术设备提供服务工作所生产的产品，尽管是无形的，但却是物质的。这一认识对于打破一些把服务部门当作非物质生产部门的传统观念是有益的。这也有助于树立新的社会产品观念，重新考虑物质生产和非物质生产的界限。

这次讨论会上，不少同志十分注意运用马克思列宁主义的立场、观点和方法，对西方资产阶级经济学者提出的第三产业理论进行了分析和批判，吸取了其合理部分，对我国和各地的具体情况进行了具体分析。这对于开创中国式的第三产业发展道路也是有益的。

尽管我们取得了一定的成绩，但由于时间较短，有些问题（如发展第三产业与商品经济的关系和城市经济改革的关系等）探讨得还不够深入，一些不同观点还未能充分地阐述。由于第三产业经济理论的研究仅仅是开端，今后我们要通过多种形式相互切磋，继续深入探讨。

目前，鉴于面对这个新课题和有限的研究人员的分散状况，需要通过研讨会的形式开展多种交流活动，把各地和各方面的研究力量组织起来和调动起来，相互协调、共同攻关，深入开展第三产业经济理论的研究，为振兴和发展第三产业、加速社会主义现代化建设而积极贡献力量。

这里，我借这个机会，还想提出几个社会科学研究的一般性问题，同大家讨论。

第一，关于不同意见的争论问题。有不同意见，不同意见之间展开争论，这是很自然的，也是有益的。用辩证的观点看，这是事物发展、学术发展的规律性现象。尤其是今天，现代社会越来越复杂，由于科研手段的现代化和强化，科学研究的广度和深度都空前拓展和深入。只懂某一行的长官或只熟悉某一学科的专家、权威，要想对许多问题甚至一切问题都做出完满正确的回答，是不可能的。问题的解决只能靠互相探讨、互相学习和开展争论。这正是百家争鸣政策的科学依据。在这个问题上，"双百"方针是我们正确地处理问题的指导思想。

第二，关于不要匆忙作结论。有了不同意见，有了争论，最好不要匆忙作结论，而要待之以时日，多让实践来验证。

学术研究不完全等同于理论宣传。后者要有纪律，要准确地解释党的方针政策，向群众进行宣传教育。而学术研究是探讨性的，需要各抒己见，以各自思考中的不成熟意见来互相讨论、切磋、琢磨。因此不能要求千篇一律，不能一下子就作结论。真理愈辩愈明，只有经过充分讨论，才能逐渐趋于一致、臻于正确。

第三，关于吸取国外学术成果和坚持马克思主义问题。我们闭关自守得太久了，应该大量、及时、大胆地吸收国外的科研成果，以丰富我们自己，使我们的社会科学研究与国际学术社会相衔接、相交流；否则，我们还要落后，而落后就会挨打。为了"四化"，我们需要提倡鲁迅所说的"拿来主义"。但是"拿来"是主动的，是如鲁迅所说，"运用脑髓，放出眼光"，去"占有，挑选"，要"沉着，勇猛，有辨别，不自私"。总之，是主动取来，去伪存真、去粗取精，分析辨别、批判改造，然后为我所用。现在有一些同志囿于陈见，在旧规范中踏步，不愿或不敢去"拿来"，这是不好的，对学术事业的发展不利。当然，那种拜倒在洋人的货色面前，或者借取一些东西，甚至是拾人牙慧，自鸣得意，而无新见，也是不好的。

马克思主义是科学的，并且开辟了认识真理的道路。马克思主义在发展的过程中，要吸收其他科学的东西来丰富自己。马克思、恩格斯当初建立马克思主义，就是吸取了别人的东西，包括黑格尔、费尔巴哈和古典经济学等的成就。现在，科学技术发展了，社会发展了，研究手段强化了，人们的认识能力提高了，出现了许多新的东西，马克思主义需要吸取这些新的东西来丰富自己、发展自己。只有发展马克思主义，才能坚持马克思主义。因此，不要怕吸收外国的、新的东西，不能把"拿来"同坚持马克思主义对立起来，而要把它们看作一致的。在经济理论方面，在第三产业理论建设方面，我们尤其需要在坚持马克思主义的前提下，勇敢地、迅速地吸取外来的科学成果和学术理论，以丰富和发展自己，建设中国式的马克思主义经济理论，为建设有中国特色的社会主义服务。

第四，关于倡导方法科学问题。方法论问题，是科学研究中一个首要的问题。如果说现在存在科学研究上的竞赛的话，那么，也许可以说，首先是方法论上的竞赛。就是说，谁在科学研究的方法上有所前进、提高，谁就能取得更好更新的成果，谁就能取得胜利。历史上，每次科学发展的划时代时期的出现，首先都在方法论上有所突破、有所革新。现在也正是这样一个时期。事实上也出现了许多新的方法，比如综合研究、比较研究，特别是信息论、系统论、控制论引入社会科学研究，都给社会科学带来了新气象、新成果。我们的基本方法是唯物辩证法的认识论和方法论，但我们还要有科研方法、具体方法，它们受前者指导又不能代替后者。这是一个方法科学体系。我们要研讨、运用这种方法科学，要发展这种方法科学。这将推动我们社会科学事业的建设和发展。它的意义是重大的。

以上，我提出四个问题，略述己见，供大家参考，并望指正。

# 软件系统：社会发展的内驱力与归宿①

## 一

社会向前发展，就像一台电子计算机的运行一样，必须有两个系统，即硬件系统和软件系统及它们之间的协调发展。社会发展的根本推动力是生产力，而生产力的基础则是生产工具。从石器到电脑和一切当代高科技生产系统，都可以视为社会发展的硬件系统。没有硬件系统的发展，就不可能有社会的发展，不可能实现现代化。

但是，我们不能不注意到，在社会发展的硬件系统之外，还有一个软件系统的存在。这个软件系统，就是人们的思想和科学、文化知识，全社会性的价值观念、行为准则、道德水平、艺术观念和美学素养等，就是人们对自然、社会和人自身发展规律的了解和掌握，并利用这些知识系统来制定、指导、规范社会发展的途径、渠道、方案、方式、方法的能力，以及为了培养这一切而必备的教科文事业和设施。也就是说，这个软件系统是我们实现现代化的内在驱动力，是"内劲"，是"心劲"。这个系统的水平、功力、功率如何，同硬件系统的运行功率以至整个社会发展速度和现代化进程是成正比的。

这里，还要特别指出的是，社会现代化其最终目的是通过现代化，巩固发展社会主义制度，建立美好的人间乐园。发展社会的硬件系统只是手段，而不是终极目的，不具有终极价值。我们的最高目的是社会的全面发展和人的全面发展。因此，注重社会软件系统的发展，在提高人的物质生活水平的同时，致力于提高人们的精神生活、心理生活水平，

---

① 原载《理论与实践》1992年第6期。

这才是我们硬件系统和整个社会发展的归宿：社会制度和人的归宿。

二

在第一批现代化的国家中，在现在正在努力追求现代化目标的第三世界国家中，都产生和出现了所谓"现代化阵痛"的问题，如拜金主义、个人主义、经商主义、吃喝主义、享乐主义。在道德观念和行为准则方面，金钱和享乐不仅成为重要的甚至全部的内涵，而且被看作具有人生终极价值的意义。于是信念崩溃，道德沦丧，只有一己，没有其他。如此等等，表现为一种个人的和社会的紧张、震颤状态。这种现代化阵痛的发生，根本的原因是社会和人从传统和封闭中走出来了，走向开放和现代生活。旧的一切在群众性的思想行为的浪潮冲击下受到破坏，而新的精神文化秩序和心理平衡还没有建立起来。对此，我们应该看到，一方面，在整体上这是社会前进、发展的表现，它产生了，而且还将产生许多积极的、有益的、有正面效应的东西，表现了和促进着社会的发展，体现为一种现代化进程，因而我们一定要肯定它、支持它；但是，另一方面，我们又必须看到它的消极效应。我们应该和可以做到的是，减少这种消极现象、消极事物的发生；发生了，便设法抑制、抵制它所产生的影响，促使其消失、灭亡。决不能视而不见或听之任之，而应坚决纠正和惩治。就像妇女分娩的阵痛一样，阵痛一定会发生，但它会带来一个新生儿，同时也带来痛苦和血污，并且存在死亡的威胁，如果处理得当、预防有效，就能减少、避免灾祸的发生。

那么，对待社会现代化阵痛的方法是什么呢？那就是社会软件系统建设。首先是建设发展教育、科学、文化、艺术事业，这是社会软件系统的实体部分。为此要加大资金投入，加快发展速度，增强发展意识。宁可"忍痛"放慢甚至暂时放弃一些硬件系统的发展，也要加强这些软件系统的发展。其次是展开全社会性的思想、文化、道德建设，提高全民的科学、文化、思想、道德和审美水平，引导和推动人民过一种健康的、文明的、科学的、现代的和真正艺术的精神生活和心理生活。这两方面建设的加强和开展，虽然会占用一大笔社会投资、社会力量，但却为硬件系统发展提供了文化和精神的支援与保证，减少了社会的自我消耗、精神靡费和心理震颤，从而不仅会使经济增长的速度加快、功效提高，而且会引导人民的精神与心理水平提高，产生长远的社会效应。这就是物质文明与精神文明一齐发展。这才可以保证在现代化过程中，加强和发展社会主义制度。在这里，软件系统便表现了一种社会发展的内驱力作用和终极价值与归宿意义。

三

现在西方学术界提出了一个疑问，即"现代性是不是出了问题？"这是西方资本主义世界在物质发达而精神憔悴的情况下提出来的问题。这个问题的实质和预设的回答是：在追求现代化过程中，对传统的破坏是不是过了头？这样一个问题，现在也已经摆在我们面前了。我们的确需要破除传统的许多东西。改革就是对已有的东西进行除旧布新的工作。固守传统，不许越雷池一步，会使社会的生机遭扼杀；然而，一概否定传统，全部引进外来的东西或一切从头来，却又会使自己失去传统，从而丧失自我、丧失发展的基础。因此，在实践中、在理论上，如何正确地动态地分辨传统与现代化的关系，确定去留的原则和方案，是一件非常重要的工作。当然，同时要进行认真的、科学的、有见地和有胆量的，对于西方的、外域的一切事物（包括物质文明和精神文明）的研究分辨，从而确定取舍的方针和方法；还要在吸收引进的过程中，进行过滤、筛选和重新塑造的工作。这些也都属于软件系统的工作，而硬件系统是不管也管不了的。这种既继承传统又开放引进的双向选择的工作，是在精神文化领域，尤其在社会发展道路和方向上产生强大内驱力的极端迫切而重要的工作，也是保证民族化、现代化和具有中国特色的社会主义归宿的重要工作。

当然，这方面的工作同样要投入大量人力、物力、财力，要发展教育、科学、文化、艺术、新闻、出版事业，要培养大批优秀人才。这也需要忍痛割舍某些硬件系统的建设来谋求长远的效应。

四

最后，且以当前发生在文化领域，尤其是在大众文化层和世俗娱乐领域里的状况为例，来略微说明一下社会软件系统建设的迫切性和重要性。现在在这些领域中泛滥着一种气势汹汹的潮流，其特点是反传统、反权威、反英雄、反理性、反思想性、反审美，其中有许多东西沿着这样的下滑序列存在和发展：浅薄化——低级化——庸俗化——腐朽化——毒害化。当今有为数众多的人投身在这个文化潮流中，只要感官的刺激，只要片时的欢乐，只要低级庸俗，声音要嘈杂、灯光要暗淡、服装要超短、动作要刺激。声色犬马，男女混杂，纸醉金迷，及时行乐。这里所表现的是一种反主流文化的潮流。它消磨人的意志，导致生活糜烂，引起社会震颤，最终是既恶化、破坏社会发展的软件系统，又恶化、破坏社会发展的硬件系统。它所导致的贪污腐化、社会犯罪现象，它对青少年和广大职工队伍的影响和毒害，是触目惊心的，决不能等闲视之。

这里所提出的正具有两方面的意义：从反面来说，只注重硬件系统发展而忽视软件系统建设，造成了社会消极现象，阻碍了社会的发展；从正面来说，如果我们加强软件系统建设，就可以减轻、抵制、预防这些消极现象的滋生和蔓延，从而保证硬件系统及整个社会的健康发展，保证具有中国特色的社会主义的实现。因此，我们要把建设、发展社会主义现代化的软件系统的工作和事业放到迫切的、重要的议事日程上来。

# "科技"绮梦"人文"圆[①]

现代科学技术的发展，给人类带来了高度发达的生产力、巨大的财富和极大的福利，所有这些都是人类几千年来所未曾有过的。人类20世纪所经历的辉煌历程，也就是科技发展的历程。展望21世纪，在以电脑文化为龙头的高科技发展的带动下，整个人类社会的发展速度、广

① 原载《沈阳日报》1997年11月4日。

度、深度以及其他一切方面都会大大超过20世纪。

但是，也正是在20世纪，在科技创造了辉煌业绩的同时，也带来了不容忽视的负面效应。这种负面效应，还会随着科技的更高发展而加深。目前人类遇到的严重问题，可以概括为"三个三"：三大家园（自然、社会、心理）的破坏；社会生活中的三大倾斜，即在"物质与精神""科技与人文""个人与群体"这三大关系中，重物质、科技、个人，而轻精神、人文、群体；人类、自然、社会三大关系紧张。对于这种状况，人类的有识之士一直在进行反思，从斯宾格勒的《西方的没落》（1918—1922）到法兰克福学派，再到丹尼尔·贝尔的《资本主义文化矛盾》（1976），人类进行了长久的反思，对科技的"福与祸"并存性和它的"双刃剑"式的品格进行了广泛、细致、深入的分析、评论和批判。斯宾格勒指出，"高级文化的技术"以"它对第三度空间的全部热情……决心要作自然的主人"，"浮士德型的人已然变成了他的创造的奴隶"，"机器工业的经济……它强迫厂主和工人同样地服从。二者都成为机器的奴隶"。法兰克福学派高扬的"批判理论"的旗帜被接受，并"成为20世纪后期理论风景中的持续景点"，就是因为工具理性、技术理性、科学主义和对自然的破坏，引起了广泛的注意。马丁·杰在《法兰克福学派史》中引用霍克海默的话说，"科学不能无视自己的社会功能，只有逐步意识到它在当前批判境遇中的作用，科学才能对将来必然变革的力量有所贡献。"大卫·格里芬在《后现代科学——科学魅力的再现》[①]一书中指出，科技的负面效应不仅表现在对自然的破坏，也表现为对"人的精神文明的破坏"。荷兰的E.舒尔曼在《科技文明与人类未来——在哲学深层的挑战》[②]中做了更深刻而沉重的论述。他指出，在技术的发展中首先感受到人与自然的异化，然后是文化和环境的异化以及人与人性的异化。他沉重地写道："本来是人的发展的推动力量的科学，反而成了人的发展障碍和对立面；科学发展的目的和意义被扭曲，成了奴役人的工具。"这样，就提出了科技向人文靠拢和人文精神向科技渗透的方向性问题，归结为"使技术具有人性"和"人性地使用技术"。

① 大卫·格里芬：《后现代科学——科学魅力的再现》，中央编译出版社，1995，第16页。

② E.舒尔曼：《科技文明与人类未来——在哲学深层的挑战》，东方出版社，1995，第4页。

于是，我们便进入了人类"两种文化"的领域。按 W.C. 丹皮尔在《科学史及其与哲学和宗教的关系》①中所说，在希腊人看来，哲学和科学是一体的，到中世纪两者又同归于宗教，只是在文艺复兴以后，用实验方法研究自然，两者"才分道扬镳"。H. 李凯尔特在《文化科学和自然科学》②中，C.P. 斯诺在《两种文化》③中，对此分别做了详尽的论述，对两者的分化与整合的机理所述甚详。总之，在当代，尤其是在高科技发展的情况下，在学理发展和社会需要上，两种文化的整合更是十分必要和迫切的。高科技的发展，它本身就具有克服其负面效应的能力；但是，它从人文文化吸取力量与灵感仍是十分重要的，比如，加强人文精神与人文关怀，开阔社会与经济发展的战略眼界等。惜乎当今之世，"重理轻文"，注目科技的经济利益，而轻忽人文社科的作用，更不注意科技的负面效应。E. 舒尔曼提出"有责任的技术"，就是人、自然、社会"以和谐的方式展示出来"。科技能给人类带来巨大的效益，但是，科技的绮丽之梦，还要靠与人文文化"和谐展示"才能圆。

---

① W.C. 丹皮尔：《科学史及其与哲学和宗教的关系》，商务印书馆，1987，第 1 页。

② H. 李凯尔特：《文化科学和自然科学》，商务印书馆，1986，第 5 页。

③ C.P. 斯诺：《两种文化》，生活·读书·新知三联书店，1994，第 12 页。

# 第二部分　比较文学和比较文化学论文及艺术评论

# 鲁迅的《狂人日记》与果戈理的同名小说①

拿鲁迅的《狂人日记》与果戈理的同名小说做比较研究，不仅可以说明它们之间在思想与艺术上的渊源关系，而且可以看出它们在这两方面的重大不同；但更重要的是通过比较研究，进一步探究鲁迅《狂人日记》在思想与艺术上的特质和杰出成就。这种比较研究与探求，或许能使我们看到一些我们原来的研究所未能看到的东西，以及对于有争议问题的一种答案。

## 一、俄国狂人的出世与中国狂人的诞生

19世纪30年代初，俄国文学界出现了《狂人日记》，一个满脸凄苦与无告的俄国狂人，用含泪的、卑微小人的脸色，哀鸣哭泣："妈妈呀，救救你可怜的孩子吧！"80多年后，在20世纪初的中国文坛也出现了一篇《狂人日记》，一个中国狂人，用站在时代前列的觉醒者布满忧伤、恐惧与期待的脸色，惊惧怒号："救救孩子！"两篇小说，以相同的篇名和类似的立意及艺术构思，像两颗明星一样，突然出现在它们各自祖国的文学星空。后者的出现，显然受到了前者的启发与影响；但是，后者却绝不是前者的仿制品。

俄国的狂人是在什么样的国情下出世的呢？

俄国伟大的革命民主主义者赫尔岑曾经指出，在发生于1825年十二月党人起义失败后长达20年之久的岁月中，社会状况的特征是："在官方俄国的表面，虚有其表的帝国的表面，只能看到损伤、猖獗的反动势力、残酷无人道的迫害、专制主义的加深"，这是一方面；另一方

---

① 原载《社会科学战线》1982年第1期。

面，则是"愤怒情绪到处高涨起来"①。果戈理的作品的意义，正在于表现了这种潜藏的、不断增长的愤怒情绪。当1835年收有果戈理的《涅瓦大街》和《狂人日记》在内的《小品集》以及稍后的《密尔格拉得》出版后，别林斯基欣喜地写道："在文学方面说，1835年实在是天之骄子！……天哪，但愿这一年的开始是我们文学界新的幸运日子的一抹美丽曙光"②，并且指出，这两部作品"迷醉和抒情的放纵较少，可是生活描写方面的深度和逼真就更多了"③。这种深度和逼真，主要就在于它表现了那种隐藏的、不断增长的人民的愤怒情绪。

俄国狂人的出世，反映了俄国社会生活已经发展到不仅产生了小人物波布里希钦可怜无告的苦难，而且已经产生了这种小人物的不满，这种不满已经积蓄到足以由作家酝酿出文学形象的程度了。这个小人物，一方面满腹不满、满腔苦痛，已经难以忍耐；另一方面，又只能发出哀鸣与乞求，并且在梦幻般的执着而又无望的追求中，在耽于幻想的自我陶醉中，发狂了。人民苦难的深沉与反抗的强烈要求和这种要求的还未成熟，都在这个狂人形象中反映出来了。

这就是俄国狂人在当时出现的历史背景与历史意义。

鲁迅非常喜爱果戈理。他后来回忆自己青年时代在日本留学时的情况说："记得当时最爱看的作者，是俄国的果戈理（N. Gogol）和波兰的显克微支（H. Sienkiewicz）。"④鲁迅当时所写的《摩罗诗力说》中，对果戈理做出了这样的评价：

"以不可见之泪痕悲色，振其邦人"⑤。

"惟鄂戈理（按：即果戈理）以描绘社会人生之黑暗著名"⑥。

以泪痕悲色描绘人生的黑暗，来振奋人民的精神——这就是果戈理创作道路与精神的本质和特色。鲁迅的这个评价，反映了他对果戈理的认识与赞赏。这是最初的思想与艺术的渊源。10年以后，当鲁迅遵革命之命提笔创作第一篇小说时，这粒思想与艺术的酵母，在适当的温度下发酵了。鲁迅构思了一个以狂人的形象来反映和揭露批判旧社会、旧

---

① 季莫菲耶夫：《论俄罗斯古典作家》，人民文学出版社，1958，第511页。

② 别林斯基：《别林斯基选集》第一卷，上海文艺出版社，1963，第123页。

③ 同上书，第194页。

④ 鲁迅：《我怎么做起小说来》，《鲁迅全集》第4卷，人民文学出版社，2005，第525页。

⑤⑥　鲁迅：《坟·摩罗诗力说》，《鲁迅全集》第1卷，人民文学出版社，2005，第66页。

制度，指出革命要求的故事情节，并且用狂人的日记来展开情节的表现手法，成功地创造了一个中国狂人的形象。他甚至直截了当地将小说命名为《狂人日记》。显然，这里有着果戈理对鲁迅的思想与艺术的直接影响；但是，我们却不能说，中国狂人的诞生得自果戈理《狂人日记》的孕育，虽然它们连篇名都一样，体裁也相同。

　　诞生于20世纪第二个十年的中国狂人，作为艺术形象，受孕于中国近代、现代社会生活和现代民主主义革命，养育它的则是鲁迅对于中国历史的深入研究和对于现状的深刻认识。当时的中国已经面临历史巨大转折期，具有几千年历史和古老传统的民族思想文化要来一个大变革。在经历了戊戌变法、义和团运动、辛亥革命等近代史上几次大的变动之后，中国的面貌依然没有根本改变，帝国主义的入侵已经使腐朽、溃烂的社会更加江河日下。而俄国十月革命的胜利，又给人以新的希望。旧的必须摧毁，新的等待迎接。一切都要重新来过，一切都要重新估价、重新认识、重新建设。然而，原有的、陈旧的、腐朽的一切，又正在抵抗、挣扎、反扑。旧的力量浓雾重重，新的力量跃跃欲动。正是在这样的时候，鲁迅的《狂人日记》出现了。这个狂人大声疾呼地指出：中国几千年的历史，就是吃人的历史！

　　他质问："从来如此，便对么？"

　　他规劝："你们立刻改了，从真心改起！你们要晓得将来是容不得吃人的人，……"

　　他惊呼："没有吃过人的孩子，或者还有？救救孩子……"

　　这个狂人，不仅表现了潜藏于人民之中的愤怒情绪，而且表现了对于旧制度吃人本质的深沉的忧愤。他攻击的矛头，不是止于侍从官、将军，而是指向整个旧制度；不是止于谴责，而是全盘否定。他不是呼吁怜悯、爱抚，而是呼喊反抗、斗争。中国狂人与俄国狂人，不是异国兄弟，而是不同历史条件下的不同产儿。他在思想上高于俄国狂人，在性格上强于俄国狂人。这不是对果戈理的贬低，而是承认两位作家生活于不同时代和不同国家所带来的差距。鲁迅生活于20世纪第二个十年末期的东方古国，与果戈理生活的年代相距将近一个世纪。在果戈理创造狂人形象的时候，俄国还处于十二月党人起义之后，反动统治加强而人民尚在积蓄仇恨与革命情绪的时候。俄罗斯帝国不彻底的农奴制度改革，直到19世纪60年代才实行，而1905年的资产阶级革命则在六七十年以后。但鲁迅创作他的狂人形象时，中国已经经历了辛亥革命那样大规模的资产阶级革命。这场革命已经推翻了帝制，并且刚刚过去几年，更重要的是，发生在俄国十月革命以后的五四运动，将由无产阶级来领导、将有广大工人农民参加，已经是新民主主义革命了。这场革命在一年之后便爆发了。鲁迅的《狂人日记》正是作为正在酝酿、已经成熟的这场革命的一声春雷而出现的。由于历史条件的这种不同，鲁迅不能不站在比果戈理更高的历史阶梯上。他所创作的狂人，也不能不站在较俄国狂人更高的历史阶梯上。两位伟大作家和他们创作的作品有相同处：同样是用真实动人的人物形象，揭露旧社会的弊端，以引起疗救的注意。这反映了他们对社会、国家命运的敏感与责任心和他们的现实主义精神。而两位作家思想及作品的不同，则真实、准确地反映了两个不同时期、不同国家的不同历史内容。这应看作现实主义的胜利。

　　果戈理对于官僚制度与农奴制度充满了仇恨，而对那些受摧残戕害的小人物（小官吏、小职员）则充满了同情。果戈理于1828年底来到彼得堡。他看到"人民死气沉沉"。他在给母亲的信中诉说道："到处是职员和官吏，人人都在谈论自己局里和部里的事情，垂头丧气，整个社会陷入了清闲而猥琐的工作中，人们就在这些工作里面白白消耗着自己的生命。"但他自己，连这样的差事也找不到，过着穷困的、靠母亲接济的生活。后来他终于得到一个小小的公务员的职务，在封地局供职。他称这是"愚蠢的""无意思的""猥琐的"差事①。这一段生活，大概颇刺激了他的思想，使他痛恨这种官僚制度统治下的卑微猥琐的生活，同时，也使他熟悉了这种官僚机构，体验了这里供职的小公务员可怜可悲的生活。果戈理的《狂人日记》和书中刻画的俄国狂人，就是果戈理这段生活与思想经历的产物。他反对封建官僚制度的思想和诉说小人物悲伤苦痛的要求，使他形成了一个因深受鄙视、耽于幻想而发疯的狂人来现身说法（写日记）的巧妙构思。鲁迅的《狂人日记》虽然受到果戈理作品的启发，但它和它里面所表现的中国狂人，却是在作家的另一种思想、生活状况和艺术素养的条件下产生的。

　　鲁迅早在辛亥革命时期，就已经以一个深沉的爱国者和资产阶级民主主义启蒙思想家的风貌出现在世人面前，写出了站在当时革命思想界

---

① 布罗茨基：《俄国文学史》中卷，作家出版社，1962，第507页。

最前列、具有文献价值的数篇论文，提出了资产阶级民主革命的思想文化革命纲领。他深入地研究了欧洲资产阶级进步科学文化和现代社会，吸取并研究了中国的历史与文化，解剖了中国的历史与社会，思索了拯救国家民族于灭亡之境的道路与方案。而当他提笔之时，以《新青年》为代表和战斗堡垒的一批新的革命先行者，已经从事一个时期的宣传鼓动与批判斗争，而且前来约他一同前行了。鲁迅就是在这样的情况下从事《狂人日记》写作和狂人形象创造的。当时，正处于新的革命爆发的前夕，这又一次提出了思想革命的任务，在理论上、认识上需要回答为什么要革命、革谁的命和怎样革命的问题。鲁迅正是为了回答这些相互关联的根本问题，而创作自己的小说的。他的回答既鲜明又尖锐：中国几千年的历史就是人吃人的历史，吃人者就是封建礼教。他把攻击的矛头明确地指向家族制度与封建礼教。革命，就是要革这个吃人制度的命；革命的办法与途径，就是"救救孩子"——让他们不再被吃和吃人，而且起来推翻吃人制度。一个民族，竟有了几千年吃人的历史，而且仍然在吃着，父母"吃"子女，长辈"吃"晚辈，这忧愤是何等的深广！

那么，这种忧愤怎样来表达呢？"礼教吃人！"这是振聋发聩的惊叫、惊天动地的呼号。由一个受害者——一个因受迫害而致狂的人——来喊出，那岂不是更能震撼人心吗？一方面，保守派、顽固派难于接受，必定反对；另一方面，许多人一时间也未必能很快理解这个结论。当时的习惯是，以"疯子说的话"来加以否定、贬低或表示不理解。现在，写出这样一个疯子以及他遭迫害而致狂的原因，就同时连这种诬蔑与误解也一并批驳了。《狂人日记》的艺术构思和狂人形象，就这样在作家的心中酝酿成熟了。当然，无可否认，在这个酝酿过程中，果戈理的《狂人日记》起了重要作用。它以泪痕悲色振其邦人的立意，它用狂人日记的形式来表现人物性格的历史与主题思想，都给了鲁迅以重要的启发。但是必须指出，这里的主要作用是发生在艺术形式方面与表现手法上。至于狂人的思想言行，这个丰满形象的素质与内涵，都完全是中国社会生活和鲁迅的思想、生活的产物。鲁迅笔下的中国狂人与果戈理笔下的俄国狂人，是完全不同的两个人、两种类型的艺术形象。

鲁迅创作狂人的形象，还有两方面因素与条件：第一，他有一个表兄弟，曾经得了迫害狂症，从山西来到北京。鲁迅收留他，送他上医院治病，最后雇人送他回乡。这个亲身生活体验与实地的观察，使他刻画狂人有了生活凭依。但更重要的是，这次离他创作《狂人日记》为时不远的经历，成为他思想上的一个创作契机。第二，他具有丰富的医学知识，懂得迫害狂的症状及病理。

这样，我们看到，鲁迅的《狂人日记》和中国狂人的诞生，是多方面因素所决定的。首先是中国社会生活和中国革命发展，推动作家并给予他决心与素材；其次是作者对于中国社会的了解与见解，给了作品以思想，给了狂人以灵魂；再次是作者的艺术观和生活经历、医学知识，给了他以创作的准备与把握。而在这一切因素中，在这种过程中，果戈理的《狂人日记》在艺术构思上、表现形式上给作者以启发，给他以可以借取的形式。最后，在这个"形式"（"躯壳"）中，将以上诸因素、诸条件熔铸进去了。

俄国狂人与中国狂人形象，就是这样在各自的历史条件下产生的。从以上对于产生艺术形象的相同与不同条件的分析中，可以看到文学艺术的某种延续性与继承性，它们是会超越国界的。但同时我们还看到，这种延续性与继承性的作用范围，是受不同国家的不同社会生活、历史条件，作家的不同经历与思想、艺术趣味等主客观条件制约的。在这方面，都具有重大民族性和国别性。

## 二、19世纪俄国狂人的"病历"与20世纪中国狂人的"病情"

在俄国，一个专给司长削鹅毛管的小职员波布里希钦——一个卑微的小人物，干着机械的、无意义的营生，过着屈辱的生活；但他竟爱上了司长的小姐，爱心如梦。然而小姐连斜眼也不瞅他，他感到屈辱。不仅司长、小姐，其他官吏也瞧不上他。科长训斥他，连门房见了他也不起身。他连小姐的狗都不如，他难以忍受。他想着自己"也是一个官"，想着自己"出身于名门望族"，更加觉得屈辱难忍、愤愤不平。他昏昏沉沉，疯疯癫癫，耽于梦幻，幻想自己成了西班牙国王。然而，人们根本不把他当国王来尊奉，而是不客气地把他当作一个疯子来对待，剃光了他的头，打他，往他头上浇冷水。在这种屈辱的生活和冷酷的待遇中，他发出凄苦的哀号：

"不，我再也没有力量忍受下去了。天哪！……妈妈呀，救救你可怜的孩子吧！"这个卑微的小人物因难忍屈辱，生活中一切都被夺去，便沉溺于幻想，在幻想中去"实现"在现实中所企求不到的东西；于是，更由幻想而入疯狂。他的致狂反映了环境对他的迫害。

拿这个俄国狂人与中国狂人相比较，我们便可以看到两种不同的情况。

中国狂人所痛苦的不只是自身的苦难，而是痛切地感到别人——全体国人——的悲哀：吃人、被吃；而且，他深切地、清晰地看清了，这是家族制度、封建礼教的吃人本质所造成的。他指出这个真理，他劝人改过，但是人们不接受。他的指斥、揭露、批判、劝说，都被当作疯话；他的一切行为，都被看作疯子的胡作非为。他被隔离、看守，禁止与人谈话。他一开口，便被制止、斥责。他更感孤独、悲哀、忧愤。他由此而陷入疯狂状态。就像俄国狂人发狂了还想着司长小姐一样，中国狂人发狂了，还想着吃人和被吃的惨象。

中俄两国的两个狂人，是多么不同！一个是受歧视、受屈辱的卑微人物，一个是受迫害、受围攻的先进战士。一个是因被夺去了昔日的天堂和今日生活的权利而怨恨，因羡慕上流社会而痴迷，以致发狂；一个因被夺去了的人性而愤怒，为改变古已有之的旧制度、旧秩序而呼号，不被理解，反遭迫害，以致发狂。一个是因自己想入非非而致狂，他是真疯实狂，他想象自己隆盛华贵，实际却卑微可怜；一个是为唤醒世人奔走呼号而被人逼疯，他既是真疯狂，又是真清醒，他说的是狂语，道出的却是真理。一个朝思暮想得到司长小姐，一个日夜思虑人在吃人又被吃。一个哀告妈妈赶快来拯救自己，他要的是同情、爱抚、温情和个人幸福；一个是呼吁拯救未受礼教毒害的干净的"人之子"，他要的是觉醒、转变、反抗、战斗和人类的进化。

这一切是多么不同！

正如前面所说，这不同是由社会生活的不同所造成的。但是，我们也不能不看到作家思想的差距、世界观的不同。鲁迅正是在这第一个短篇白话日记体小说中，就充分地表现出他的思想家、革命家的风貌。在果戈理的《狂人日记》中，小人物逆来顺受的性格，他的灵魂里卑微轻贱的渣滓，他的不觉醒与毫无反抗，则表现了他的局限性。作品人物的局限性，在这里也同时表现了作家本人思想上的局限性。

# 三、从两个狂人的不同病历看狂人形象的实质

果戈理笔下的狂人自述道："我出身于名门望族。"然而，他现在没落了，是个九等文官。这段"光荣"的历史，也给他的心灵埋下了卑微的种子：他仰慕上层人物的地位与生活，他想得到司长的小姐并在她面前显出可怜相。前者使他胸中积蓄着愤怒，心里感到屈辱，他咒骂司长、科长、门房，他幻想改变现状；后者使他企望爬上去，"想吃天鹅肉"，他的幻想带着卑微的小人物的辛酸与庸俗。他因此而陷入癫狂。鲁迅笔下狂人的"病历"是与此完全不同的。这个狂人，30多岁，家庭出身堪称富有，是个知识分子，少年时候他就"把古久先生的陈年流水簿子，踹了一脚"，就是说他反抗过旧的礼教。20年后，他更发现了：人们要吃他。而且他觉悟到，人们都在吃人与被吃，从过去一直吃到现在，几千年了。他先觉醒了，看出了封建礼教与家族制度的弊害——吃人。对于他的揭露、质问、批判，家人、师长、亲族都说："这是疯话！"于是劝他、吓他、骂他。他不听，反而针对别人劝说的话，继续揭露、批判。于是人们便认为他疯了。人们用对待疯子的办法来对付他：隔离、另眼相看、禁止言论自由，直至禁止行动自由。他感到孤独寂寞，忍受非人的迫害，在离群独处的痛苦生活中，他真的渐渐精神失常了，被迫害致狂了。事实上，这正是狂人的"大哥"等人"吃"人的一个具体事例。一个被迫害致狂的人，满脑子里经常想的，就是引起他患病的那件事，而且他继续研究他的发现，于是翻开历史来查，从仁义道德的字缝中，看见了"吃人"二字。

无论是果戈理还是鲁迅，在他们的小说中，都给人物（狂人）写了简历和病历。作为艺术品，这就是情节史。故事情节就是这样展开和发展的。在这个情节即"病历"的发展中，刻画了人物性格，展示了作品的主题。

这里我们要着重探讨的是：从这两个不同国度狂人的病历中，我们看到了他们相同的"病情"，即情节发展的路径和不同的人物思想性格的内涵。

有人说，狂人是一个战士，那只能是就他的象征意义来说的，至于形象本身，他是一个货真价实的、普普通通的狂人；也有人说，他是一

个战士，他不是狂人，战士是真，狂人是假，只是被看作狂人罢了。这两者都把战士和狂人完全对立起来了。其实，两者并不矛盾。从上述"病历"中可以看到，把两者对立起来是缺乏发展观点，没有看到狂人从"清醒的战士——遭迫害——发狂"这样一个发展变化的过程。因为他是战士，所以他遭迫害；又因为他被迫害，所以成了狂人。又因为他是这样发狂的，所以他是这样的狂人：他始终坚持指出"吃人"这一点。如果我们不这样理解，那么，狂人自狂之，思想是思想，狂人不过是一个思想的寄寓体、一个传声筒。这样，这个艺术形象的思想意义就减弱甚至失去了，形象的真实性也就削弱了，艺术魅力也因此失去光彩了；因为他（狂人）不过是一个与思想毫无关联的，偶然说出了真理的形象。主题思想与艺术形象本身不是融为一体，而是偶合在一起，各自游离。人们能对传声筒产生感情，被他的言行所感动吗？

有人强调《狂人日记》的象征意义。的确，狂人所说的"吃人"具有象征意义，但狂人的形象却不是象征性的。而且"吃人"的象征意义也不是暗示、隐语、双关语，而是把本质用形象化的语言表现出来。

我们是否可以说，通过对比，我们"发现"鲁迅笔下狂人的"病历"，从中更进一步证实了这个狂人是一个曾经清醒的战士，后来被迫害得发狂了；但他发病以后仍然进行了狂人式战斗。

## 四、两篇《狂人日记》艺术风格的异同

两篇《狂人日记》在艺术上是有"亲缘"关系的；但是，两者的不同点多于相同点。这些不同是由思想内容、人物形象的不同所决定的。果戈理的小说，"泪痕悲色"确是准确的概括。他以含泪的微笑，来揭露与讽刺官僚社会，也不免带着对小人物的揶揄。但最后狂人却又在"欢乐"——他成了西班牙国王——的癫狂中，凄楚哀鸣，发出了向妈妈的呼救。而鲁迅在他的作品中，却以忧伤与愤怒来指控吃人者，揭露礼教制度的吃人本质。他不仅对那些高高在上的吃人者予以揭露与抨击，而且指出，那些被压迫、被损害的人，连亲人之间也是"自己想吃人，又怕被别人吃了"。这是何等深沉的悲哀与苦痛！这悲痛越深沉，那忧愤也就越深广。鲁迅以悲剧的形式来表现忧愤的内容。

两种不同的艺术风格，带来了行文与语言的差异。果戈理描绘刻画

狂人时，笔调是幽默的，语含风趣，略带调侃的意味，又有轻微的戏谑。他写，狂人看到司长的小姐时神魂颠倒，"她的眼睛怎样往左右一瞟，眉毛稍稍一扬，眼珠轻轻一转……啊，我的天哪！我受不住啦。完全受不住。她干吗要在这样的雨天出门"。狂人看见了狗写的信中把自己臭骂了一通，他便想："胡说，你该死的小狗！这样的贫嘴薄舌！难道我不知道这是出于忌妒吗？"狂人在咒骂了侍从官、将军以后，想："为什么我是九等文官？由于什么原因我是九等文官？说不定我是一个伯爵或者将军，只是样子像个九等文官吧？"他想象自己一旦穿上将军制服，"那时候我的美人将会怎样对我倾诉衷肠？"……总之，作家以幽默的、流畅的、带着微笑的（其中有几分讥刺）隽永的动人的语言，叙述着这狂人的故事。

然而，鲁迅的《狂人日记》却完全是另一种风格，它的语言是急促的、铿锵的、沉痛的、挑战式的、质问式的，它震动着人心。

"想起来，我从头顶上直冷到脚跟。

"他们会吃人，就未必不会吃我。"

"吃人的是我哥哥！

"我是吃人的人的兄弟！

"我自己被人吃了，可仍然是吃人的人的兄弟！"

"黑漆漆的，不知是日是夜。赵家的狗又叫起来了。

"狮子似的凶心，兔子的怯弱，狐狸的狡猾，……"

"有了四千年吃人履历的我，当初虽然不知道，现在明白，难见真的人！"

这种铿锵有力的、沉痛的、饱含深刻内容与诚挚感情的语言，深深地激动人心。这是中国语言的高度提炼，同时又是创造，它不是脱胎于古文，而是摆脱了它的羁绊；但又不是照搬外国语言，而是吸取了它的表现方法。它的基础是人民的口语，但又不是它的简单的记录，而是经过细腻加工。这语言同作品的思想内容、人物形象的内涵是高度统一的。这里我们又一次看到，鲁迅在吸收外来影响时，是具有独创性的。

## 五、几点启示

在进行了上述比较之后，我们可以看到，两篇出现在不同国度、不同时期的《狂人日记》，由于不同的社会历史条件、不同的国情，决定了它们不同的主题。这两篇作品的主题，都是各自国家社会生活的反映。由于作品真实地反映了本国的社会生活，创造了栩栩如生的人物形象，表达了人民的思想、感情、愿望，因此它们具有长久的生命力。这说明，作品主题可以从别国的文学中得到启发，吸取思想和艺术的营养，正如鲁迅从果戈理的作品中所得到的那样；但是，却不能照搬外国的作品，否则，离开了本国的社会条件，脱离了本国的人民，作品便成了无本之木、无源之水，是不会有生命力的。这是我们借鉴外国文艺作品时，值得注意的一点。

从两篇《狂人日记》中我们看到，两位作家不同的世界观和思想水平，带来了他们作品的不同"品格"和社会效果。果戈理的《狂人日记》，无疑在俄国当时的文坛上起到了很大的作用；但是，作家世界观中的矛盾不免给作品带来局限性。大家知道，车尔尼雪夫斯基曾经指出：一方面，果戈理怀着他所固有的"高贵的愤怒"，来揭露、抨击沙皇俄国农奴制统治下的社会中的"丑恶的生活现象"，但是没有能够提高到先进的政治观点上来。别林斯基说得好，这对于果戈理来说，是"诗人和思想家在他身上发生冲突"。这种弱点，这种冲突，在《狂人日记》中也是有反映的。突出的表现就是，作品的泪痕悲色跃然纸上，但是怨恨多于愤怒，诅咒强于抗议，波布里希钦既有对已经失去的旧时生活的留恋，又有对不能得到的上层社会生活的羡慕，伤痛盖过抗争，哀号之声引人同情，却不能很好地、直接地激起斗争的感情浪花。鲁迅和果戈理的《狂人日记》则根本不同。鲁迅当时站在时代思想的前列，他明确地从当时正在兴起的革命的需要出发，遵前驱者之命，为了改良人生、疗救社会而创作，他要用小说这种文艺形式来发议论、来战斗。鲁迅的特点与果戈理正相反，他不是诗人与思想家两种品质发生冲突，而是两者在他身上得到高度的、完美的统一。他既揭露了封建制度统治下的中国当时社会生活的丑恶现象，揭示了它的病况，保护了"小人物"，又能够提到先进的政治观点上来。因此，他的作品和人物形象是对旧制度、旧生活的彻底否定，对上层社会的深刻揭露。他的揭露是深入的，抨击是猛烈的，批判是深刻的，整个作品伤痛与抗争同样深沉而强烈。那抗争之声令人振聋发聩，那撕裂人心的呼号引起的不是一般的同情，而是强烈的斗争决心。两位伟大作家在这方面的不同，难道不是提醒我们，具有先进的世界观、先进的政治观点对于一个作家是何等重要吗？而且，从这里我们感受到重要的一点：果戈理不失为俄国批判现实主义的先驱和佼佼者；而鲁迅，以他的第一篇白话小说的思想与精神表现出他的艺术，已经不是批判的现实主义所能概括的了。

从人物形象来看，两位作家创造出狂人的形象不是偶然的。根本的原因在于，当时的俄国需要一个能够叫出人民的痛苦和正在积蓄、增长的愤怒的人物；当时的中国，也需要一个能够戳破旧制度的假面具，露出吃人本质，并呼唤抗争的人物。两位作家的考虑是相同的：用狂人以发狂的形式来进行这件工作，可以表现得更激愤、更强化、更尖锐、更带感情色彩。而这是在最初进行揭露、从事斗争时所特别需要的。因为这是在死寂中发出的第一声叹息，在沉闷中响起的第一声呼号，它需要大声疾呼，它要求引人注目。就像鲁迅所形容的，这是要把在没有窗户的铁屋子里快要从昏睡进入死灭的人们叫醒，形势急促。同时，既然是斗争的最初时期，是抗争的第一声，因此环境是险恶的，气氛是闷人的，旧势力是强大的，周遭的压力是沉重的。它往往会对第一批反抗者，甚至只不过是首先发出叹息与怨声者，给予镇压、迫害；因此，这些首先觉醒者、先发难者或革命的先驱者，往往被迫走上两条不幸的道路：被杀害或者被逼疯。被害者丧失了生命，而迫害狂却能揭露、挣扎、抗议、斗争。于是，狂人就是最好的可供选择的艺术形象的类型了。至于采用日记的形式，当然是为了能够以第一人称的形式来完成上述目的。这是最合适的。

由于上述原因，狂人这种艺术形象，从根本上讲，它是产生于社会现实生活的，它是从现实生活和人物中提炼出来的，是作家用生活素材通过典型化手法创造出来的。但是，因为写的是狂人，所以虚构的成分很大，不符合生活的真实的地方很多，比如狗的通信与对话之类以及狂人的种种"疯相"等。但这和现实主义毫不冲突，它不是拘泥于简单的写真实，而正是在本质意义上发扬了现实主义的精神。

不过，两位作家在创造两个狂人时，在艺术手法上是有不同之处的。果戈理由于表现人物（狂人）的无望与无告，又要刻画他的哀痛，失去了已有的、愤恨得不到那想要的东西的矛盾惶遽心理和可笑可怜的命运，而采用了虚构的可笑的情节（人被狗所议论和看不起，梦想当上了西班牙国王，而人们却对"国王"报之以打骂），透露着揶揄与调侃。鲁迅为了表现人物（狂人）的觉醒而又被迫害，由他揭出那个"礼教吃人"的真理，便不得不采用象征意义的手法，使环境、人物、语言都带着象征的意义。但这同样不是对现实主义的脱离，而是对现实主义的巧妙的运用。

最后，还想简略地指出一点，鲁迅的《狂人日记》得启发于果戈理的作品，受到它的影响；但我们看到，在这受影响的过程中，决不仅仅是在内容上如鲁迅自己所评论的，后者比前者忧愤更深广，而是在主题、题材、人物形象、艺术风格、语言等许多方面都发生了变异。这变异，就是忠实于生活，忠实于现实主义；这变异也是作家的创造性的表现；这变异也就是发展。这正是鲁迅的贡献。他在艺术上给我们踏出了一条路，开辟了一个方向。我们在艺术创新中，向外国学习，应该以鲁迅为榜样。如果我们采取囫囵吞枣、生吞活剥和照抄照搬的态度和做法，那就不仅是没有出息，而且是从前人的路上倒退回来，从前人成就的台基上下跌了。

# 两种民族心态、文学气质与接受意识[①]

## ——《三国演义》与《战争与和平》比较研究

本文为提交国际比较文学协会第12届年会（慕尼黑）论文，作者曾在会上宣读了本文论纲。

这是一种几乎难于整合的比较。但是，钱锺书在给《中国比较文学年鉴》（1986年）的"寄语"中说过，"在某一意义上，一切事物都是可以引合而相与比较的"[②]。在这个意义上，它们"可以引合而相与比

---

① 原载《社会科学辑刊》1989年第2、3期。

② 杨周翰、乐黛云主编《中国比较文学年鉴》，北京大学出版社，1986，第6页。

较的"地方很多。比如，同是文学作品，同是历史长篇小说，同样人物众多，同样流传后世历久不衰，在文学气质与手法上，我们还可以引出几许相同相通相类的地方，然而，"在另一意义上，每一事物都是个别而无可比拟的"①。在这个意义上，中俄两部历史小说又确实是充分个别的、民族化的，简直是无可比拟的。

我们在这样两重意义上来进行比较研究，但我们主要的目的是寻异而不是求同，我们通过对比，以显露和印证它们各自的特性。由此探寻它们各自的文学优势，得出我们进行比较以前所不能得出的结论，以增进文学史、文学批评的新收获。同时，我们还要由此推而广之，寻找它们所显露或隐藏、体现或蕴含的民族文化心态、文学气质与接受意识。

一

两部小说都是写历史的，它们是广义的"历史小说"；但它们对待历史的态度和对历史的处理，却是完全不同的。《三国演义》是以历史为题材、为生活渊源，借历史来塑造虚假的历史人物、真实的艺术形象，曹操、刘备、关羽、诸葛亮、周瑜等都不是历史人物的本来面貌。他们作为历史人物是虚假的，作为艺术形象却是真实的。《战争与和平》却相反，它从历史著作发掘了史实与人物（沙皇尼古拉与拿破仑、库图佐夫·巴格拉齐昂等真实的历史人物，以及保尔康斯基一家、劳斯托夫一家男男女女、老老少少中的真实人物原型），以历史为对象，凭历史素材塑造了真实的历史人物与真实的艺术形象的合体。而且，一个是用现时人的眼光（作家托尔斯泰在19世纪60年代）追溯历史和再现历史，创造的是文学作品，却同时评述了历史（《战争与和平》）；一个是历时性的人们（唐、宋、元、明诸朝的口头文学的创造者），以正经的讲历史（"讲史"）的姿态讲述历史的故事，却把历史上讲史人历时性的各种心态融进了历史（《三国演义》）。因此，一个是写小说而讲了历史，一个是讲历史而写了小说（但从历时性来说，《三国演义》是"讲"了小说）；一个是创作小说而照见了历史，一个是讲历史而成就了小说。

---

① 杨周翰、乐黛云主编《中国比较文学年鉴》，北京大学出版社，1986，第6页。

魏、蜀、吴三国存世是一个历史时期（220—280），《三国演义》的产生又经历一个历史时期［陈寿（233—297）创作了《三国志》，罗贯中（约1330—约1400）在前人的基础上创作了《三国演义》］，后者利用前者（历史）来表现自己，借历史之"尸"来显现"现代"（历时性的现代）之"魂"。而《战争与和平》却不同，它反映的事件是一个历史时期（1805—1869），但它不是利用那段历史而是确实要再现那段历史风貌，作家要从过去来看现在，又从现在来看过去。

　　因此，这里有着巨大的历史的与文学的差异：《三国演义》中确实有许多真实的历史和历史的真实；但也有许多不真实的历史，人物的思想、情感、性格、行为和历史的地位与作用，历史事件、历史的发展轨迹等都存在不真实，抑曹（操）捧刘（备），正统观念、对农民起义的态度等，也都有不真实和错误的地方。中国或外国的读者可以从《三国演义》中学习历史，但只能是一定的历史知识，却不会都是信史，只能把它当小说读，而不能当史书来学习。我们从中可以知道三国时代魏、蜀、吴之间的斗争和发展进程、消长史实，但只是大体如此而已，过细地追究，就只是小说，而不是历史了。它是唐、宋、元、明历朝历代的老百姓和他们的代言人（说书人）的创造，混进了许多非历史主义的东西；但作为艺术品，它确实是成功的、真实的。

　　《战争与和平》却大不相同，托尔斯泰确确实实在写历史人物，他们的思想、感情、性格、行为、历史地位与作用都是真实的，经得起史学的推敲；作为文学作品，当然有许多虚构的故事和情节，但是，主要事件（无论是发生在俄国的，还是在俄法之间的）都是真实的、可信的历史；即使是虚构的情节、故事，其社会性、时代性、民族性都是符合历史主义的要求的，即具有历史主义的真实性。

　　我们在这里可以评差异，却不可能论优劣。它们各有各的优势，各有各的创造和功用。《三国演义》既给了人们以一定的信史，又给了人们一定的足以增长历史知识和由此去掌握信史的"非信史"。它借历史人物之"尸""还"（创造）了艺术典型之"魂"。它创造了在文学史上、文学典型画廊上，活在人们心里和口头上，活在中国人民生活中的活生生的且不朽的曹、刘、孔、关、张等历史人物—艺术形象（名是历史人物，实是艺术形象），这是其他任何历史人物从来没有这么广泛、深入、持久地发生过的影响。他们一直在现实中塑造着中国人民的心态和性格。当然,《战争与和平》又有它独具的优势与创造。它凭借历史,凭借真的历史人物,创造了艺术形象,又复活了历史人物。这些历史人物(如沙皇、拿破仑、库图佐夫等)在《战争与和平》中,自然有作家的想象和创造,有作家自己的解释,但这都是细节性的、情节性的,而不是根本性的。他们基本上是"历史本来面目",艺术的加工只是丰富了历史。托尔斯泰笔下的历史人物,既是真实的历史人物,又是真实的艺术形象。这是在更本质意义上的历史小说,而不是"借尸还魂"。

两部小说对待历史的态度的不同,还表现在《三国演义》描写了历史上的政治斗争与军事争夺,展开了双方斗智的情节,生动丰富,跌宕起伏;然而,它却没有在更广阔、丰富的社会层面上来描绘历史的状貌、斗争的进程与细节。魏、蜀、吴三国,即三个政治、军事集团之间进行了许许多多政治斗争——为争夺城池、地区直至争夺皇位与全国统治权,进行了许多军事斗争,大大小小无数次战役和战斗;还有许许多多政治、军事混杂在一起的斗争。同时,也在这些斗争中,表现了形形色色人物的性格矛盾和他们之间的复杂斗争,其中主要是三国各自领袖之间的斗争。《三国演义》对于这一切的描写,是丰富的、生动的、深刻的;然而,它对于这一切的描写和描写得丰富、生动、深刻,却都是表现在对事件复杂、矛盾的错综和性格的纠葛上,表现在人物性格具体、真实、生动、丰富上。它的一切描写,固然是以中国古代社会为背景的,但是却没有具体反映某个世纪、某个年代、某个皇朝的状况,也看不出地区性特色;它具有时间与空间上的一般性。然而,这并没有减少它的深厚的生活、社会与历史含量。只是,它的社会与艺术、思想与文化的投入,是以事件与人物性格为主体的,以它们为受体和体现物的,这是一种方式——一种中国方式。

《战争与和平》则不同,它所写的战争事件并不多(只是有数的几件),但是,却前方后方、南方北方、战场猎场、舞会赌场,皇室军人、贵族平民、青年老翁、小姐夫人,以广阔的画面和深邃的解剖,展开描绘了19世纪最初十年到20年代的俄国社会风貌。在这些描写中,人物的思想性格、穿着打扮、生活习性、言语风度,事件的内涵、性质、经过,以及其中的多种社会与文化内涵,都是具有历史真实性,具有时代性、民族性以至地域性的。我们从中看到一个民族在一个具体时代的风貌。在这一点上,它是一部社会学信史。它的社会与艺术、思想与文化的投入，是以事件与人物性格的时代性、社会性，或者说是以具有具体的时代性、社会性的事件与人物性格为主体，以这种具体的事件、人物为受体和表现物的。这是另一种文学方式、文学气质。

在总体上，从创造主旨与思想凝集上来说，《三国演义》写了中国人民的智慧，而《战争与和平》则写了俄国民族的性格。

两部小说对待人物的态度和塑造手段也是极不相同的。基本可以提出两项：一个是以社会化和形象化的塑造达到了艺术化的目的，创造了艺术形象（《战争与和平》）；一个是以脸谱化、抽象-具象化的范式，揭示了人物的内心世界，而实现了人物塑造的艺术化，创造了艺术形象。我们不妨以图示形式表述如下：

社会化——形象化——艺术化（艺术形象），例如对彼尔、安德列、劳斯托夫、娜塔莎、玛丽亚等的描绘刻画；脸谱化——抽象-具象化——艺术化（艺术形象），例如刘备的宽厚、关羽的忠勇、张飞的有勇无谋、曹操之为奸雄，等等。

托尔斯泰对自己笔下相当数量的主要人物都有细致的肖像描写，勾勒了他们的外部形象和内在精神，而且这种描写运用了精巧的艺术手法，透过这种形象描写，体现了人物的内心活动、社会地位和社会角色的人格，也体现了他们的总体社会性，并由此而体现了作品所反映的时代、民族与社会特点。比如对彼尔、安德列、劳斯托夫、别竺豪夫、老保尔康斯基、玛丽亚王爵小姐、娜塔莎、库图佐夫以至拿破仑等人物的形象描写，都是如此。一个表层的描绘就是外貌的"呈现"，比如在彼尔出场时，托尔斯泰就这样介绍他：

> 紧随着小王爵夫人来的人们中，有一个胖大壮健的青年人，短头发，戴眼镜，穿着当时流行的浅色短裤，很高的皱领，褐色的燕尾服。这个胖大的青年人是别竺豪夫伯爵的私生子。……这个青年人还不曾服武官役或文官役，因为他刚刚从他受教育的外国回来，这是他第一次在交际场中露面。……虽然彼尔确乎比室内别的人们大一点，不过她（指家庭晚会主持人安娜·巴甫罗夫娜）的不放心只由于他那虽羞怯然而聪明、既细心又自然、跟那个客厅中一切别人不同的表情。[1]

---

[1] 列夫·托尔斯泰：《战争与和平》第一册，人民文学出版社，1978，第14-15页。

　　彼尔是笨拙的。他身材宽大，高度过人，生有红润的大手，正如俗话所说，他不知道怎样进客厅，更加不知道怎样离开，就是说，他不知道在离开以前怎样说一点格外得体的话。除此以外，他是神不守舍的。他站起来要走的时候，不拿自己的帽子，却拿了那位将军的三角帽，一面拿在手里，一面扯上面的羽毛，直到那位将军请他归还时，才算告一段落。……①

这是彼尔的相貌神态和他第一次出现在交际场中的"洋相"。安德列，一个厌倦了贵族豪华无聊生活的年轻王爵，是这样出场的：

　　安德列王爵已经走进前厅，一面把肩头转向帮他穿外套的跟班，一面漠不关心地听他太太跟也来到前厅的希波力提王爵唠叨。……

　　············

　　她依旧含着笑优雅地走开，转过来看她的丈夫。安德列王爵的眼睛闭了起来，他似乎非常疲倦，非常想睡。

　　"您准备好了吗？"他问他太太道，眼睛避开她。②

　　"永远不要，永远不要结婚哪，我的亲爱的朋友！这是我的劝告：……假如你对自己的前途还抱什么希望，一结了婚，你就每一步都会觉得，你一切都完结了，除了客厅以外，一切都走不通了，你就要同宫廷奴才和白痴变成一伙了！……但是有什么好处呢？……"于是他使劲挥了一下手臂。

　　············

　　安德列王爵说这一番话的时候，跟那懒洋洋地靠在安娜·巴甫罗夫娜的安乐椅上、眯缝着眼睛、从牙缝里说法文句子的保尔康斯基更加不相像了。他那瘦削的脸上每一条筋肉这时都由于神经质的兴奋而颤抖起来；他那双过去似乎已经熄灭了生命之火的眼睛，这时放出了灿烂的光辉。很显然，他平时越似乎没有生命，在这几乎近于病态的激昂时刻，他就越显得精力洋溢了。③

---

① 列夫·托尔斯泰：《战争与和平》第一册，人民文学出版社，1978，第37页。

② 同上书，第37－39页。

③ 同上书，第47－48页。

在这两个人物的形象描述中，从内在到外形、从心理到外部动作（行为）、从个体到家庭、从家庭到社会，以至从个人到群体（某一个体在人际关系中的情形和影响等），通通写到了。这就既写了人的外形，又透过外形看到他的内心和存在（社会性）；既写了他的内在生活，又由此而描绘、呈现和阐释了他的外在行动。这种艺术手法是相当高妙的，也是充分现实主义的，它凸现了人物形象。

在《战争与和平》中这样的描绘还很多，几乎对所有的主要人物甚至次要人物都作了这样的描绘，而且这种描绘还是多次出现的，多层次、多方面的。比如对老保尔康斯基王爵、对他的女儿玛丽亚王爵小姐、对劳斯托夫父子的描绘都是如此，更不要说对彼尔、安德列和娜塔莎了。

但是，《三国演义》就完全不同了。它对人物形象的外貌主要是作脸谱化、抽象–具象化的描绘，它对艺术形象主要通过人物的活动和各种具体行动来刻画。刘备、关羽、张飞是贯穿全书的三个主要人物。《三国演义》是怎样介绍他们出场的呢？

介绍刘备："榜文行到涿县，引出涿县中一个英雄。那人不甚好读书，性宽和，寡言语，喜怒不形于色；素有大志，专好结交天下豪杰；生得身长七尺五寸，两耳垂肩，双手过膝，目能自顾其耳，面如冠玉，唇若涂脂；中山靖王刘胜之后，汉景帝阁下玄孙：姓刘，名备，字玄德。"[1]

介绍张飞："玄德回视其人：身长八尺，豹头环眼，燕颔虎须，声若巨雷，势如奔马。玄德见他形貌异常，问其姓名。其人曰：'某张姓，名飞，字翼德。世居涿郡，颇有田庄，卖酒屠猪，专好结交天下豪杰。恰才见公看榜而叹，故此相问。'"

介绍关羽："玄德看其人：身长九尺、髯长二尺；面如重枣，唇若涂脂，丹凤眼、卧蚕眉；相貌堂堂，威风凛凛。玄德就邀他同坐，叩其姓名。其人曰：'吾姓关，名羽，字长生，后改云长，河东解良人也。因本处势豪，倚势凌人，被吾杀了；逃难江湖，五六年矣。今闻此处招军破贼，特来应募。'"

这里，对于全书的这三个主要人物，除了那三言两语极简略的身世

① 罗贯中：《三国演义》，长江文艺出版社，1981，第4页。

介绍之外，关于外貌、神态的形象描绘，都以陈词滥调表现之，毫无特色，不能给人以准确的印象，有的还是毫无根据的无稽之谈，如"两耳垂肩，双手过膝""目能自顾其耳"等。可以说，作者毫不在意这种对人物的形貌刻画，而只是脸谱化地、"抽象-具象"化地给人物形象与性格以一种界定而已。作者对人物的性格和内心的活动，也都不像《战争与和平》那样给予具体的、细致的描述和呈现，而是在以后的各种事件、各种情节中，通过人物的具体态度特别是具体行动来说明和体现的。《战争与和平》通过那种具体、细致的描绘来给读者以生动具体的印象，让读者从作家的说明和点化中，去"看见"、理解人物的思想和性格；而《三国演义》却不同，它是通过上述说明和体现，从人物的外在活动和具体行动中，使读者（听众）获得某种印象，从中体认到人物的思想和性格。从接受者的角度来说，一个是被告知、被符号体现所刺激而在印象中显现；另一个则是被告知了事件、情节，在人物的行动中，要主动地去体认人物的性格，得到对他的形象的认可。因此，前者往往是感性的，是从感性到知性；而后者则往往是理性的，是从理性到感性的。

这里既从作品中体现了作家的文学气质、创作心态，又从作家和作品中反映了读者大众的接受意识。因为作家的创作心态中，就反映了他对接受者的接受意识的掌握、理解、认同和趋同，由此在作品中也就反映了读者的接受意识。这就由作家、作品、读者这三极"世界"，在总体上反映了一个民族的文学接受意识、文学气质，以及在总体上反映了民族的文化心态。

两部小说，对于女性的态度和描写也极不相同。《战争与和平》中的女性不仅是人物形象总数的"一半"，而且是艺术形象的"一半"、社会生活的"一半"，女性是这部小说的"半个"灵魂，而且是生活中不可缺少的"精灵"。作家对于女性具有美好的感情。娜塔莎、玛丽亚王爵小姐、丽莎等，都是女性形象中的佼佼者。她们既是众多女性人物中的佼佼者（社会学意义上的），又是作家在创作表现上的佼佼者（艺术学意义上的）。她们真正是风姿绰约、仪态万方，作为艺术形象，生动、活泼、有力，给人以美丽的、活生生的印象，难以忘怀，难以磨灭。此外，对于老一代（像劳斯托夫的母亲和她的朋友），对于年轻一代（像丽莎、索妮亚等），也都着墨很多，用力很勤，也创造出重要的和优美的艺术形象。这些形象成为《战争与和平》艺术价值和艺术成就的重要组成部分。

但是，《三国演义》中却几乎没有什么女性的地位，没有认真地去描写过她们的生活和行动、思想和性格，更不要说她们的心理活动、她们的外貌形象了。像关涉刘备、周瑜这两个先友后仇的重要人物的夫人，连个姓名都没有，她们只是作为道具似的出场串演一番。还有刘备的甘夫人、糜夫人等，当然也都是有个姓氏的木偶而已，在故事发展中和艺术上都没有一点值得一提的意义。

整个《三国演义》中，大概貂蝉这个人物，是少数被着重描写过的女性之一。第八回"王司徒巧使连环计　董太师大闹凤仪亭"和第九回"除凶暴吕布助司徒　犯长安李傕听贾诩"中，她在王允与董卓的政治斗争中，在自己与董卓、吕布的三角恋爱中，都扮演了重要角色，在故事进展中起了重要作用。然而，也只是占了一回半篇幅，貂蝉在故事发展中固然起了很大的作用，在小说所写到的历史事件中也起了很大作用，以至王允以重臣之尊，竟给这个奴辈下跪行大礼，求她救救汉家天下。但是，她在小说中的活动，也仍然是个道具式人物的作为，无性格、无主动行为、无心理活动，只是按故事需要"做"了应做的事情，完成了作者交给的任务。作为艺术形象，她并不丰满，而且她迅即从《三国演义》的社会舞台和艺术舞台上消逝了，大有稍纵即逝之慨。她完全不像《战争与和平》中的女性人物，从头至尾，贯彻始终，成为整个小说的故事发展、情节演变的关节点；在人际关系中，推动着人的关系和故事发展的演变。像娜塔莎和玛丽亚王爵小姐，在小说中就正是发挥了这样的作用。

这些既是两国社会和两个时代的生活实际的差别，也反映了两个民族文化心态的差异。

二

两部作品在长篇小说的全部艺术格调上，都展开了平行发展的风姿神韵，各有千秋，流芳百世。如果我们按长篇小说的七个层面的表现来作比较研究，那么，我们可以在故事、人物、情节、幻想、预言、图式、节奏这七个方面都能看出详尽细致的差异表现。但是，我们宁可从总体叙事框架来宏观把握其状况，以免流水账式的烦琐比照，而不能得其要领。

《三国演义》从历史演化而出，从《三国志》到讲史到话本，历经数百年，由说书艺人口头讲述，在民间流传，最后由文人整理成书。这是一个长期的、口头的、集体的创作过程，它既有一个主要的历史线索和讲史风格，又有繁复的人民群众中各种兴趣、情感、审美心理和历经变迁的各朝各代、各个历史时期的人们思想情趣的杂汇；它既有民间口头文学浓重的艺术风格，又打下了文人创作的深刻烙印，这使它具有全面而深刻、鲜明而浓重的民族文学气质。它以史实、史书为本，用口讲述。一个全知的讲述者（说书艺人），面对众多下层人民的听众，有时间分隔（一夜一夜或分时间段落）地讲述，每单元相对集中和具有局部的相对完整故事，故事情节要丰富、紧凑、明朗，对于环境、风景、人物心理都不能多讲，更不能精雕细刻，否则听众注意力分散，难以取得效果，甚至难以为继。这决定了它必然是陈述的风格，而不是描绘与呈现，是"一张嘴难述两家事"，因此是微观地、单一地、记述式地进行。对于人物的心理描写重在行动的体现（写内在心理的具体行动表现），而不是客观的、精细的静态刻画：是"字有字法，句有句法，章有章法"，考究的是字、句、章的连接，明白、易懂、畅晓，具有吸引人的力量。它不要求语言自身的深刻蕴意和必须精细的体味，稍纵即逝的听觉感受，只要求一语既出，立刻抓住听众。

《战争与和平》是一位作家在数年间创作出来的。作家一开始就是诉诸文字符号的，有总体创作计划与意图，他要"表现历史""写人民的历史""塑造性格及其活动""表现性格的冲突"。在叙事范式上，他有艺术的追求，要突破，立意将作品写成不是长篇小说（不是欧洲传统的、巴尔扎克式的长篇小说），即"有开始、有渐趋复杂的线索以及结束这线索的大团圆或不幸收场"（托尔斯泰）的小说，他设计这作品要写"半历史性、半社会性、半虚构的具有伟大性格的人物"（托尔斯泰）。因此，它呈现的、描绘的，不仅有历史的事件，而且有生活的风貌，还有对人物心理活动的夹叙夹议和叙议融合的描写与刻画，许许多多、大段大段、整章整节的听起来难于迅即把握、体验其味，但读起来却深刻隽永、韵味无穷的描绘和刻画。它注意情节的演述描绘，人物的心理刻画、剖析和精细塑造，背景与环境的宏观而细致的描述。

我们在这里无须按每种区别来依序列举，而只举一个对比性的例证，就可见全般了。"曹操煮酒论英雄"，是《三国演义》中脍炙人口的著名篇章。刘备要尽量装作卑琐无大志、胆怯畏葸，曹操则已看出（猜出？）他胸怀大志和正在施行韬晦之计，一心想要试他、想要捅破，或要敌手自行暴露。刘备则坚决要予以掩饰，否则"性命休矣"，大势当然更是"去了"。在煮酒论英雄的过程中，两个人肯定会有许多各自的心理活动、心理变化，又有许多心理纠葛和由此而引起的各自的心理反应和心理反馈；然而，在这一回（第二十一回）中，这一切都没有什么值得一说的描写，甚至可以说没有述及心理活动，而是一切都通过人物的具体行动和各自的对应活动，来体现他们的心理活动、变化和反应的。最精彩处，就是曹操直言指出："今天下英雄，惟使君与操耳！"刘备则"吃了一惊，手中所执匙箸，不觉落于地下"。仅此数语，只见具体行为，不着半句心理描写。接着是，"玄德乃从容俯首拾箸曰：'一震之威，乃至于此。'"明明是刘备掩饰自己真实的惊吓之情（担心被曹操看出自己的胸襟抱负），然而仍是不作半句心理描写，却只写他拾箸，说假话。再接着，曹操狐疑顿生，又信又不信，问道："丈夫亦畏雷乎？"刘玄德来一个更巧妙、更深入的掩饰，说道："圣人迅雷风烈必变，安得不畏？"就这样，"将闻言失箸缘故，轻轻掩饰过了"。最后，"操遂不疑玄德。"在这段描写中，行动一个接着一个，心理变化一层又一层，心理纠葛一次又一次；但是，一切心理都从行动中体现出来，而不是由作家用语言来作说明，更无细致的描述。

整个过程的记叙仅仅用了一页半不到的篇幅。这就是《三国演义》的叙述风格，也是中国古典的、传统的文学气质。

《战争与和平》却完全是另一种风貌。这里也仅仅举出两个例证，从中可见一斑。一个是，安德列在奥斯特里齐战场上受伤。从他受伤倒下，到他被法军收容，见到拿破仑，跨越了两节，占了八九页篇幅。还有他倒下时的感觉，特别是倒下后那段眼望天空时的心理活动和他在被收容、见到拿破仑后关于故家童山的思念。这两段著名的心理描写，真是细致入微。《三国演义》中，战死战伤者多矣，但差不多都是"手起刀落，身首两处"或"身中数枪（或数箭）"，一带而过，何来心理描写？原来，作家（讲史者、说书人）志不在此也。这也是中国的文学气质。

《战争与和平》中，还有一段著名的心理描写，就是安德列伤愈回家，思想变化很大，他去视查儿子继承的利阿赞农庄，并为此事拜访老劳斯托夫伯爵时，来回两次见到一棵路边的橡树。这引起他深层的心理活动，关涉人生意义，也表露他的感情、情绪和思想的变化，其心理活动跃动、飞翔、深邃。作者文笔优雅，引人入胜，亦启人思索，对人物形象的深入刻画也收到效果。①这则是俄国文学（西方文学）的气质和风格。它说出、描绘、刻画人物的心理活动，让读者来理解、认识和接受作者对人物的剖析、解释和评价；而中国长篇叙事作品却不做这种事，而是通过人物自己的行动、事件来体现、透露、折射他的心理，用对这种行动的描述、记叙来让读者体察、认识、品味和评价人物心理及整个人物形象。

我们从这里可以比较不同的气质，以及各自的艺术优劣，但却不能分出总体的优劣等级，因为各有所长，亦各有所短，而且它们各自适应其民族的文化心态、文学气质和接受意识。它们既是这种土壤培养出来的，在这种土壤中滋生、发展和成熟，又给予营养于这种土壤，使之更发展、更丰富、更成熟。

这是东西方长篇小说以至整个文学的不同的两种艺术气质。

当然，这两种艺术气质，并不都是彼此割裂、分离，各不相扰、互不相关的。事实上，它们在总体上如此差异，在局部、在细节上，又是彼此渗透的、互相参用的。由此，它们互相合而构成总体文学的风格和发展。

三

两部作品具有不同的叙事架构。这表现在叙事的演进程序和连接方

---

① 安德列第一次带着灰暗心情见到橡树，思绪纷飞，最后想道："……是的，橡树是不错的，一千倍不错的"，安德列王爵想道。"让别个——青年的人们——再来上当吧，但是我们认识人生，我们的生命已经完了！"（《战争与和平》第2册，人民文学出版社，1978年，第697页）回来时，他因初识娜塔莎，心情转换，再见橡树，心理活动大不相同："是的，这就是那棵橡树"，安德列王爵想道，于是他陡然起了一种欢喜和更新的不可理解的春天感，他一生最好的时刻突然都记了起来。奥斯特里齐和那崇高的天空，他太太那死后的不满意的脸，渡头上的彼尔，被夜间的美撩动了的那个少女，那夜间自身和月亮，还有……这一切忽然涌上心头。"不，生命在三十一岁上并未过完！"安德列王爵突然斩钉截铁地说。……（《战争与和平》第2册，人民文学出版社，1978年，第704页）

式、情节的选择与安排、人物的筛选及其关系的布局、典型人物的描绘塑造等方面。

《三国演义》的总体架构和叙事范式是线性分支演进，而《战争与和平》则是层面铺陈的网络呈现（从章回结构和章节部署的比较中显现其状貌）。

《三国演义》在整体上和每一回里，总是许多情节流泻而过，情节多，跌宕起伏、急速演进，主要人物在其中活动；而次要人物不计其数，一闪而过，出场即死或数回而逝。《战争与和平》只有几个大事件，只选择几个主要情节，细致描绘、深入刻画，宏观展开、微观绸缪，情节进展少而慢，但却深而细，主要人物在其中展开性格的各个层面；次要人物也基本贯穿始终，或有选择、常出现而其数量不计，一出即逝。

《三国演义》中的"官渡之战"基本上是在一回中写完（第三十回"战官渡本初败绩 劫乌巢孟德烧粮"），总计只有12页。整个过程，主要就写曹操和袁绍：一个如何失掉人心、不纳忠谏（袁绍）；一个如何不断听取意见，利用敌方矛盾，最后获得胜利（曹操）。情节的进展即事件的进展，关于战事本身（如何作战）以及作战中人的活动情况，都没有过多描写。该回整个是一个斗智过程而不是一个战斗过程，也不是一个社会生活层面的呈现过程。

《战争与和平》中对奥斯特里齐战役的描写可就大不相同了。它使用了巨大的篇幅，如果不算前后的描写，仅从直接进入战斗描写算起到战斗结束为止，它用了第三卷的从第十二章至第十九章计八章篇幅，共有54页之多。小说对于战斗、战场情况，将军与士兵的活动、心理、情绪，以及山川、河流、会议、会谈等，都作了详尽的描述。这里有许多情节的演进，有许多细节的描写，对众多人物（从库图佐夫这个统帅、拿破仑这个皇帝，到青年军官安德列、包理斯以及劳斯托夫、库拉金、图辛，等等）都有详细描写、着意刻画。这是一幅战争的图画、历史的画幅和社会生活的风俗画。当然，它也写到了参战者的智慧和双方的智斗，但这不是主要的（简直就是顺便表现的），它主要呈现的是历史，是人物、人的纠葛和人的心理活动。

《三国演义》给人以智慧，给人以历史知识的轮廓，以至于有的知识成为现代管理的有用知识。例如曹操取得官渡之战的胜利，从袁绍处获得"军中诸人与绍暗通之书"，左右都主张对这些叛逆"收而杀之"，曹操却说："当绍之强，孤亦不能自保，况他人乎？"于是命令把这些降书尽皆烧掉，而且"更不再问"。这种通达事理和宽宏的干部政策，成为后人处理同样或类似事件的启示，还可连类而及其他。这是越过了小说自身的意义而发挥其作用了。

《战争与和平》给予人们的是另外一些东西。这就是：历史知识，不过不是概写，而是具体的、细致的；具体的历史人物的具体战争行为；具体的社会生活；具体的艺术享受和艺术感受。

这是两种"小说学"和两种小说的审美范式。

## 四

两部小说的差异，反映了两大民族的接受意识的差异、公众审美意识与小说理论的差异。这构成了民族心态的差异。

中国传统的民族心态、接受意识，是对忠奸的判明，对仁义道德的看重，对人际亲和（人伦关系）的重视，是以小说言志，文以载道；读者、听众是在听说书的过程中，培养起自己的明是非、重教诲、要求头尾衔接、按部就班发展、对事件人物都有个交代的审美情趣和接受意识；小说美学的理论基石是"史传"和"诗骚"的分离与结合①，而以"史传"精神和手法为主，尤其以讲史为特征的《三国演义》更是如此。

《战争与和平》则是以俄国民族心态与接受意识为核心。它要满足俄国传统的和已经近代化的俄国民族心态与接受意识。这是经过从罗蒙诺索夫、普希金、果戈理到冈察洛夫、屠格涅夫所表现和培养的民族心态与接受意识。它不仅凝聚着爱国主义精神与民族觉醒、"北极熊"性格的思想性格内涵，而且渗透着既有俄国传统又有西欧深刻影响的文学接受意识；既有社会接受意识—期待视野的定式，又有伟大作家托尔斯泰的创造。《战争与和平》是立体凸现、宏观描述、网络叙述的结合，是社会层面描绘、人物性格创造、环境氛围熏染的融汇，"半历史性、半社会性、半虚构"的广阔结构，写实与想象的巧妙结合。"打猎是同样重要的"，跳舞也含义多重，插进许多长篇大论，不断进行性格剖析

---

① 陆平原：《"史传"、"诗骚"传统与小说叙事模式的转变——从"新小说"到"现代小说"》，《文学评论》1988年第1期。

与心理刻画。

　　一个体现和满足着本民族文以载道、道德教诲的要求，显示了政治文学的高度成就，把人物所体现的民族智慧、政治经验、文化心理，突出地陈述、记录和宣扬开来。在《三国演义》中，诸葛亮、周瑜、关羽、张飞的品性塑造得很成功。他们既是民族文化心态和接受意识的产物，又是这种文化心态与接受意识的"培养基"，成为中国人民性格和心态的典型和模式，具有跨地域和跨时代性。然而，《战争与和平》中的人物，却都是他们那个时代的产儿，具有鲜明的时代性。他们也是民族的艺术典型和模式，但却不是"通用"的。彼尔是十二月党人的前身，安德列是醒悟的贵族先进分子的前辈，老劳斯托夫和老保尔康斯基也都是他们那个时代的贵族典型；但是，他们的性格中又都有"俄国性格"的共性。《战争与和平》体现和满足着俄国民族了解历史与社会、表现民族性格的愿望，显示的是社会文学的深厚丰姿。俄国民族性格的厚重、顽强、坚韧，得到了弘扬。

　　它们至今是俄罗斯民族文学的范本，审美与接受意识的积淀，民族性格与智慧的传播媒介和教科书。三国时期的人物（实质上是《三国演义》中创造的人物——民族典型），至今在塑造着中国人一代又一代的民族心态和民族性格。苏联在20世纪40年代，再现了19世纪20年代莫斯科保卫战的历史伟大场面。百年相隔，同一民族性格相互辉映。甚至百年之后的英雄具体地以历史前辈的英雄形象与英雄行为作为楷模，来鼓舞今天的战斗。

## 五

　　事实上，《三国演义》和《战争与和平》，在历时性上并不是处在同一个层面上。它们在产生的时间上相距500年之久。一个是古代文学，一个是近代文学。在文学—文化和社会整体发展的轨道上，"后来者居上"，出现在后、已居于人类近代文学高峰的《战争与和平》，自然会在许多方面高于《三国演义》。不过，这并非《三国演义》落后，而只是反映了人类文学—文化发展的自然情状。就像希腊神话、中国《诗经》《楚辞》，不能拿后世的诗歌、小说、寓言与之相比一样。《三国演义》在它自己所属的时代，已经达到了区域与时代发展水平的高峰，在它自己所属的区域与时代的层面上，它已是"古典的"和"经典的"，已是不可达到也不可超越的了。在这一点上，它与《战争与和平》具有不可比性。

我们所做的上述这番比较，主要不是在这个意义上所做的工作，而是就民族文化心态、文学气质、接受意识以及小说美学上进行的跨区域与时代、跨文化的研究。

从这种比较中我们看到，每个民族都会在自己的文学中表现民族心态；文学是民族心态的主要载体，是民族心态的展示领域。正是民族心态，在总体上、根本上决定民族文学的气质和民族的接受意识。反过来，接受意识和文学气质也组成、促成和发展民族心态。

民族文学在平行发展过程中，由于心态、气质、接受意识的差异，可以导致文学创作的诸多差异。由此而构成了总体文学——世界文学——纷繁复杂、丰富多彩的结构。

在人类整体文化发展的历史过程中，在人类的文学接受意识和理论的发展中，以及在文学表现、文学品质的整体发展中，人类的总体文学不断地提升和丰富，表现手段、艺术技巧、社会品性、审美素质都在向丰富、深邃、复杂的方面发展。不断地分区域、按时代序列，把过往的文学推到稳定的、古典的形态中，一部分品质、技巧、素质保留下来，成为人类总体文学的文化积淀，为后人所吸取、改造和应用，成为艺术之海的源头水；一部分则成为过时的、古典的，仅作为欣赏的历史遗物了。无论是《三国演义》还是《战争与和平》，都有这两部分东西。它们都是人类文学与文化的宝贵遗产。在这一点上，它们是等价的。

从两部小说对各自民族文学和民族心态的影响来看，它们都是各自民族文学与心态的酿造者，至今仍然具有民族文学接受意识的塑造力，也具有民族文学创造的规范作用。

这就是文学遗产的功用。因此，也可以借助它们来探索中俄当代文学的美学渊源。

# 鲁迅与胡适: 不同的文化性格与不同性格的文化①

——一个鸟瞰式的比较研究的思路

作者曾以此题应邀在美国哈佛大学讲学，这是就这一课题所作的研究提纲。作者在讲演时作了扼要的介绍，但有些部分则稍微展开了一点。为了适应听众的需求和收到更好的效果，在讲演时，第一部分首先列举了在少年时代以至后来鲁迅与胡适在发生类似的事情时，他们所做出的不同反应和所持态度，然后归纳了几点不同的性格特征。这一做法得到了听众的赞许。不过，现在发表时，基本上恢复了原提纲的面貌。

我很感谢哈佛大学费正清东亚研究中心 MacFarquhar（罗德里克·麦克法夸尔）主任的邀请，以能够到这个世界著名的学府和研究机构来讲学而感到十分荣幸。同时，也很感谢著名资深教授 Schwartz（本杰明·史华慈）教授为我主持讲演，这也是我甚感荣幸的。他们两位有关中国的著述不仅在美国具有广泛的影响，而且在中国也是很受重视的。首先，我的讲题，涉及中国现代两位声名卓著、具有广泛深远影响的文化大师，对他们之间在文化上的异同进行比较研究。这是一个很大的题目，不是我的能力所能完全胜任的。所以我在副题上加上了"鸟瞰"这个限制词。其次，是要提出，这只是一个"比较研究的思路"。所谓"思路"，是说这只是对问题进行研究的一种想法、一个打算遵循的途径。这还算不得全面的、真正深入的研究。

在我进入正题之前，想要谈一点今天提出研究这样一个题目的意义。

---

① 原载《鲁迅研究月刊》1997 年第 11 期。

鲁迅和胡适代表了中国现代文化中两种不同的品性，并曾经在一些重大的、现实的问题上敷上了浓重的政治色彩。如果仅从文化的范畴来分析，他们的不同文化品性，不仅表现在他们活动在不同的文化领域中，他们活动的侧重点很不相同，而且主要表现为他们各自的文化品性在根本特征上和基本形态上是不同的。这种不同不仅贯穿于他们各自的思想、活动、事业和著述与创作中，而且产生了中国现代文化中两种不同品性的"文化支脉"，又影响、灌注、作用于中国现代文化的"文化整体"之中。仅从这一点看，就可以透视对他们的不同文化性格研究的重要意义了。

的确，他们两位都堪称中国现代文化大师，都有过重要的建树，做出过很大贡献。人们现在还从他们的著述中获取智慧和力量。

可以说，从五四运动以来，他们曾经开创了中国现代文化的基业，为开辟发展道路、指引发展方向、培养一代代文化精英与文化大众共同战斗过，分别努力过。但是，他们在战斗中和所有文化活动中都表现了种种方面的不同，可以说是"大相径庭"，这包括态度、立场、方法、方式、意趣、目标等，而在总体上表现为文化品性的差异，以后更曾经互相对立以至对抗。

具有鲜明性而又蕴含着文化意味的是，在上海的虹口公园耸立着鲁迅的塑像，并有一个规模不小的鲁迅纪念馆。而在台北南港，修建了胡适墓园，内有他凝思默想的半身铜像；他身前的住宅改建成了胡适纪念馆。双方各自都有文人学者、莘莘学子以及群众前去瞻仰或参观学习。这表明，他们各自奉献了自己，他们各自做出了自己的奉献，他们对中国文化卓有建树。

这在深层上，反映了五四运动以来70多年的文化发展，历经合作、分化、竞争、反抗、批判、选择、淘洗等阶段和"程序"，"折戟沉沙铁未销，自将磨洗认'文化'"。时间之流沙，清洗了许多现实斗争所需要和产生的"附着物"与"锈斑"，留下了全民族认同的文化内涵，以及不同阶级阶层、不同文化集团和学派所能部分地、有条件地、批判地接受的文化资源。

这既是可喜的民族文化汇合发展的现象，又是他们的成就进入民族文化总体积淀的表现。

# 一、鲁迅与胡适文化性格的差异和各自的特征

鲁迅与胡适两人相差 10 岁，但他们成长在大体相同的时代条件下和文化背景中，具有同样的家族文化熏陶。虽然一个是越中文化，一个是徽州文化，但只是中国南国文化大系统中的两个不同支脉，小异而大同。他们走了一条大体相同的早期教育的道路。从幼年到少年，他们都接受了中国传统文化教育，同到门户开放的通都大邑（南京和上海）接受新式教育；同样为维新运动所唤醒，同样喜读梁启超的文章并受到影响，同样接受了严复"达旨"实即编译的《天演论》的影响，为达尔文进化论打开了眼界，"睁眼看世界"，从而树立了新的世界观；也同样受到辛亥革命的激励和洗礼。但是，他们在当时和以后，在这些"相同"面前，却是那样地不同和具有那么多的不同。究其原因，既有客观因素，其中包括地理、区域文化、家庭教养等因素大同中的小异，也有主观因素（即他们两人的秉性天赋的差异），而后者是主要的。如果我们运用泰纳在《艺术哲学》中所提出的观点，即作家艺术家及其作品（其实我们可以扩大到一切人格和叙事）的决定性因素是种族、环境和时代，来分析鲁迅与胡适性格及文化之差异的原因，就可以得出结论。在这三个因素之中，正如泰纳所说，"种族"是"第一性的因素"。泰纳所说的"种族"，是包含人的天赋、情趣、智能基因、性格基质等在内的。而鲁迅和胡适之根本差异的表现和渊源正在于此。这一点我们可以从很多具体事例中看出来，那表现是鲜明的、突出的、非常富有个性的，真可谓截然不同。我们以历史的眼光来"回眸往昔人事"，不禁要感叹：同为文化大师，他们是何等不同。而不同心性决定的不同的文化选择，竟是这样培养和决定了不同的人才和文化。

第一，他们在相仿的年岁上（10—12 岁）同样读了类同的历史概略之类的书，鲁迅读的是《鉴略》，胡适读的是《纲鉴易知录》。鲁迅在读了《鉴略》之后，除了略知中国历史概貌、知识有所增进之外，几乎没有受到什么值得一说的影响。而胡适在读了《纲鉴易知录》之后，却对历史产生了极浓厚的兴趣，接着便读了《资治通鉴》，并且以 11 岁的小小年纪，编了一个《历代帝王年号歌诀》。对此，他自己后来回顾总结说，"可算是我的'整理国故'的破土工作"，"这是我研究中国历史的第

一步"①。

第二，幼年时代，他们同样在农村看野台戏，接触到《目连救母》这个民间戏剧，同样看了《玉历钞传》这一宣扬阴间鬼神及善恶报应的书，也同样看过农村迎神赛会上的鬼神化装表演。对此，他们的反应和在心理上的积淀却是非常不同的。胡适因此而引起对地狱鬼神的恐怖、对人间阴世冷暖差异之慨叹和无由解除此类心理情绪而感到无奈与忧虑。他自己说，直到后来在《资治通鉴》上读了范缜的《神灭论》才得到精神上的解放。以后又直接读了《神灭论》，终于建立了无神论思想，从此解除恐惧和忧虑，从心中逐出了鬼神之扰。而鲁迅呢？却由此而对鬼神世界产生了浓厚的兴趣，并喜爱那来往于阳世与阴间的勾魂使者活无常，神迷那恐怖而美丽的复仇女鬼女吊，并且由此引起了对劳动者复仇性格的赞赏，从而建立了一个想象中的鬼神世界。他爱活无常秉公执法，而又不免有时把有关系者"放他还阳半刻"。这人而鬼、鬼而情、情而理、理而爱的形象，以及女吊悲苦而刚毅的形象，都一直萦怀，直到他晚年和逝世前尤萦系心头，时常念及。少年时，他在精神上寻找到一个慰藉寂寞的幼小心灵的想象世界，并发现了一个现实人间未曾见过的可爱的鬼神"人物"。他由此而建立了一个艺术的"鬼神世界"和艺术的"鬼神之爱"，更由此而萌发了富于想象的艺术心性，建立了一个初期的艺术意识与艺术观念的基础。而胡适在这段心理过程中，则由对人鬼之分与对地狱的恐怖的消释化解中而在思想与心理上取消了一个鬼神世界，却同时建立了一个理性的、历史的观念，一个初期的研究意识的基础和学者类型文人的初始基石。

两人的不同文化性格和由于这种性格基因产生的不同文化选择的机制与实践，所造成的这种不同性格基础的分野与分化，都是多么不同。差异不是一般的，而是突出的、鲜明的。这不能不造成他们以后的成熟性格的大异和文化创造的相异。

第三，鲁迅与胡适，在少年时代，在各自的人生觉醒与艺术觉醒的成长道路上，也是在关键的时期，都受到一本书重大的、决定了以后成长方向的重要影响。不过，所不同的是，他们的接受对象和所受到的影响的性质却是那样的不同。鲁迅是受到了《山海经》的影响。这本讲述

---

① 曹伯言选编《胡适自传》，黄山书社，1986，第36页。

地理却又充塞着历史和神话的古代著作，连同它的插图，引起了鲁迅对想象世界、形象世界的兴趣，并且在未见到书时就被介绍者（他的叔祖）对书的内容的介绍而逗引得进入了想象的世界，特别是对"人面的兽、九头的蛇、三脚的鸟、生着翅膀的人，没有头而以两乳作眼睛的怪物"产生了无比的兴趣。鲁迅由这本书及其插图，也产生了对美术以至一切形象艺术的兴趣。这决定了他以后成长的方向。而胡适最早受到深刻影响的一本书则是小说《水浒传》，这是他的族叔给他的。这年他9岁。以后，重读《三国演义》等书，"从此以后，我到处去借小说看"。又在"哥的书架上寻得了三部小说：《红楼梦》、《儒林外史》和《聊斋志异》"。在他12岁离开家乡时，他那登记看过的小说的折子上已经记下30多部小说的名字。他后来说："但这一大类都是白话小说，我在不知不觉之中得到了不少的白话散文的训练，在十几年后于我很有用处。"①这样，胡适少年时代的"小说阅读"经历，为他打开了一个小说的世界，为他日后提倡白话文、研究古典小说种下了根苗、打下了基础。他不像鲁迅那样从《山海经》培养了一个想象的世界，培养了想象力，养育了艺术的心性；而是从众多小说中培养了一个理性的世界，培养了理性地研究对象的能力，养育了研究的心性。

在这里还可以补充一点，两位大师在少年时代，在客观上——尤其是主观上——的不同表现：少年鲁迅在得到带图的《山海经》之后，就努力收集图画书，并且描摹绘画，影画小说绘像，在家里可以当着大人的面画，并装订成册赠送学友。由于少年时代的这一点艺术因缘，他以后终身与艺术结缘，并且指导、帮助了中国现代艺术事业的发展和一代新艺术家的成长。而胡适却不同。在起点上，他与鲁迅相同，也"常常用竹纸蒙在小说书的石印绘像上，摹画书上的英雄美人"；但是，"有一天，被先生看见了，挨了一顿大骂，抽屉里的图画都被搜出撕毁了。于是我又失掉了学做画家的机会"②。这里说明了客观环境的"严酷"，窒息了少年爱美之心；但主观上，也不是没有原因的。如果心性所向，禁是禁不住的，他仍旧会秘密地进行。鲁迅和胡适后来都并未成为画家，但少年时的差别，却使他们日后同艺术的机缘和对艺术的热心大不相

①　曹伯言选编《胡适自传》，黄山书社，1986，第26-27页。

②　同上，第29页。

同。——胡适同艺术的关涉是不多的。

以上一些事例，反映了他们之间各不相同的文化性格：一个是艺术心性，一个是学者心性。一个由现实世界进入艺术境界，由虚构的艺术世界进入想象的意境，并发挥想象力，进入感性的王国、审美的天地，在总体上、在初步阶段上养育了艺术性格；一个却不同，是由艺术世界回返现实世界，由虚构的艺术世界进入现实的理性王国，由历史的纪实的世界进入学术的逻辑的天地，并且发展、培育了这种重理性的学者性格。

安徽有句俗语"三岁定终身"，另有民谚曰"三岁看到老一半"，分寸略有不同，却述说了一个普遍性的真理：少年时代表现出来的不同的文化性格，至少在基本方向上、事业基调上决定着今后的道路。的确，这两位大师就这样地经历了他们不同的少年生活特别是精神生活之后，在经过了这样不同的文化性格的作用，做出了种种不同的文化选择之后，他们的经历不同了，尤其是文化性格上的差异就更多、更明显、更突出了，各自的特征也更富于个性色彩和更具有自觉成分了。威廉·詹姆斯在《实用主义》一书中曾说，有的人"具有自己本身的追求倾向与排斥倾向的性格"。鲁迅和胡适都不仅是具有这种"对立两面"性格的人，而且是这种性格既显得突出顽强，其文化特征与含量又突出而丰厚。再者，更突出的是，他们的不同之处，正好显示出彼此相反以至对立的性格，即鲁迅之追求倾向，恰是胡适的排斥倾向，反之亦然。我们且以A、B分别代表鲁迅、胡适，来列举一些"倾向对抗"：

A. 重形象、重情感、重想象、重艺术、重浪漫主义；

B. 重逻辑、重理性、重实证、重历史、重实用主义。

由于这样不同"基因"的差异，以及他们以后在大体相同又颇为不同的经历中所经历的不同的文化选择和精神生活，他们不同的文化性格就更发展了，更向原则的、自觉的、稳定的状态发展了，最终形成决然不同的、高度成熟和高文化层次的原则差异，由此也导致了他们在文化创造、文化奉献、文化影响上的原则差异，从而形成统属于中国现代文化总体中两种不同品性的文化"板块"。这既是文化语境创造了他们，又是他们开创了不同的个体–局部文化语境；这既是时代选择和决定了他们，又是他们选择和决定了时代。"鲁迅的文化世界与品性"与"胡适的文化世界与品性"，这是中国现代文化中的两相构造。在略为展开讨论这"两相构造"之前，我们再在前述"基因对立""倾向对立"的基础上，继续列举一些在尔后的发展道路上他们所表现出来的不同的文化性格。

鲁迅与胡适二人都是在"少年结尾青年头"的年岁上，结束了在文化古城接受传统文化的教育与熏陶，离开故乡，到中国最早开放的通都大邑接受新式教育的。他们一个去了南京，一个去了上海。其他诸多方面，我们且不去比较考究，只说在思想观念至关重要的一点上的异同。他们都是在受到浓浓的中国传统文化的熏陶浸染，并以其各自的灵性饱受其益之后接触到西方文化的，首开其"蒙"的也都是经由赫胥黎的著作传达而又由严复"达旨"的《天演论》转述的达尔文进化论理论，两人都受到振聋发聩之撼，并被它打开了思想眼界，接受了一种新的世界观和观察世界的新的思想工具。这是相同的一面。但是，二人对此所做出的反应却不同。鲁迅从此信奉了进化论，接受它的指导，在相当长的时期内以它为思想圭臬，其核心就是一切事物都要进化，明天胜于今天、新的胜于旧的、青年胜于老年。他由此得出的是进步的、革命的观念。胡适所受影响之深，也是划时代性的。他牢记和信奉进化论的"适者生存"。他是相信得如此之深，以至改名"适"字为"适之"了①。看来，他更多的、偏重的是从个体的对客观的适应这一方面来接受进化论。他在思想上隐然表现出一种改良的倾向。

以后，他们又同样负笈异国，去接受新文化的洗礼。所不同的是，他们一个东渡日本，一个西渡美国。一个是既接受明治维新之后"接受了西方文化影响的日本文化之影响"，又经过"日本桥"接受西方文化的影响；一个是直接到美国，直接接受美国文化的影响，并借此接受欧洲文化的影响。在几年的学习中，他们的不同又更深地发展了。虽然他们都是先从学实用科学（一个学医，一个学农）开始，但很快就"弃实就虚"，一个从事文艺，一个学习哲学。这已经是他们在少年时代所显示出的不同文化性格和由此决定的文化选择之不同的反映和结果了。但更大的差异是，一个从此信奉杜威的实用主义，并走上学术研究之路，后来虽以发动文学革命首先显名于世，而且终身与文学关涉，但仍以学术为职志，从学术而涉文学域；一个则从此信奉"摩罗诗派"，即以缪斯之魂启国人之魂，并走上文学之路，虽然以后亦从事学术研究，为开

---

① 胡适之易名，是其兄所定；但他是接受并信奉不渝的，否则他后来可以再易名。

辟新学术事业之巨擘，但仍以文学为自己终身献身的领域。这显示了他们少年时代不同文化性格的久远效应。

在留学时期，他们都在初涉专业学科不久，就因某一事件而志向转变，但在相同中，却又再次反映了他们的文化性格之不同。鲁迅在日本仙台习医是为了救治像父亲一样被庸医害死的国人；但一个"幻灯片事件"，让他痛感倘国人身体强健而精神麻木，则只能当别国人的间谍被第三国屠杀而还有一批麻木的国人看别国人杀自己的同胞。于是他愤而抛下手术刀，拿起了笔，要以文艺来唤醒国人，从此走上以文学来"我以我血荐轩辕"的道路。这个转变固然是由于"幻灯片事件"的深刻刺激，但受刺激之后的选择，却是因为他的心中——文化性格里，有一位缪斯神。而胡适呢，他因哥哥的爱国心意与嘱托，而选择了救国的实业之一——农学，进入了颇有名望的美国康奈尔大学农学系。也是在学习专业课程不久，发生了一个我们不妨称为"分苹果事件"的事情：教师留下作业，把30多个苹果加以分类。美国学生大多来自家庭农场，熟悉苹果，"一望而知"，不一会儿就按品种正确地分开了；而胡适竟分了很长时间，却仍是"错误百出"。于是，他顿悟一个道理：选择自己的专业，不要管社会的需要，只要问自己的兴趣和才能如何。就这样，他结束了学农而选择了哲学。这同样是在"外因"之外，有一个起决定作用的"内因"——他内心中有一颗"学术魂"。从鲁迅和胡适的这种"转向"中，还可以看出他们文化性格中另一个更深层的差异：一个在人生选择时，从宏观的国家民族的命运考虑如何拯救之根本道路；而另一个在面临此歧路时，虽然也虑及国家民族需要，但考虑问题的视角却是微观的、具体的、个人的条件：大问题且不用管，只看你自己能干什么。胡适一直坚持自己的人生指导思想，直到晚年在台湾告诫青年，仍以自己年轻时在美国的这段经历和认识为圭臬。①可见此乃他文化性格中的核心。

最能反映两位大师文化性格之不同的还有一件事情，这就是两人同样不幸的婚姻和他们不同的处理态度。他们都有一桩由母亲包办的婚姻。他们都是年少失父，由母亲抚养成人，与母亲情感弥笃而又终身事

---

① 胡适62岁（1952年）在中国台湾地区讲演时说："要问自己性情所近，能力所能做的去学。这个标准很重要，社会标准的需要是次要的。"（见《胡适口述自传》注文，《胡适口述自传》，华东师范大学出版社，1993年，第49页）

母至孝的人。但在对待由母亲包办的婚姻上，两人的做法却不同。他们先是都同样接受了这桩婚姻。鲁迅接受一切婚礼的安排，内心不悦却任人摆布；而胡适则进行了小改良，对婚礼提出新要求。大不同在以后。鲁迅与许广平相识后由师生而结为终身伴侣，彻底地反抗了旧式婚姻。胡适与年轻的伴娘、与他有表亲之谊亦是师生辈别的曹佩声由相识而在杭州短暂同居，但最终屈服于江冬秀的压力而与这位文盲太太相守终身，并忍受夫人因无文化好打麻将而带来的种种"生活之累"，而且弃爱他终身并因他而发奋也去了美国康奈尔大学学农、后成为有名教授的曹珮声的痴情挚意于不顾，使她孤独地度过了一生，凄然身殁于灾难之中。鲁迅因婚姻之事有感而发写下了"灵台无计逃神矢"的名句，并终身服膺匈牙利诗人裴多菲的诗句："生命诚可贵，/爱情价更高。/为了自由故，/二者皆可抛。"胡适呢？他写了这样的诗句："岂不爱自由，/此意无人晓。/情愿不自由，/也就自由了。"这是他献给妻子江冬秀女士的献身诗。

至此，我们不妨根据他们青年时代，以及以后的发展所表现出来的性格上的差异，再加以排比对照。那情景大略如此：

A. 重摩罗诗人。

B. 重实用哲学家。

A. 重文艺救国。

B. 重学术发展。

A. 才气纵横，寄意民族家国。

B. 理性贯穿，瞩目具体政治。

A. 重视东欧——广义的东方被压迫民族文学；引为中国文学复兴之榜样。

B. 重视英、法、德三国文学，"我对英、法、德三国文学兴趣的成长，也引起我对中国文学兴趣的复振"[1]。

A. 爱寂寞、常孤独，充满悲剧意识。

B. 爱热闹、广交友，缺乏艺术上的悲剧感。

A. 总是摆脱不掉悲天悯人的人性。

B. 自称是一个"不可救药的乐观主义者"。

---

[1]　唐德刚译注《胡适口述自传》，华东师范大学出版社，1993，第40页。

A. 激越、昂扬、深沉，主张"反抗复仇"。

B. 平缓、沉静、浅显，主张"冷静泰然"。

鲁迅终身不渝的挚友许寿裳说："鲁迅的性格，严气正性，宁愿覆折，憎恶权势，视若蔑如，皓皓然坚贞如白玉，懔懔焉动烈如秋霜，很有一部分和孔（融）稚相类似。"

《胡适口述自传》的记述注释者、20世纪50年代胡适困居纽约时的年轻好友唐德刚说："胡适之先生是个冷静到毫无火气的白面书生，他是不会搞革命的，抛头颅洒热血是永远没有他的份的。"[1]

A. 盼望自己速朽，死后迅即被人忘掉。[2]

B. 重视生前身后名。（唐德刚说："胡适重视身后名重于活着时的心脏病。"）

我们这种对比，还能列出许多事实，现在不妨综合起来，归纳成两个方面。这两个方面既是时间上的综合（包含他们的一生的表现），也是事业、思想、学问、艺术、生活各个方面的综合。这里更多的是注意他们的特征性的表现和表述，在准确性和科学性上或许有可挑剔之处，但这里也只是求形象上的"神似"，而不是事实上的"形似"。我们且表述如下：

A. 情感的、现实的、艺术的、刚烈的、人的、芸芸众生的、轻名的、宁愿站在风沙中战斗而不是坐在书斋里的学者——"普罗米修斯"。

B. 理智的、逻辑的、学术的、冷静的、柔弱宽厚的、上层的、上等人的、重名的、喜爱坐在书斋里做学问而不是在风沙中奋战的学者——"亚里士多德"。

最后，我想概括地用两句话，试图从两个方面来概括他们一生不同的性格和学问事业的基本差别：

A."托（尔斯泰）尼（采）思想，魏晋文章"。

B. 赫（胥黎）杜（威）思想，乾嘉文章。

A. 艺术心性战士身。

B. 逻辑精神学者心。

也许，这可以是差强人意地、象征性地表达他们性格的、心态的、

---

① 唐德刚译注《胡适口述自传》，华东师范大学出版社，1993，第79页。

② 鲁迅：《死》，载《鲁迅全集》第6卷，人民文学出版社，2005，第635页。

文化活动的、学问事业的、文章性情的基本领域和风格的总体差异。

## 二、鲁迅与胡适的文化性格、文化积淀和影响

这是一个时间跨度大、涉及面广、内涵丰富、文化含量大的题目，我在这里只能粗说，而不能细作；只能仍限于列举主要事实，加以排列比较，而不能比较广泛地展开和比较深入地讨论。

人们最早的诗作，往往最早地开始透露出他的心性的内在素质。鲁迅与胡适作为未来的文人学士，就更是如此了。我们且来看看他们两人在18—19岁时写的诗作，加以对比，观其差异：

### 莲蓬人

#### 鲁迅（1900）

芰裳荇带处仙乡，风定犹闻碧玉香。

鹭影不来秋瑟瑟，苇花伴宿露瀼瀼。

扫除腻粉呈风骨，褪却红衣学淡妆。

好向濂溪称净植，莫随残叶堕寒塘。

### 秋柳有序

#### 胡适（己酉，1909）

秋日适野，见万木皆有衰意。而柳以弱质，际兹高秋，独能迎风而舞，意态自如。岂老氏所谓能以弱者存耶？感而赋之。

但见萧飔万木摧，尚余垂柳拂人来。

西风莫笑长条弱，也向西风舞一回。

（"西风莫笑"，原作"凭君漫说"，1916年改。"长条"原作"柔条"，1929年改。）

托物寄情言志，他们各自描绘了一个心目中崇尚的形象，也创造了一种意境：一个出污泥而不染，碧玉淡妆，寒秋呈风骨，崇尚的是高洁傲世、不折不屈；一个随西风飘舞，虽万物摧折而却垂枝飘拂，崇尚的是柔弱顺势。如果我们把这最早的作品看作他们最初的文化产品，那么，他们的文化品格是多么不同。他们各自向世人表达两种人生态度，

传播两种生存方式与人生意境。事实上，这两位大师在创立各自丰功伟业的行程中和归宿上，不都体现了这种初始的文化品性吗？

他们就是在这种接受气势、期待视野的指引下，一东一西，出国留学去"取经"的；在实质上，是作为两位文化大师的"接受期"和"创业开始期"，他们各自在东方和西方接受了（也是"取得"了）符合自身心性和人生宗旨的文化资源，并同时初步创造了他们的文化事业。他们在这个基础上一步步发展、前进、提高，在中国文化近代化和现代化的过程中做出了各自的贡献，但他们的文化构成、文化品性是不同的，因此他们的文化奉献与作用也是不同的。

这里我们暂且只做一个简略的历史叙述，以见其概况。

（1）胡适在美国留学时，注意三件事：① 泰西之考据学（方法）；② 致用哲学（思想）；③ "天赋人权"说之沿革（社会政治之改革）。

鲁迅在日本留学，也注意三件事：① 20世纪西方之思潮（思想）；② 摩罗诗人（"立意在反抗，指归在动作"：方式）；③ 国民性改造（社会政治之改革）。

他们在这三个方面分别进行研究和思考，著文宣传，这于中国现代文化之开辟草莱、创建发展，是有其作用的。而这正是他们两人不同性格文化的最早表现。

（2）在研究和思考之后，胡适在1914年提出了"吾国之急需"的"术学论事观物经国之术"，这是一个"三术神丹"：一曰"归纳的理论"；二曰"历史的眼光"；三曰"进化的观念"。

鲁迅在日本时，略早于胡适，对于救国救民所提出的"方术"也可以概括为三，这就是"唤醒民众""提倡文艺""建立人国"。

（3）把胡适的思想、方法、策略归纳起来，视为一种"文化纲领"，可以用他自己的话来说，"研究问题，输入学理，整理国故，再造文明"。

而鲁迅，则明确总括其纲领性意见为"稽求既往，相度方来，取今复古，别立新宗"。

（4）胡适在美国留学期间，受到了他自己称之为"青年时期的政治训练"的资产阶级民主政治的训练，他对美国总统选举很感兴趣，对政治活动亦有兴趣。他已把自己的政治抱负、政治理想、"治国的方案"纳入一种自由知识分子心目中的资产阶级民主政治的框架之中。他在

1916年针对"国事败坏"的现象提出"必须打定主意"时，其"主意"就是"努力造因"。他首先提出，"今日造因之道，首在树人"，而树人之道"端在教育"。他批评道："吾国几十年来的政府，全无主意，全无方针，全无政策"。他给政府定下的"主意"就是教育。

而鲁迅在大体相同的时代，则是在"首在立人"这个与胡适几乎相同的总前提下，提出了"一要生存，二要温饱，三要发展"的根本主意，并且明确提出，要建立一个人民"做稳了奴隶的时代"和"做奴隶也不稳定的时代"之外的"第三样时代"。

胡适显然"**站在政府的立场**"提出了办教育提高人民素质的根本主意，目标是建立一个美国似的民主国家。而鲁迅则是**站在"奴隶"的立场**提出他们可以从根本上翻身的主意和目标。他的"人国"的概念带有浓重的"民间烟火气"——人民民主的含义，而不是空洞的"民主"。

（5）在五四运动和文学革命时期，胡适写过《我的儿子》，鲁迅写过《我们现在怎样做父亲》；胡适写过《贞操问题》，鲁迅写过《我之节烈观》；胡适写过《最低限度的国学书目》，鲁迅写过《青年必读书——应〈京报副刊〉的征求》，如此等等。在同一反封建、反传统的立场上和阵营中，写题目类同的文章，但他们的立意、主旨、方法、途径是多么不同，他们的文风是多么不同。他们的情感内蕴与表达，一个温和，一个激越。他们奉献给知识界和社会与民族的，是两种不同性格的文化。

（6）在五四运动退潮以后的1925年前后，他们两人面对整个形势，提出了不同的文化路线：一个主张"整理国故"，为此要"踱进研究室"去；一个主张继续"思想革命"，为此要走向十字街头，在大风沙中搏斗。

（7）在20世纪30年代前后，面对国民党新政权的法西斯性质，胡适是争罢人权遭压便低头，鲁迅则是"破帽遮颜过闹市""横眉冷对千夫指"。这"文化性格"表现于他们在这个时期的许多作品之中，表现出两种不同性格的文化。

（8）"九一八"事变后，在日本帝国主义侵略日深时，胡适的基本主张是，"要认清我们的地位，要学到'能弱'，要承认我们今日不中用，要打倒一切虚骄夸大的狂妄心理……要准备使这个民族低头苦志做三十年的小学生。"①他说:"日本只有一个法子可以征服中国,即就是悬崖勒马,彻底的停止侵略中国,反过来征服中国民族的心。"他不赞成抵抗日寇入侵之言行,"我自己的理智与训练都不许我主张作战","这样无心肝的'我们'牵着无权的'好对付,能吃苦,肯服从'的'他们''上前线去死',——如果这叫做'作战',我情愿亡国,决不愿学着这种壮语主张作战。"②

而鲁迅在这一时期,则以"抗日救亡"为他的杂文的第一主题,以批判国民党政府"不抵抗主义"为主要的锋芒所向。他也曾直接批判过胡适的"征服中国民族的心"的言论。鲁迅在《论"赴难"和"逃难"》中说:"施以狮虎式的教育,他们就能用爪牙;施以牛羊式的教育,他们到万分危急时还会用一对可怜的角。然而我们所施的是什么式的教育呢,连小小的角都不能有,则大难临头,惟有兔子似的逃跑而已。"(《南腔北调集·论"赴难"和"逃难"》)他在驳斥胡适时指出:"中国小百姓实在'愚昧',原不懂得自己的'民族性',所以他们一向会仇恨。如果日本陛下大发慈悲,居然采用胡博士的条陈,那么,所谓'忠孝仁爱信义和平'的中国固有文化,就可以恢复:——因为日本不用暴力而用软功的王道,中国民族就不至再生仇恨,因为没有仇恨,自然更不抵抗,因为不抵抗,自然就更和平,更忠孝……中国的肉体固然买到了,中国的灵魂也被征服了。"然而,"那真是无可奈何的呵——因为那时候'仇恨鬼'是不肯走的,这始终是中国民族性的污点,即为日本计,也非万全之道。"③

鲁迅与胡适一生著述均丰。胡适有不少学术著作,其贡献于中国学术文化与文化现代化者,也有一部分文学创作既开风气之先,又有实迹显功,留在中国现代文化积淀之中。鲁迅也有不算少的学术著作和学术事功(不表现在著述上,而表现在倡导和待整理发掘的工作上),但更多的是文学创作。胡适有大量的时事政治文章以及大量的谈话录;鲁迅则有大量的攻击时弊、批判时政的杂文,以及少量的谈话录。胡适的学术著作多而丰,学术研究是他毕生的主要活动领域;鲁迅则是"少而精",一生被现实的斗争占去了精研与撰述的时间,压抑了学术研究,

彭定安文集 21
社会科学学与比较文学·比较文化论集

① 胡适:《全国震惊以后》,《独立评论》1933年第41期。

② 胡适:《日本人该醒醒了》,《独立评论》1933年第42期。

③ 鲁迅:《出卖灵魂的秘诀》,载《伪自由书》,人民文学出版社,1973,第64页。

"耽误了"学术文化方面应有的更多更大的奉献，他的主要精力与奉献是思想文化与艺术的精品的杂文创作。如此等等，都表现了他们的文化奉献、文化建树的不同，也反映了他们不同性格的文化。这里"来不及"对这些著述、创作、谈话以至序跋、书信等大量的文化产品进行比较文化学与文化形态学的研究，而只有这方面的研究才是深层的、文化"正统"的，因此是更为科学和说明问题的。即使是他们那些"政治火药味"以至"党派性"极鲜明浓烈的文字与思想，在时空变迁中拂去具有历时性价值的政治内涵和时事外层包裹之后，其更具悠久性的文化素质和内涵，也值得去研究、梳理和剔抉，得出比较文化学和文化形态学的，如斯宾格勒所说的"小宇宙"方面的结论和富有启发意义、值得深思和反思的有意味的成果。这方面的工作不可能在讲演中来完成，而有待于更详尽的著述。

不过，在这里，我想试探着对两位文化大师的"不同性格的文化"做一个概括性的"排比"对照，略加说明。

可以肯定他们的总目的、活动的终极宗旨都在于救国，并且都颇具眼力地注目于根本问题，即民族文化的改造与建设。这是"大方向一致"的。但是，他们的立足点、视角、切入点以及归宿，却都是很不一样的。他们一个是学术文化的，一个是社会革命性的；一个致力于建设民族文化，一个瞩目于民族性改造。由此也导致，一个寄希望于上层，活动于知识分子群（而且也是上层），寄希望于政府的改良；一个寄希望于底层民众（"寄意寒星荃不察"），活动于人民大众之中，寄希望于思想革命和群众改造。他们的方式、方法、途径也不同：一个是改良，一个是革命。一个劝青年走进书房，不问世事，准备学问，建设国家；一个则正相反，号召青年人不要重言而要重行，要敢于直面惨淡的人生，在十字街头、在大风沙中敢哭敢笑敢怒敢骂，在这可诅咒的地方击退这可诅咒的时代。在"为人处世"（主要还是社会态度、斗争方式）上，胡适提倡的一种"文化"是随和、宽容、忍让、不抵抗，胡适说自己十几岁时就受老子、墨子的影响，"所以我个人对不抵抗主义的信仰实发源于老子、耶稣基督，和教友派基督徒的基本信仰。"[1]鲁迅则主张激越、反抗、复仇。他在临终前不久，还谆谆嘱咐："损着别人的牙

---

① 唐德刚译注《胡适口述自传》，华东师范大学出版社，1993，第58页。

眼，却反对报复、主张宽容的人，万勿和他接近。"①

他们在学术研究上也是不同的。胡适的研究宽广，方面广、著述多，开风气之先，不免失之泛与浅。鲁迅则是专精，只侧重于中国小说史、文字史、汉画像等，只有很少部分与胡适的研究"交叉"，其学术研究少而精，立论深刻，也开风气之先，但不是他的初衷。胡适在研究上重秘籍孤本，而鲁迅则用普通材料。总括起来，可以说：胡适是一位开风气之先的、自由主义的、保守的、现代的"文化学者"；鲁迅是一位披荆斩棘的、革命民主主义的、激进的、战斗的现代"文化战士"。

他们两人，一个为"一个古老民族的新生"而致力于学术文化，偏于上层，以他的学术文化、思想风范来建设中国现代文化；一个则致力于国民性改造，偏于下层，既居于精英文化层（但"身为流民"），以其思想文章普遍地影响大众，又以他的思想文化、文学作品来建设中国现代文化。

如果我们仍采用传统的"十字街头的塔"来做比喻，那么，胡博士可以说只偶尔入"塔"，主要坐在学术的殿堂、高等学府的"廊庙"里，始终儒雅地、"爱惜自己的羽毛"地搞研究、做学问，建设学术文化。而鲁迅则在民间、在"亭子间"（也就是走出"塔"外），在人世的大风沙中搏斗，有时也依托"塔"做些学问，出则击、入则劳作，始终未完成他的学术心愿与研究抱负，而主要是建设艺术文化（它本身就更具群众性、社会性、普遍性的），并由此扩及全民的文化建设与现代化。

他们正是以这种身份、社会角色和"文化人"的姿态，以建设中国现代文化，奉献了不同的"贡品"，做出了自己特有的建树和功业，并影响和培育了一代又一代后继者。

不过，在胡适后面，继起的是一辈又一辈自由知识分子，为中国的学术文化做出了贡献。而在鲁迅身后，继起的则是一辈又一辈进步的、革命的作家、艺术家，更有广大青年和群众，当然也有文人、教授与学者。胡适是"贵族的"，鲁迅是"平民的"。

当然，由于他们的地位和贡献的缘故，他们的思想文化、言论著述以及生平行迹，都影响、培养了众多不同青年的文化性格——这是"一个民族的新生"之表现的民族文化性格的组成部分；同时，又在一些重

---

① 鲁迅：《死》，载《鲁迅全集》第6卷，人民文学出版社，2005，第635页。

要的方面，"组建"了中国民族文化性格。

最后，我想提一下他们两人的"悲剧性格"和"悲剧命运"的问题。

（1）他们两人都具有一种悲剧性格和悲剧命运。但这绝不是说他们的性格和命运可悲，而是说，他们始终如一地追求自己"小宇宙"的巨大深远目的，也就是他们的历史感、社会责任感和民族代言人意识，同他们身处其中的"宇宙"（这里借用了斯宾格勒在其名著《西方的没落》中的概念）之间存在着矛盾，都有"寄意寒星荃不察"之意。他们的"悲剧命运"，也如同歌德所说的那种性质，即人类的乐观的前途靠一些在历史发展中具有重要意义的人物的悲剧命运来实现和完成。——歌德本人、贝多芬、中国的孔子，以及许许多多历史人物，都具有这种悲剧性格和悲剧命运。孔子说，他是"知其不可为而为之"。鲁迅既说"寄意寒星荃不察"，仍言"我以我血荐轩辕"。胡适说自己是鹦鹉"入水濡羽"，以救陀山之大火，虽知连杯水车薪都够不上，但"究竟是在这高山上住过的"。他自嘲自励道："做了过河卒子，只好拼命向前。"

（2）他们两人所讲的"道"（文化之道），以及他们的"讲道"，同他们"讲道"的环境还有某种不协调；因为这个"环境"还没有准备好条件来充分理解和完全接受他们所讲的"道"以及他们"讲道"的环境。他们同社会、同民族、同他们为之服务的集团之间的"战斗"，也不是一场"参战已经取得了一半胜利"的"战争"。

（3）总括起来看，鲁迅一生中寂寞与孤独相随，忧国忧民，悲天悯人，但压迫与毁谤伴其一生，至今未泯。自己人的误解和来自同一营垒中背后的冷箭，使他无此沉痛。最后在外有日深的压迫、内有恼人的纷争，民族大时代到来，自己也酝酿新突破时遽然逝去。胡适一生中，青年暴得大名，一生热闹，声誉卓著，地位显赫，"文化领袖博士衔"（头上戴着35个博士衔）；但也是批判与毁谤伴平生，"好心不得好报"，跌宕浮沉，几经变迁。曾蛰居纽约多年，孤苦凄凉，晚年如意，仍在纷争中，最后在批判连绵之中猝然逝去。

（4）他们这种生命悲剧色彩的含义令人深思。这不是个人的命运所致，而是时代使然、"历史规定"。他们的心性特征和事业本身，几乎带有必然性地会遭到两方面的夹击：一方面是他们共同的敌对势力和保守势力的反对与攻击；另一方面是他们在各自所属的营垒中卓然独立、孑然独行，"诤言逆耳"，也必然受到误解、挫折和批判（因为他们总是"走在前头"，又总是保持自己的独立性和批判意识）。

他们殊途同归，但又不归一。

同归——他们都得到了全民族的文化认同；但他们的性格、功能、作用、影响，他们研究的领域、范围、阶级阶层、文化部类与受众文化，均不相同。值得研究的是他们的殊途，以及他们的同归而又不归一。

1990年9月18日于美国NIU（北伊利诺伊大学），1997年8月24日整理完毕。

# 中日文化：比较、交流与共建①

主席、主持人先生、各位先生，我很荣幸地受邀为研讨会作一个主题发言。

首先，衷心祝贺中日文化比较国际研讨会的召开，对越海而来参加研讨会的日本学者们表示热烈的欢迎和真诚的敬意。

我的发言，打算就中日文化交流与比较两个方面的问题，谈一些不成熟的认识，向与会学者们求教。

我们向来以"一衣带水"来描述和形容中日两国的地缘关系。这个概念是准确的，但又是历史性的，从长时段看是变动不居的。历史的记录显示，在30万~8万年前、3万~4万年前、1.4万~1万年前，陆桥曾经4次排挤走浩瀚海水，架起在中国和日本列岛之间，两国的祖先可以从陆上横跨大海接触交流。而现今的"一衣带水"则是在大约1万年前的全新世之初，由于冰期基本结束、气候转暖、地壳变动等原因，海水逐

---

① 原载《东大视野——东北大学党委理论学习中心组辅导报告文案》，东北大学出版社，2009年。

渐回升，淹没了陆地，大陆与列岛又成为隔海相望，一衣带水了。

人类学的历史还向我们昭示另一方面值得注意的遗存信息：在日本列岛上发现的60万~70万年前猿人所使用的旧石器，同中国大陆上60万~80万年前的陕西蓝田人、北京猿人、金牛山人等同属更新世中期原始人类；而日本的牛川人、三日人等与中国的大荔人、马坝人等，又同属更新世晚期的原始人类。

这种历史的地质变迁和人类始祖的亲缘，引发我们思索的不仅是沧海桑田的历史兴叹，更重要的是产生一种深沉的历史感和玄妙的未来感。它启示我们，要从法国年鉴学派提出的"长时段历史观"来反思历史、观察现实和设想未来。我们要有一种宽广的文化胸怀和历史气度。短时段的历史是"片断的"、发展变化的、短暂的，而具有决定性意义的则是长时段的历史。变化不居是历史发展的规律。这种规律的要义又是通过长时段历史来显现的。一日之短长会消泯于长时段历史的变化之中。和平、友谊、互助互利、共进发展，是历史长河的深层蕴含。

在这样一种现实与历史结合的基础上，我想借此机会与诸位共同探讨以下几个互相关联的问题，并先行奉献一孔之见，以就教于诸位先生。

## 一、在比较文化与接受美学视野中的中日文化

我们在研究中日文化及其比较与交流时，有一些基本观念是需要先行确立的。人类的不同群体之间，从不同地区的不同民族之间到同一地区的不同人群之间，交流的需要都是自然的和必然的。这就是所谓人类的"传通①欲望"或"传通饥渴"（communication hunger）。人类的这种"传通"是文化的和文化性的，它必然是一种文化交流。无论是物质的、生产的还是精神的、生活的，无论是技艺的还是习俗的，都是文化的。因此在不同区域、不同民族之间的传通则是跨文化传通，也是文化交流。在交流之中，必然在事前和事后、在引进和吸纳中，进行比较和选择。这种比较和选择，都是"以我为主"，站在本民族的文化立场、从本民族的文化角度来进行的。所以在比较、选择、接受过程中，既会

---

① "传通"是文化传播学中的专有术语，意思是传播出去，并使对方接受、理解和运用。

从自己的文化视野、价值观、生活需求出发，又会以此为依据来予以跨文化诠释，在异文化身上敷着自己的文化色彩，从而使异文化"皈依"自己、为我所用，达到文化传通和文化交流的目的。关于文化选择，我在拙著《文化选择学》中曾经指出，人类最早的文化文本刻印在四大"文化模板"上，它们是生活规范（包含人类生产、劳动、生活等诸多方面）、信仰体系、神话系统、仪式系列。文化交流也基本上是在这个范畴之中进行的。自然，中日文化交流也是这种情形。

比较文化研究要在对比和求同寻异中发现和发掘各自文化的相同类似或不同以至相反的特征、优劣和彼此交流互补的可能性。这种比较往往能够因为"他山之石，可以攻玉"的功效，而使彼此不仅发现对方的优点，而且能够"自我发现"原来未曾自觉到的优点或缺失。在比较中鉴别，在比较中发现，在比较中汲取和进步，这是比较文化研究的文化学术功能。对于中日文化比较研究来说，情形尤其如此。因为它们有同根同源之因缘，又各自独立地发展；它们之间的交流最是源远流长；它们的类同很多，但各自的特征又很突出。

中西文化比较研究，是两种不同根源的文化之间的比较，往往能够从完全不同的范畴、概念、价值观、审美观甚至不同的术语来审视自身的文化，发掘出原来未曾或不可能发现的特点、优点或缺点。其中，平行研究的主题和内容多于影响研究。在中日文化比较研究中，情形与此不同。往往是在类似或"似曾相识"中，发现和发掘出新的东西，或补充、或提高、或纠偏，从而使本民族的文化自觉进一步增强。并且对自身的文化特征（无论优劣）都进一步明确，而知取舍的方向和途径。因此，相比之下，影响研究多于平行研究。这些都是中日文化比较研究与中西文化比较研究不同的地方，也是长处所在。

我们从两个民族、两种文明的比较文化研究中，能够体察和总结一般文化的性质、特征和功能，从而加深对文化的认知。在中日文化比较研究中也是如此。而且，由于其中的影响研究能够多方面与深层次地展开，又由此能够很好地展开接受研究，因此在研究中也就可以更多也更易于体现文化的性能和本质。

说到接受研究，我们对于中日文化比较研究的思索和体验就更繁复和丰富了。比如，在中日文化比较研究中，接受美学中的"期待视野"和"接受屏幕"的范畴就十分丰富。中日两个民族在千百年的文化交流中，从各自的期待视野出发，依据自身的接受屏幕的性质和功能，去引进、接受对方的文化信息，利用对方的文化资源。这种自主性接受的史实十分丰富，真可谓数不胜数。在这种接受过程中，文化主体的选择、认识、判断、误读、归化，其中的文化精神、文化创造性，对客体文化的改造、变易、归化和提高，"据为己有"，都是很好的文化创造，富于启发意义。

因此，中日文化比较研究是一个内容十分丰富并富有意义、很有发展前途的研究课题。

## 二、互补与共进：中日文化交流史鸟瞰

中日文化交流真正是源远流长。而在这种"源远流长"的交流中，主要的是中国作为"输出方"向日本列岛传输文化，而日本作为接受方受惠。我现在暂时停留在19世纪初的历史门口，谈论此前的历史情形。

（一）中国文化向日本列岛的输送及其意义

（1）"昔年徐福求仙药，直到如今竟不归。"徐福渡海，居留东瀛，在中日两国广泛长久流传。虽然史实仍然无从考证，但口传历史与民间传说，在本质上反映着历史的真相。据日本学者利用C14对来自中国大陆的稻种、丝织物的测定，在公元前3—4世纪，即日本的绳纹末期前，有大批中国移民，带着生产技术、先进文化和生活方式，跨越大海，登陆日本列岛，把大量的中华文化因子和资源输送给岛国居民，并在此生根。他们先被日本人称为"归化人"，后又纠正为"渡来人"。名副其实，先是渡来，后则归化。这是第一次"渡来人"的足迹与功绩。第二次"渡来人"，处于中国两汉时期，在日本始于公元前3世纪、止于公元3世纪的弥生时代初中期，尤其是中期，通过激战，才在日本列岛定居。两次"渡来"，而后"归化"，第一次来的主要是中国北方人，第二次来的则主要是中国南方人。但他们归化后，则都成为日本人了。值得指出的是，据史家考证，第二次"渡来人"数量巨大，在中国移民到达的地区，其数量甚至较之土著民居于优势。他们不是空手而来，而且身怀种种技能。他们携带了生产技术与生产物资，携带了劳动技能与生活智慧，携带了先进的文化。他们大大地促进了日本列岛的生产发展、生活优化、文化进步。其中应该特别提出的是水稻的种植、普及和发展。

它使日本列岛由落后的采集社会从根本上转变为农耕制社会。

（2）其后的两晋时代，日本列岛已经从弥生时代进入古坟文化时代，公元4世纪初在大和地方更出现了大和朝廷——新的国家政权产生了。这一时期，中国移民大举渡海"来归"，达到一个来自中土的移民高潮。他们被称为"秦人"和"汉人"，意为秦始皇的后裔和汉朝皇族的后裔；但事实是即使杂有少数皇属，多数还是一般移民。他们之中有众多的手工业和纺织技术人员，适应了日本从农耕文化向农业和手工业分工发展的社会需要，进一步推动了生产发展和社会进步。在东晋时期，中国移民更参加了日本王朝的财政管理事务，进入社会上层和政权之中了。

（3）南北朝时期（420—589），中日文化交流不仅再次前进，而且可以说进入一个新阶段，交流的内容和层次都有新的、重大的发展。这一时期进入日本列岛的中国移民，合理地被日本称为"新汉人"，以区别于两晋时期移入的中国移民。他们中的重要移民，以非同一般的方式进入岛国。他们是日本雄略天皇遣人从朝鲜半岛的百济接来的技艺卓越的汉人。据日本史书记载，他们包括"陶部"（制作陶器）、"鞍部"（原做马鞍，后从事佛像雕塑和翻译）、"画部"（绘画）、"锦部"（织物），此外还有"手人部"、"衣缝部"、"害人部"（烹调肉类）和"译语部"。这些技艺人员和古代文化工作者进入日本后，为其生产力的发展、技术文化和精神文化的发展以至整个民族的进步，起到了重要的作用。尤其值得提出的是儒家思想学术的进入。公元514年，五经博士高安茂从百济进入列岛，传授儒家学说，虽然还只局限在天皇宫廷里的皇室成员和贵族中，但中国的主流文化、经典文化开始登陆列岛了。

（4）公元6—9世纪，即中国的隋唐时代，日本的大和时代后期至奈良时代与平安时代，中日文化交流达到新的高潮。这次不是渡来与归化的"送"的方式，也不是南北朝时期的"接"的方式，而是日本向大唐连续、分批、大量派遣"遣隋僧"、"遣唐僧"、留学生、留学僧，来华居留学习，人数多、时间长，学习方面广泛、学习程度深入。除了学习建筑、城市建设、生产技术等之外，学习的主要方向是精神文化与制度文化，政制、律令、艺术、诗歌等均悉心学习修炼，积极掌握，然后带回日本传授、传播。尤其重要而具有极为深远意义的是对佛教的习修，然后将佛教传入日本诸岛。唐文化播撒、流传、深入日本民族的生产、生活、思想、宗教、艺术世界。其中特别需要提到的是，公元6世纪末日本天皇颁诏，定佛教为国教，从此奠定了佛教在日本的重要地位和对日本文化的普遍深入的影响。鉴真和尚历经艰险、舍身东渡，在日本传播佛教和中国文化。唐招提寺的历史和存在，见证着这一巨大历史事件及其深远影响。同时，中国经典文献大批输送日本。藤原世佐著《日本国见在书目》记载，到公元9世纪末，传入日本的汉文典籍多达1579部16790卷。这些重要典籍将中国优秀文化传输给日本，使日本民族的社会、制度、生活、文学艺术以至整个物质世界和精神世界，获得巨大的发展，进入一个更高的层次。池步洲在《日本遣唐使简史》中说："遣唐使广泛输入唐的国家制度、典章律令，使日本借以借鉴革新；汲取先进的文化艺术，创造文字，促进日本文化艺术的提高和发展；也吸收各种技术工艺等物质文明，促进日本经济的发展，提高和丰富日本人民的生活；并还通过朝贡贸易的形式，活跃日唐间的物质交流；特别是妥善安排留学生、僧，为国家培养许多杰出的人才。"

（5）宋元时期（960—1368），日本经历了平安时代和镰仓时代，开始进入封建武士掌权的幕府时代。在这个动乱变异的时代，在中日文化交流方面，突出的事件和文化因缘主要有：出现了短期居留日本的中国侨民并一步步得到发展。这反映了移民性质的变化，从定居、归化到侨居，说明一种动态的文化传播和交流，也反映交通情况较之前发达、流动的可能性增大。他们经常流动，来往于大陆与岛国之间，增强了两国文化交流的频率，更有利于中国对日本文化的了解。这一点对于当时的中国来说，是十分重要的。因为到了宋代，"日本人已不再仅是全面学习中国文化，而是进入消化中国文化和建立有日本特点的自己的文化阶段"①。大批中国僧人进入日本，也是这时期的重要文化现象。他们被日本称为"入日宋僧"和"入日元僧"。他们之中不乏博学高僧，随身带来了佛教，带来了建筑技艺，带来了儒道百家，带来了诗词歌赋、音乐绘画。这更进一步丰富了中国文化在日本的传播，增强了其对日本文化的影响和促进。为数不少的元代雕工的到来和为日本雕刻出版典籍，推进了日本的出版事业，对于当地文化学术的发展，对于中国文化进一步深入地影响日本文化，功不可没。最著名的福建人俞良甫，在日从事

---

① 沈殿忠等：《中日交流史中的华侨》，辽宁人民出版社，1991，第122页。

出版事业25年，先后出自他手的书籍现在知道的有：《月江和尚语录》《宗镜录》《碧山堂集》《文选》《传法正宗集》《新刊五百家注音辨唐柳先生文集》《般若心经疏》《无量寺禅师日用清规》等8种。另有与俞良甫齐名的元雕工陈孟荣参与刊印临川寺版《禅林类聚》，长达千余页，为唐式版中的大型出版物。①

值得特别指出的是，南宋时中国佛教四大宗派之一的禅宗传入日本，很快在日本武士和中下层人民中传播。禅宗的传入和流播，在思想、道德、文化、文学艺术等方面给日本以极大、极深刻的影响，其在日本思想文化、文学艺术以至国民心理上的存在与作用，甚至远远超过中国。

（6）明清之际（从明朝建立到鸦片战争爆发，1368—1840），明室去日遗民和文化之向日本传播又有了新的特点，并且异常突出。这一时期，有政治上的明朝遗民旅日，有海上被掠或从倭的"军事移民"，有从事海上贸易的商人，还有旅游、避乱、遇险漂流的各种移民，更重要的是有一批因交流或应聘而移民日本的中国文人学者。当然，最重要而具有深刻文化意义的是明室遗民，著名政治家、思想家、学问家朱舜水居留日本20多年。他在水户设席讲学，广收日本弟子。他是一代名儒，精通诗书，亦重实学，具经世之才。他对日本"水户学"的建立和《大日本史》的编撰发挥了巨大作用。梁启超称他为"日本文化之开辟人，唯一之国学输出者"，不为过甚。朱氏之外，还有一批中国文人学士移民日本，在文化交流与传播上起到重要作用，尤其在绘画和医术方面更为突出。

明清之际入日的僧侣，在文化交流和输送方面也起了非常重要的作用，他们在宗教、经济（从寺院经济到社会经济）、生产、建筑、文学艺术等方面对日本的发展起了不可磨灭的作用。总计可归纳为10个方面："重振禅风，再扬佛法""诗文留世，著述传远""华风建筑，竞相模仿""佛事雕刻，盛行一时""传授琴技，激扬音乐""书画生辉，印章著世""长于医术，传授汉医""中国饮食，传播各地""重视印刷，刊行大藏""工于治生，救贫济厄"。②其中，尤其重要的是，佛教在日

---

① 本宫泰彦：《日中文交流史》，商务印书馆，1980，第703页。

② 沈殿忠等：《中日交流史中的华侨》，辽宁人民出版社，1991，第202-205页。

彭定安文集 21

218

社会科学学与比较文学·比较文化论集

本一度式微之后，因明清僧的到来和努力，禅宗在日本得以重振，其悠久深远的影响延续至今。

（7）清代鸦片战争之后以至清末季，尤其是在日本明治维新之后，中日文化交流进入全新的阶段，形势和态势均逆历史潮流而变。这方面我们在下面讨论，这里且略叙历史的状况如上。

从上述历史的回溯和鸟瞰中，我们可以得到这样一些认识和感受。

第一，从公元前300年到19世纪初近1900年的历史交往中，中国始终是作为"输出方"，不断地向日本传输中华文化；而日本主要是作为"接受方"，接续地引进、吸收、消化、运用中国文化。

第二，中国作为"输出方"的文化传输者，其传播渠道有陆路和海上两条通道。陆路是通过朝鲜半岛这个文化桥、文化跳板过渡到日本列岛。海上则是跨海直接登上列岛。这两条通道一直比较畅通。文化主流渡海直达日本，灌注于它的生产、生活各个方面。

第三，这种传输在时间上是一贯的、不间断的；在层次上是不断前进、不断发展的；在组织上是成建制的；在文化上是成体系的；在物质文明和精神文明上是全面的，其中包括文化经典、精华，生产技术技能，文学艺术创作，语言文字创造，生活智慧与方式，等等。

第四，中国文化使日本本土文化得以在其帮助与滋润下更发展、更提高、更规范，更具有文化的精魂。越南人所说的"化训国俗"，可以恰当地形容这种作用和意义。

第五，虽然如此，但是日本文化在接受与消化能力上，在从外国拿来为己所用上，却表现了巨大的勇气、民族自信和文化魄力，特别是表现了虚心态度和勇敢精神，而且能够在接受中立足自身进行选择、改造和创造，因此能获得成功并且不失去自己。

美国著名文化人类学家露丝·本尼迪克特在她的世界名著《文化模式》中，作为篇首题词，引用了迪格尔印第安人的箴言：

"开始，上帝就给了每个民族一只陶杯，从这杯中人们饮入了他们的生活。"

每个民族从自己特殊的"陶杯"中，饮入自己特殊的生活；由此而产生、运用、发展，在这种生活中产生，又为对应、对付这种生活而在实践中发展的文化，并使这种文化深深地打上这种生活的烙印。日本也是如此。日本民族在其列岛特殊的地理环境、自然条件下，创造了自己的生活模式，也伴生了自己的文化。它不同于在广大大陆上生活和创造文化的中华民族及其文化。由于种种条件和历史发展的进程不同，中华文化在一定的历史时期中（不管这个"历史时期"在绝对年数上是百年还是千年，在历史长河中它都是短暂的）走在了前头，积累了生产、生活经验，创造了思想、科学、文化，因此在一定的历史阶段充当了"文化输送国"；而日本则滞后一步，成为"文化的接受国"。但日本民族不保守、不封闭，不拒绝先进的东西。他们不仅勇于学习、勇于接受比自己先进的事物，而且善于学习，更善于改变和创造。这就不仅学习了别人好的有用的东西，而且不受别的民族的限制，不"屈从"于异域文化，而是"吃"下去并化为自己的"血肉"。

记得1993年我应日本国际交流基金会的邀请，作为文化名人访问日本。我深夜到达东京，汽车从机场驶进市区，我一路上不断看到汉字，有指示标牌、商店招牌。进入东京市区后，赫然看见一辆工程车在翻修公路，车顶闪着红灯，上面显示三个汉字"作业中"。我恍惚是在中国而不是来到了日本。这是踏上日本国土后第一次感受到"中国文化之在日本"。尔后，我访问京都、奈良，看到了更多、更广泛、更深入的中国文化。尤其在京都和奈良这两座日本古城，我仿佛见到了中国古代的长安和开封。虽然我并不了解当年这两座都城是什么模样，但从资料中隐约想象到一种影像。而日本现代化的"古城"却使我好像见到了实证。因此我想，日本受到中国唐宋时代的文化影响是多么深而久远；但我更想到，日本是多么善于学习，又善于改变，并且在现代化过程中又是多么善于保护——既现代而又不失传统。

以后，在深入的访问中，我发现了更多的这种创造性学习及其成果。比如瓷器，这是中国传入的，但日本的日用瓷器器皿都不同于中国的，它小巧精致、形态变异——不那么"规矩方圆合度"，从而创造了美。日本人饮食起居方式受到中国的影响，但又都是日本式而非中国式的。日本人也使用高椅高桌，但依旧保持席地而坐（我在两位日本学者家里做客，都是席地而坐）的传统；日本宴会是聚餐而又分餐，聚集团团坐，但却是分餐。日本文学受到中国的影响是很深的。我在《今昔物语集》中看到许多源自中国的故事，但内容和叙事方式都改变了。而整体的日本文学，都具有日本的思想与审美特点，具有日本式的叙事方略及其美。

总之，立足本民族文化，勇敢伸手拿来，又不拘泥于异域文化，而是予以消化、改造，进行合乎文化规律的创造，成为自己的东西。这就是日本文化的特点和优点。

（二）日本"桥"：在中国文化现代化中的作用

从19世纪中晚期到20世纪初，特别是日本明治维新后，中日文化交流的状况发生了根本性变化，情况正好颠倒过来，日本成为文化的"输送国"，而中国则成为文化的"接受国"。当时，中国向日本派出留学生数以千计，达到历史的高潮。当时的中国积贫积弱，救亡图存，急切地向外国学习。其中有两支留学大军：一支是"西路军"，留学欧美，胡适是其中的主要代表人物之一；另一支则是"东路军"，留学日本，鲁迅是其中的主要代表人物之一。"东路军"主要学习的，正如鲁迅所说，是"警察法政，声光化电"，也就是政治、军事、法律和科学技术，学习人文科学的相对较少。这与当时中国的"民族母题"是"坚船利炮，富国强兵"有关。我们大体上可以确定，中国当时从日本输入的是政治科学、军事科学、法学、经济学，其中主要的是现代科学技术。可以说，中国早期现代学术文化的兴起和建立，留日的"东路军"起到了重要的作用。中国的自然科学、医学、文学艺术都曾经有过日本学派和欧美学派之分，这反映了从日本学习和取经的重大影响。尔后，20世纪早期的五四运动的发动，也与"东路军"的文化因缘深厚。五四运动中的主将和思想领袖大都出自"东路军"，其中李大钊、陈独秀、鲁迅、周作人、钱玄同等都曾留学日本。

可以说，日本现代文化，对于中国的现代化进程，对于中国学术文化的现代化，起到了至关重要的作用。这种重要作用就是文化"桥"。日本这座"文化桥"在三个方面发挥作用、产生影响，推动着中国文化从传统向现代转化。

第一，大批留学日本的人们，学习日本从明治维新实行"脱亚入欧"之后建设发展起来的现代文化。它既是日本的，又是欧美的，同时是现代的，是将原来的"汉学"经过改造、渗入西学而成为了"洋学"。过去的"学生"，现在成为"先生"了。中国人向日本学习日本的"洋学"。这种学习相当广泛，涉及自然科学、技术科学、社会科学、人文科学的诸多方面。

第二，中国留学生通过日本"文化桥"学习西方现代科学技术和人文科学。这是日本从西方输入、引进的西方文化，是日本的文化现实和文化存在，它使中国的学习者能够在日本"文化桥"上获得他们"够不着"的西方文化，其中包括语言的障碍。鲁迅的许多欧洲文学作品和俄国文学作品的译作都是从日文转译的，也就是说，是从"日本桥"上转运来的。

第三，留学日本的中国学子们在"日本桥"上"眺望西方"，间接地学习西方现代文化和科学技术。比如，鲁迅就是通过"日本桥"接受德国的尼采。在科学技术的引进方面也是如此。

这些大体上是19世纪末至20世纪中期的情形。中间有一段断裂。

进入20世纪80年代，即中国改革开放时期，文化交流又有了新的状况。这时期完全改变了历史的轨迹，既不是中国作为"输送方"、日本作为"接受方"，也不是日本作为"输送方"、中国作为"接受方"，而是实现了"均等对流"，即双方都既是输送方又是接受方。但是，情况也并不是那么单一、那么平衡。处在改革开放时期的中国，在自我封闭20多年之后，需要从日本学习的方面更多一些，也更迫切。首先，日本是从器物层向中国输出的。日本电器，从日常细小的家用电器到工厂企业使用的机器，传遍了全中国。松下、索尼的声誉，响遍神州。生活方面的"雀巢"，甚至进入了中国民众最喜欢的赵本山小品。日本电影在改革开放初期红遍中国。一部影片《追捕》，从故事、人物到音乐和演员，使刚刚开始睁开眼睛看世界的中国人欣喜不已。卡拉OK，唱遍中国的大江南北。这中间传播着日本的科学技术、思想文化、文学艺术以至生活方式。

在这个时期，日本对中国的文化输出，类似历史上曾经发生在中国对日本的情况，也是连续的、大批的，而且是成建制的。比如在科技方面的输送，既有机器，也有跟随机器而来的技术，还有引进过程中的经营管理方面的经验，以及相关人员的行为准则、工作风格、文化素质等方面的表现。这些构成了一个方面广泛、内涵丰富的"技术文化丛"，既有组织上的建制，也有文化上的建制。

还有另一方面连续、大批和成建制的文化输送，这就是流动的暂居的日本人员及其家属。这涉及外交人员、商贸人员、技术人员，以及科学家、文人、学者等。他们都会从各个方面带来各种文化，自觉不自觉地输入日本文化。

从总体上来说，这些文化交流和文化输出的方面，涉及科技文化、人文文化、城市文化、商业文化、学术文化，以及多方面文化的现代性内涵。

我们看到，到新时期，日本对于中国来说虽然仍然起着"文化桥"的作用，但是已经不仅是"文化桥"的作用了，它本身已经是一个强大的文化输送方。

有一个很小但我觉得很有趣的例子，足以引发思考。记得20世纪70年代末，我听我国著名的国际问题专家和外交家、当时中国社会科学院副院长宦乡说，他50年代初作为中国驻英国代办参观英国的汽车制造厂，"也是用锤子敲啊敲"，他这样说。自然，以后就自动化了。后来我又从远德玉教授的著作中看到，他有一次陪日本专家在中国的一家汽车厂考察时，发现组装车间在部件不合牙时，用锤子敲打。那位日本专家便说，这种车间是不应该有锤子的。这里包含着一个"技术文化丛"的问题以至更广泛而深刻的文化问题和现代化问题。用不用锤子，是一个标志、一个符号、一种表现。"不用锤子"的日本技术产品以及其他产品，蕴含着技术文化、科学文化、管理文化、商业文化、制度文化、行为准则以至价值观等。以一斑而窥全豹，从这个小例子中可以看出，日本的现代产品所带来"文化输送"的诸多方面和丰富内容。它们对于中国现代化的作用是决不可小觑的。

## 三、"青"与"蓝"：中日文化比较

中国有句老话，"青出于蓝而胜于蓝。"我现在借用这个比喻，不是想说明谁是"蓝"、是先生，谁是"青"、是学生；而是借取这个比喻，用两种相近的颜色，来标志相同又不同的两种文化的亲缘关系和特征。

英国历史学大师汤因比提出，世界有13个文明和15个周边文明。其中一个是"东亚文明"。他认为，"东亚文明是以称之为大文明的中国文明为核心的，它的周边有三个'卫星文明'即日本文明、朝鲜文明和越南文明。"[①]同处于东亚文明之中，中日文化有着许多共同处；但是，

---

① 山本新、秀村欣二：《中国文明与世界——汤因比的中国观》，东方出版社，1988，第7-8页。

各自使用不同的"陶杯"所饮进的"生活"之源泉很不相同，又有着非常不同的历史，其文化上的相异是很明显而突出的。下面我不揣浅陋，作一些比较。

中国文化是一种特别突出的和合文化，从其主要文化精神来说，强调"天人合一""敬畏自然""和平""平和""和为贵""和气生财"；从其组成来说，它是儒、道、释三者合一，而以儒家文化为主体。它在总体上是一种伦理文化，人文精神强。

日本文化则不同，它是一种"合金文化"。它在日本自身文化的基础上，先是接受汉学即中国文化的深深的影响和濡化；以后又曾接受荷兰文化的影响；明治维新提出"脱亚入欧"后，又全面地接受西方文化的影响，普遍而深入地以西学即"洋学"改造、濡化了原来深受中国文化影响的文化，从而形成"大和文化""汉学""兰学""洋学"共同组成的日本近现代文化，而称其为"合金文化"。这种文化具有很强大的优势。它是日本明治维新、资本主义发展和现代化的文化动力和文化资源。

中国现代国学大师钱穆指出，中国文化是内倾性文化，它讲的是"人文化成"，其精髓是天人合一、道法自然，重视人文的力量；而西方文化是外倾性文化，它的精神则是"开物成务"，开发自然，干某事成某事，"发挥聪明智慧，技能才力，一切表现到具体物质上面去"。中国另一位国学大师梁漱溟在他的《东西文化及其哲学》中也说，"西方化物质生活方面的征服自然，中国是没有的，不及的"，"西方化学术思想方法的科学方法，中国又是没有的"。但是日本文化不是如此。它既有受中国文化影响的、不同于西方文化的"人文化成"品性，又因为很好地接受西方文化的长处，并且切实应用，而具有西方文化的"开物成务"的精神。它在开发利用自然方面、科学技术的创造发明方面以及运用科学方法方面，都表现出来了。日本工业产品（比如汽车产业）尤其是在第二次世界大战之后开发电器产品方面的成功，便很突出地表现了这一点。

中国文化向来重农轻商，所谓"士农工商""工农兵学商"，商总是在最后。这是儒家思想的一个结点。日本虽然深受儒学的影响，但是在德川时代崛起了商人文化的观念，如敬业、自制、节俭等。山本七平在他的《日本资本主义精神》一书中说："德川时代，是一个告诉人们上自诸侯下至庶民如果不懂得经济，不遵循'资本主义逻辑'就会走向死亡的时代。"这种精神气质，变异了以儒教为核心的日本民族精神，促进了日本资本主义的发展以至现代化事业的成功。中国在计划经济实施20多年之后，建立了市场经济体制，那种轻商的文化气质才开始发生变化。

中国文化是一种特别富于伦理性的文化。"仁者人也"，重视人伦关系、血缘关系。但是，中国文化缺乏集体精神。重视亲属关系常常成为中国人的一种社会负担。至今有不少贪污官员，往往是在"照顾亲属"方面出了问题，或出问题从这里打开缺口。中国现在的家族式私营企业，常常失败于亲属问题上。有一种"小舅子是最厉害的杀手"的调侃说法，反映了最亲的亲属坏事的现象。但是，日本文化中这种负担不重，或者没有。日本重视一种山本七平称之为"虚拟的血缘集团"精神，即同在一个集团，就构成一种虚拟的父子兄弟关系。这种精神同现代意识的结合，就成为一种现代的人际结合与人际结构，就是团队和团队精神。这是日本人能够团结的文化精神保证。

现在，我再在民族精神气质、精神结构方面略作一些比较。中国人以儒学为宗教，富于伦理精神，而缺乏宗教精神。佛教、禅宗在中国都有很深的影响，是灌注于中国人的精神气质之中的；但中国人并不普遍信佛教和入禅，不像日本那样把佛教曾经定位国教，佛教和禅宗进入了社会小传统，进入世俗生活。山本七平说的"在世俗的业务中发现宗教性的意义"，把宗教同赚钱和商业结合了。而中国人的宗教思想精神却并不发展，倒是迷信行为严重。

我想谈一点关于民族反思的精神文化问题。据我的阅读范围，反思这个哲学命题最早是黑格尔提出来的，他在《小逻辑》一书中对反思作了多次互相补充的界定。其中最重要的，我以为是：反思就是要把思考的对象作为思想的对象，提到思想层面上来进行思考，就是"思想'思想'"。在中国文化中，反思精神不够发展。中国人常常喜欢反悔，所以"悔不该……""悔不当初""追悔莫及""悔断肝肠"这类成语比较多。患得患失有余，总结反思不足，甚至用"马后炮"这种话来讥刺事后总结与反思的做法。日本文化的情况怎么样呢？似乎也有些缺欠。日本人尊重祖先、前辈，不计功过，先人为大。所以对历史的回眸与反思往往淹没在敬祖的虔诚中，而削弱了知古鉴今的收获。记得1996年在上海一次国际学术研讨会上，一位日本著名学者在即席致辞中说，日本在第二次世界大战之后，面对一片废墟，急需振奋复兴，于是需要寻找民族精神支柱；但是在本民族没有找到，却找到了中国的鲁迅。这位学者没有来得及解释。但我后来在这位学者的前辈日本学者的著作中找到了一个或许可用的解释。这位前辈日本学者说，日本文化是一种"优等生文化"，就是说总是考第一的学生那种文化吧。因此，缺乏反思自己的精神。而鲁迅则是本民族的伟大批判者，因此，鲁迅被选作需要急切反思时期的日本的精神支柱。我读德国现代最后一位历史主义大师梅尼克的著作《德国的浩劫》，其中对于德国歌德文化精神的丧失而产生了希特勒反文化的法西斯主义文化，反思得多么深刻。这种精神值得学习。

美国著名文化人类学家露丝·本尼迪克特用"菊花与刀"来描述日本文化精神的气质。"侵略好斗而又爱好和平，追求武力而又崇尚美感，倨傲自大而又谦逊有礼，冥顽不化而又与时俱进……"[①]，矛盾的两个方面、两种文化质地，统一地居于同一个民族精神肌体之中。这显示了一种民族性格的优势和力量。中国文化的和合性，使中国国民集体无意识中具有和谐统一的素质。中国人爱好和平，勤俭节约、吃苦耐劳、内敛谦逊一向为民族美德。那种矛盾体集于一身的状态，是不常见的。这在消极方面看，有时就会陷于内倾保守、传统守旧。

耻感文化是一个民族精神中主要的构成成分。它与英雄崇拜互为表里。中国传统文化中，对于耻辱的态度，好像更提倡忍。所谓"忍辱负重"，认为能忍是一种内心力量的表现。韩信能忍受"胯下之辱"，是中国传统文化中劝勉受挫或落难英雄的英雄故事。中国还有"忍经""挺经"之类的著作。当然，中国也有"报仇雪耻"之说，越王勾践卧薪尝胆屈辱以生为雪亡国之耻，也是流传久远为人欣赏的故事。不过，总体精神上，能忍究竟是中国耻辱文化中的一个重要方面。日本文化中的耻辱文化，是一种带着壮烈情怀的文化精神。因为不能接受侮辱或失败的耻辱而"切腹自杀"，是日本武士道精神的独有写照。似乎没有关于忍辱的文化心态的描述。

中国与日本的审美文化有着很深而久远的渊源，但是其中的差异也是很明显的。在中国文学艺术中体现的审美文化，"道"是一个根本性

---

① 鲁斯·本尼迪克特：《菊花与刀》，黄学益译，中国社会科学出版社，2008，第2页。

范畴，而其意义则具有两个重要而不同的内蕴：一个是道家文化中的
"道法自然"中的"道"，它就是"自然"，是情系自然和与自然和谐合
一；另一个意蕴则是政治与道德的"道"，即"文以载道"。因此，道德
教化、忧患意识、情系苍生是重要的意蕴。此外，冲淡、超脱、优雅是
重要的美的标识，而"气"、"势"、气韵、境界则是审美的高层次理想
境界。日本的审美文化中，雅（高雅）、物之哀（自然伤感）、佗（幽
静）和寂（雅静）是重要的和主要的范畴。日本的审美文化精神，体现
了"菊花与刀"的"菊花"方面的气质和神韵。那具有一种不同于中国
美的东方美学境界。这在日本的物语、俳句、浮世绘、能乐中，都很充
分地表现出来了；就是川端康成的小说和东山魁夷的散文中，也有很好
的体现。

## 四、中日文化交流：互利、共进与同建

我很觉惭愧，只能这样简陋地来叙述和描述中日文化交流的历史和
两种文化之间的比较。不过，我的意思是试图通过这种简陋的鸟瞰和挂
一漏万的比较，来说明一个重要的问题，这就是，由于中日文化的相同
和不同，我们之间的文化交流是很自然、很必要也很重要的；通过交流
我们可以在文化上互利、共进，而且通过互相的取长补短，我们应该可
以共同建设和发展东亚文明。事实上，以日本，以"亚洲四小龙"（韩
国、新加坡和中国香港、中国台湾地区）为代表的现代化东亚模式，现
在再加上中国大陆的现代化迅速发展，已经构成了不同于西方现代化道
路的第二种现代化模式。这也是东亚地区和汉字文化圈的文化复兴。以
人类自然家园遭受严重破坏、环境污染、生态失衡、社会心理危机、科
技负面效应惊人为代价的，西方现代化道路和模式受到了严重挑战。而
中国文化精神的魅力重现，已经在世界面前显示了重新整理、诠释和改
造东方文化中的东亚文化，是大有利于人类探索新的现代化道路和目标
体系的。前述梁漱溟的著作中说过："东方文化无征服自然态度而为与
自然融洽游乐的，实在不差。这就是什么？即所谓人类生活的第二条路
向态度是也。"去其偏颇和与时代的隔阂，这种东方文化精神的合理核
心，正是环保意识、拯救地球、与自然和谐、人性地使用科技等现代化
新意识、新理念的核心内涵。东亚文化的新精神也就蕴含其中。现在以

科技为先导的现代化模式已经在被以文化为先导的现代化所取代，至少是用它来纠偏。人类文化的高科技型也正在应用人文文化来改造，以成为科技-人文型文化。富于人文精神的中国文化，在自身从传统向现代转换过程中，又可以发挥这方面的作用，做出自己的贡献。

我的粗陋的讲演到此为止。如鲁迅所说，我要深深感谢诸位先生耐心听完的雅意，并且请不吝赐教。是为幸。

谢谢！

# 中日文化互补性与合作发展前景

## 一

第一，对于"互补性"作以界定。这里的"互补"，主要不是指彼此间均存在自有的缺点、缺陷，需借鉴、吸取对方的优点以弥补自身求得发展。它虽然含有这样的意义，但不是主要的内涵，故拟忽略不计。这里互补性的主要内涵是，两国文化中所拥有的独自的优点、特色可以补对方之不足，或者是补缺，以充实对方，而求得共同的发展。

第二，中日文化同属东北亚汉字文化圈，不仅有着近邻的密切关系，而且具有亲缘关系。因此，它们的文化根系有着文化的血脉亲缘，但由于地理环境的巨大差异，各自历史发展的特殊经历，以及民族性格的差异，它们的文化之间的差异也是明显的、巨大的，留下了互补的宽阔空间。

第三，中日文化的基本品性，在总体上都可以称为"和合文化"，或者说具有文化的和合性。这同西方文化、伊斯兰文化以及印度文化都是不同的。所谓"和合"，就是指文化的和平、和谐、汇合、融合的性质和特点。

但中日文化的"和合性"具有不同的性质，存在巨大的差异。

中国文化的和合性，是指其性质具有内部的诸多民族文化、区域文化的融合性，也指——也许应该说主要是指，中国文化具有和平、和谐、天地人合一的，一贯性、悠久的深沉品性。

至于日本文化的和合性，则是指其外在的文化融合性。日本文化在其民族文化的根系上，先后吸取了汉文化巨大而持久的资源，并使它成为自身文化的圭臬。在汉文化的支援、导引下，日本使自身文化规范化、成型定性。但是后来又接受了荷兰文化的巨大影响，形成"兰学"。明治维新之后，在"脱亚入欧"的政策口号下，全力学习和接受西方文化的影响，而形成"洋学"。所以可以说，日本文化是以本民族文化为根基，用中国习用的文化语言来说是"大和文化为本"，然后接受"汉学""兰学""洋学"的影响，大力地、大量地、很全面地接受它们的影响和文化输出而成长起来，形成独具特色的"日本国的和合文化"。所以它的和合性不同于中国文化，日本文化的和合性是外在的，是大胆而勇敢并且是富有智慧和创造性接受外来文化影响而形成自身的文化范式和文化特色的。

但日本文化的这种和合性，虽然是外在地形成和成型的，却不是外在地拼合在一起，而是既坚持和保存了自身民族文化的根基，又很好地融化了外来文化，并且创造性地接受和改造了外来文化，无论是对早期影响甚深、甚久的中国文化，还是对"兰学"与"洋学"，都是如此。我以为，这不仅是日本的成功，而且是日本的骄傲，值得别的国家学习和借鉴，其中当然包括中国。

第四，从以上中日文化和合性的异同中，我们就可以体察到中日文化第一性在总体上的互补性。这就是：中国文化内在的、悠久的、发自"天性"似的和合性，那种钟情、崇尚、追求、致力于和平、和谐、天人合一的民族心理、民族信念和民族性格，对于提倡武士道精神、具有尚武性格的日本民族，是具有文化补充意义和增强民族文化成分使之发展的价值的。中国文化的和合性，在总体上的博大精深、和合汇融、恢宏气象，并且作为在历史上长时期的思想文化起源国和输出国的文化精神、文化品性、文化气象，都是可供日本参考学习的。记得，20世纪80年代，中曾根康弘担任日本首相期间，曾经提出"日本不仅要是思想的接受国，而且要成为思想的起源国"的文化大目标。日本要实现这一民族文化战略，有必要学习中国文化的和合品性及其悠久优秀的传统文化血脉。

而日本文化积极、勇敢、善于学习并接受未来文化的文化性格和民族心理，对于中华民族来说，是很可以补自身之不足的，是很好的文化"补充剂"、"营养汁"和"维生素"。尤其是日本对外来文化、异质文化不仅大胆吸收，而且创造性地接受与改造。这种文化战略策略，是值得其他民族学习的。记得曾经阅读到日本明治维新时期，如何大胆、积极、认真地学习西方文化，包括现代科学技术、医学、教育、文学艺术等，其中包括生活方面的穿西装、剪短发、喝咖啡等。在中江兆民的《一年有半·又一年有半》中，曾经比较详细地写到明治维新时代日本的这种社会状况。那情形，真是如鲁迅形容中国汉唐时代学习外来文化时所说的那样："那是怎样的恢弘……"

日本在接受外来文化时，那种勇于和善于加以改造的精神和智慧，也是很值得学习的。日本在中国的唐宋时代，曾经大规模、成建制、热诚而积极地学习汉文化。但又进行了符合本民族固有性格和文化根基的改造，使之"归化"。比如日本的佛教以及佛教中的禅宗，就同中国的佛教有很大不同；它们在日本人民中的作用和影响，也与在中国很不同。记得我在1993年作为文化名人应邀到日本访问时，看到日本的日用瓷器，就产生两点深刻感想。一是中国应属瓷器的起源国、"母国"，东洋瓷源于中国，但是，东洋瓷却在技艺上、造型上有超过中国的特点和优点。这是日本的发展和创造。二是我看到不少日本日用瓷器器皿，其造型不规范，不是正圆、正方或其他方方正正的形状，而是加以变形了，或扭歪，或挖缺口，或有某种有意义的造型，既实用又美观。这些都是中国瓷器所缺少的。这就是一种改造、一种文化上的创造。

第五，中国是儒学的发源地，孔子和儒学至今影响并导引着中国人的思想行为；而日本曾经大规模输入儒学，在各方面深受儒学的影响。但是，儒学在中日两国，或者说中日两国的儒学有很大不同，甚至有些方面是大相径庭的。儒学在中国可谓包罗万象，是涉及政治、社会、思想、道德、人生观、价值观、文学艺术、待人接物等方面的，它渗入中国人精神世界的几乎一切方面。从精神世界到实际事务以至日常生活，都深深锲入了儒学的精髓。但是，儒学在日本却远不是这样。其最重大的特点是，日本儒学更注重实用、实际，而缺少精神世界的注入。据研究，奈良、平安时代，日本的早期儒学主要表达的是儒学的政治思想，却罕见有关世界观的思考。到江户时代，日本的儒学依然疏于抽象本体论的探究。日本学者相良亨说："江户时代的日本人以儒教为媒介所进行的思考留给日本人的精神遗产，虽说不是全部，但首先是或基本上是使他们自觉地认识到人民在现实生活中应遵循的伦理道德。"而且，日本儒学更富于感情色彩，而不像中国儒学理性的成分深重，知天命、致良知，是所至要。总之，日本儒学的认识论，更主要的是重视感觉经验，注重事实、现象、经验和实证，不像中国儒学重"知"与"理"。①

这里就显现了中日两国儒学的歧异，而歧异之中就显示了互补的必要和可能。实际上，对某个思想学说注重其实际的方面，就意味着体现了学说的实践性和身体力行的意识与行为。中国人应该注重对儒学的实践方面，尤其是日常的实践方面；而日本人则加强对儒学的精神世界方面，加强形而上的思考。这两个方面的互补性，是突出而有实际意义和思想、行为的价值的。

第六，与此相联系的是，日本儒学之所以注重实践方面，这是与日本文化自身的特性分不开的，后者是前者的渊源和根基。日本学者中村元、源了圆曾经指出，日本文化具有"直观"的性格，其思维方式有"非合理主义"的倾向，其表现之一就是不喜欢思辨的、形而上的思考，而倾向事实与现象以及实证，就是一种"即物主义性格"。英国学者桑索姆（G. B. Sansom）也认为，日本人对于哲学问题的特异性，是直观地、情绪地加以对待，不大相信逻辑和分析。

这里显示的是中日两国文化在本体论上的不同与互补。一个重事实、现象、实际、实践、实证，一个重抽象、象征、比喻、坐而论道。关于这一点笔者在学术研究方面有切实的体会。中国学者的论著，往往论说重于甚至多于事实与实证，有的以论带史；而日本学者的论著，往往事实、材料、实证很丰富，调查得细微翔实，材料充分，辅以论说。"十分材料说一分话"，胜于"一分材料说九分话"。

第七，日本文化重事实、实践、实证，必然与重视技术、技艺相联系。而这一文化取向，在日本实行"脱亚入欧"政策之后，与西方文化的科学技术这个长项相结合，更得到发展和提高，因此日本文化中的科

---

①　王家骅：《儒家思想与日本文化》，浙江人民出版社，1990，第3页。

技文化得到长足的发展。钱穆曾经论述中西文化之不同，谓西方文化乃外倾型文化，其性质与成功则是"开物成务"；而中国文化则是内倾型文化，其性质与成功则是"人文化成"。日本文化属海洋性文化、岛国文化，本身即具有外倾性，吸收西方文化之后，这一点更得到加强。因此，日本文化的外倾性和科技文化的发达，由此而带来工业文化的发达。第二次世界大战之后，日本技术与工业更是得到重大的发展和提高，日本的汽车和电器风行世界。从1949年到2009年，日本先后有15人获得诺贝尔奖，是非欧美国家中得奖最多的国家。中国则一直保持着内倾性。这就一面是自然科学和技术科学始终不够发达，一面则是"人文化成"的性质始终不断，人文性很强。在这方面，中日文化的互补性是明显而突出的。

第八，日本文化中的审美文化有几个关键词，也是关键审美范畴，这就是：雅（高雅）、物之哀（自然伤感）、佗（幽静）及寂（雅静）。其中，雅与静是最重要的范畴。中国则向有豪放派与婉约派之二分法，当然只是大体而言。所谓"婉约"，庶几近于日本的雅静。但中国又有更基本的对于审美理论的划分，这就是孔子和庄子所各自代表的两派，以后又加上释即佛家，三者汇融而成中国审美理论之大系。孔子学派的基点是道德与艺术的统一，所谓"文以载道""诗言志""诗无邪"；而庄子则"彻底是纯精神的性格"，玄远淡泊，"心斋"——虚、静、明。（以上参阅徐复观《中国艺术精神》）也许我们不妨推定日本的审美精神近乎庄子一派，当然这只是大体如此，而不是整体也不是完全相同，只可说两者在基本精神上相通吧。如此，则可以说，在雅静这一范畴内，日本审美文化与中国庄子审美文化既有相通之处，又有互补性；而与孔子之"载道"派，则更是互补之两派。

在文学叙事方面，日本的叙事风格清顺畅达，逶迤流丽，委婉飘逸，如山涧清泉，涓涓流溢。我读《源氏物语》，读川端康成的《伊豆的舞女》《雪国》，读东山魁夷的散文，都有这种感受和审美愉悦。《源氏物语》与《红楼梦》比较，前者娓娓细语、侃侃道来，虽平铺直叙，却委婉曲折；后者则如湖海江河，浩荡奔流。两者有完全不同的审美感受，互补性鲜明突出。我很喜爱日本的俳句，它与中国的唐诗不同，它体式短小，但细致精巧，温顺含蓄，娇巧玲珑；唐诗则大气恢宏，那是艺术与审美的江河湖海。两者之间的互补性也是明显突出的。

# 二

第九，从以上的简略列举中，我想，已经不仅把中日文化的互补性作了一种举例式的提示，而且隐隐然也显示了两种文化之间跨文化传通的必要性和可能性，以及合作共同发展的前景了。比如，就文化的和合性来说，中国文化在积极、大胆、勇敢和创造性地吸取、接受、消化、改造外来文化方面，就可以和应该学习日本文化的开放性和创造性接受与改造的精神与实践上的成功。近世纪以来，中国国民性中有两种文化心态，要么盲目排外，要么崇洋媚外，时常随社会状态的变化而两者交替。在现代化进程中，在传统文化向现代转换的过程中，学习日本文化外向的和合性，以及创造性地接受与改造外来文化，这对于中国文化的发展是需要而有利的，对于中国文化从传统向现代创造性地转换具有重要作用。同时，日本文化接受中国文化的内在和合性，以及文化素质上的和平、和谐、汇融，也是需要的。中日文化的这种互补互学，既能推进彼此文化的发展，又能促进亚洲汉文化圈以至人类文化的进步。

学习日本先进的科技文化，吸取中国文化的人文精神，这是中日之间互补互学的课题和合作发展的有利前景。中国向来就存在所谓"李约瑟猜测"或说"李约瑟问题"，即：为什么中国古代技术发展很高，而且技术方面的创造发明帮助了欧洲文明的发展提高和人类文明的进步，但是却没有产生近代科学？这个问题也许如某些人所说是个"伪问题"，而即使作为确实存在的问题，现在也没有得出大家一致认可的答案。虽然如此，但问题的存在（即中国自古至今自然科学的发展滞后）是肯定的。但日本则不然。日本在明治维新以后，自然科学的发展，无论是基础科学、理论科学还是应用科学、技术科学，都有令世界瞩目的成就。前述日本诺贝尔奖获得者数量在非欧美国家中居于首位，就是突出的证明。而汽车、电器以及其他工业产品占领世界市场的优势，则是事实与实践方面的证明。

笔者不能在这里一一列举，只从广阔的方面来说，中日文化在互补性基础上的文化传通、文化合作和互相吸取、接受，不仅会推动中日文化的发展，而且会自然地推动汉字文化圈国家、地区和民族文化的发展，特别是其文化从传统向现代的创造性转换。由此也可以推想到，对于整个东北亚地区的文化现代化，也是能够起到推进作用的。进一步说，这种情况对于东方文化，由此及于人类文化的发展、进步，都是大有益处的。

# 德国印象与联想①

## 城市化的乡村

这次在德国居留三个月，从事讲学、研究和创作活动，亲见亲历了德国高度的物质和文化生活水平。只说我们所住的"乡村别墅"吧，少了一些喧闹与声色犬马，而多了一分安静，多了一些清新空气和美好阳光。这里可见城乡、工农、脑体劳动三大差别趋向消灭。在享受着这种美好生活，以安宁之心写作和研究时，我每每思索几个问题：① 德国在第二次世界大战之后，以战败之国，在废墟之上，何以如此迅速发展，再次在经济与科技发展上位居世界前列？② 除了在物质层面上的富裕之外，在精神文化方面的情况如何？是否会是混乱、腐朽加危机？③ 在高水平的物质生活中，是否还存在问题？如果有，是些什么问题？其性质如何？是否如我们有些人所想，西方（资本主义）一切皆好，"资本主义已经自我调整得熨熨帖帖、万事大吉"？

对这些问题的科学回答不是一件简单的事情，而是可以作为大课题来研究的。我这里所谈自然只是属于"感想式"的、简单化的叙说。

---

① 原载《精神文明建设》1993年第3期。

## 文化：明天的经济

德国（这里指原联邦德国）在第二次世界大战后之所以能在一片废墟中迅速发展起来，因素固然很多，但德国朋友都强调主要因素是重视文化教育科技，用我们习惯的说法就是"重视知识、重视人才"吧。就我所见，情况也确实如此。当年，在四国共管之下，人民挣扎在饥饿与失望之中时，他们却出版了《歌德全集》，以树立民族信心和精神支柱；又集中了未被美国"挖"走的技术专家，并大力发展教育，以培养新的一代各级各类人才以至有文化的广大劳动者。正是凭借这种人的内在精神力量，即文化的力量，他们得以装备了公民的智能、输入了健壮的力量于经济生产系统，从而能够发展生产力，能够高效率地生产出高质量的产品，创造巨大的物质财富。现在德国政府和社会对教育、文化、学术事业的重视，也使我这个外国访问学者感到惊叹而羡慕。德国的事实证明了"文化是明天的经济""文化是经济发展的后劲"这些说法。仅就我接触到的事实来说吧。慕尼黑一地就有各种博物馆70多个；在我们这次的住地所属的迪伦市，仅有几万人口，就有两个博物馆。德国的基金会很多，都是在私人捐赠和政府拨款（部分）的基础上建立的。它们帮助和支持了德国国内的和国际的学者、作家、各类文化人从事研究、创作、翻译和教学，总之，从事文化的创造、积累与传播。仅从社科研究一项来讲，我认识的教授、学者，有研究鲁迅的，研究《易经》的，研究元代名臣、科学家许衡的……我这里所举一二，都是离经济很远的，是"远水"之"远水"，却都受到重视和支持。但在实质上，它们都可说是一种"精神血脉"，它流汇于社会经济躯体，便会使它茁壮成长。没有或缺乏文化因子即文化保证与支援的经济，是很难发展和持久增长的。

## 心灵，经济增长的牺牲品

就我在德国所接触到的人和事来说，我认为在社会的"浅层面"和"中层面"部位，其精神文明水准是比较高或相当高的。我在德国三个月去了许多地方，参加过许多活动，人们相处都是彬彬有礼，互相谦让；总是主动帮助他人；排队办事，与前面正在领款寄信或办其他事的人保持一米左右的"人格空间"；人人开车都遵守交通规则，街上和高速公路上极少见到警察。三个月中，我未碰到一次争吵、打架斗殴，也未见到一次车祸。我们所住的别墅，满园梨果无人摘，门口的葡萄和地上的梨也无人拣；全自动洗衣机、自行车、汽车就放在院子里或大门外，也未失窃。不能不承认，这些是同生活的富裕和公民文化素质之高分不开的。

但是，这并非说不存在问题；相反，问题存在，而且相当严重。德国政府和社会人士也为之担忧。不过，问题出在另一个层面上和领域中。社会犯罪是存在的，并时有恶性案件发生。虽然小偷小摸或一般盗窃案件较少，但重大的、立体的、现代手段的恶性犯罪却使社会震惊和感到痛苦。还有社会问题方面，如家庭离析、非婚生子、人际关系中情感淡漠、老龄化、吸毒、少年犯罪等问题。20世纪60年代中期的大规模学生运动过后，到70年代初，在德国连续发生三大恐怖案件：联邦检察总长布巴克遇害，德累斯顿银行行长庞脱被杀，雇主协会会长施莱尔被劫持终遭杀害。这使联邦德国政府和社会都为之震惊并进行反思。联邦政府为施莱尔举行国葬时，谢尔总统致辞说："我们过去优先考虑经济因素，使技术工作得以顺利进行；但是，我们长期以来没有考虑人性是否受害的问题。"1972年，诺贝尔文学奖获得者、德国作家海因里希·伯尔在他的以三起恐怖案件为背景的长篇小说《保护网下》中写道："经济增长吞噬了一切，这才是最可怕的癌症。"经济增长，带来了福利，又带来了苦难；带来了幸福，又制造了新的痛苦；带来了可靠的安全，又造成了另一种形式的监视。这就是在只顾经济增长而忽视"人性问题"即人的精神世界的文明建设时所产生的负效应。还有科技高度发展的负效应，即社会与人的"机械化""效率化""异化"，造成环境污染、生态失衡与心理失衡。社会成为"单面社会"，人成为"单面人"，而缺少人文性、主体性、随机性、机动性。

所有上述问题，都是德国这样经济高度发达国家所面临的重大文化课题，也是所有西方国家共同的问题。这个问题的实质是：在物质生活达到高水平的条件下，人们并不能过上最幸福的生活。同时，也就提出下一个问题：人类应当怎样来创造最佳的生活方式？

### 呼唤文化振兴与灵魂转换

在德期间，我读了一批德国书，其中一本就是梅尼克的《德国的浩劫》。这位欧洲史学大师在总结德国出现希特勒法西斯主义的教训和如何从浩劫后的废墟上复苏时，最后都归结到文化根源上。他指出："希特勒运动"发韧于民族主义和社会主义，两者均有其兴起的"历史权利"。但是，希特勒的国家社会主义和国社党却远离和背叛了出发点，然而却得以蒙骗人民十几年。这是为什么？梅尼克认为，原因在于德国经历了一系列从歌德时代的文化到希特勒主义的"灵魂转换"和"文化衰落"，也就是文化内涵的蜕变。而当他提出如何重振德国时，又同样提出了文化振兴和灵魂再转换的问题。他说："当前的任务只能是……为我们灵魂生活的净化与深化而努力"。他提出："为德国恢复这种精神，至低限度也和建造住房和生产生活资料是同样的迫切。"他说："我们提出德国的精神文化来，作为它必须由之以出发的第二个领域。"但他也同时提出这不是单纯恢复旧的传统，"而必须是加进某些新东西"。德国后来从复苏到发展到起飞的事实，印证了这种物质与精神领域同时切入，并实行新的"灵魂再转换"和"文化再振兴"论断的正确。

### 东西方的比照与我们的选择

从德国的历史和现实中，我们可以通过比照得到启迪。我们发展中国家正在全力奔向现代化，要建设有中国特色的社会主义。从文化的角度来说，我们从传统出发，选择了自己的现代化道路；但我们的现代化进程，又不断地在对传统进行选择。这种选择有对传统文化的批判、扬弃，也有继承、吸收与改造。这就是由传统向现代化的创造性转化。这是文化的第一期转型。然而，我们又同时面对世界文化的后现代化转型（第二期转型）。我们不能随人之后先实现第一期转化，再实行第二期转化。那样，不仅费时更长、更艰巨，而且代价也更大。我们要使一、二期文化工程，在阶段性地发展前提下，大体同步"施工"。

从这种比照中，我们的选择自应是在注意经济增长时，同时注意精神建设；在注意提高物质生活水平时，同时提高精神文明水平；在追求物质的、外在的、感官享乐的生活时，同时注意精神的、内在的、理性的生活。两者结合，才是全面发展、全面现代化。

# 大洋两岸的文化景象①

——访美见闻杂感

在访美期间同学术界朋友的接触中，经常涉及文化问题。一次，在乔治·华盛顿大学麦克格莱斯教授家里参加感恩节晚宴，坐下不久，教授就问我：

"你们到华盛顿已经好几天了，你对美国的印象如何？"

我回答说："礼节、节奏和效率，这些给我深刻的印象。我以为这是美国当代文化的特点，而这些是值得我们学习的。"

的确，在访问期间，无论到哪里，那礼节是周到的、自然的，给人以具有文化教养的感觉。我印象特别深刻的有两件事。一次是，一天我们走在行人稀少的街道上，迎面而来的美国人，无论男女老少，都微笑着点头致意，有的还问一声好。一次是，过人行横道时，我们看见汽车来了，总是按国内的习惯站下等车过去，然而，却看见汽车早已停下，等行人先过。还有，在同人交谈时，对方从不打断你的话，有时在停顿后，两人同时张口说话，对方立即停止，打手势让你先讲。我多次遇到这种情况，无论如何坚持，对方都微笑着请我先谈。这些礼节，都表现了社会生活和人们交往中的文化素养。至于生活节奏，那是紧张而有秩序的。我们每到一处访问，都是按时辰（而不是按日）把活动项目排好，而且互相衔接，排得满满的。午间，是不休息的；有时还举行工作午餐，一边吃，一边进行学术交流。多项活动都需要事先约定。甚至在街上行走，不必说那迅疾如飞的汽车了，就是行人，那步履也是迅疾的。

---

① 原载《精神文明建设》1995年第7期。

办事效率之高，也是令人注目的。我们每到一处，只要按预定时间、地点到达，便立即会有人按计划做出安排，找来需要见面的人，时间、地点、人员都准确无误地安排妥帖。坐下来后寒暄极少，立即进入实质性谈话。

最令我惊羡的是，我在图书馆里，请工作人员将我的名字输入电脑，查询书目。一刹那，荧光屏上便显现出了我的姓名和四部著作的目录，并注明了出版者、发行者、版次、字数和页码、插图数、有无资料文献等。我请他们复印一份给我留作纪念，电钮一按，材料便自动印出来了。

除了礼节，这快节奏和高效率，也同样有值得我们学习的地方。我们在提倡"五讲四美"，我们需要加快生活、工作、劳动的节奏和提高这一切活动效率。文明礼貌、时间观念、效率观念，应该成为我们改变旧的观念、思想面貌和作风的重要方面，应该成为我们民族的文化心理构成中新的素质。在这方面，确是"他山之石，可以攻玉"。

我们访美时，正是初冬季节。然而波特马克河水是碧绿澄清的，华盛顿纪念塔前的大水池泛着绿色的涟漪，水鸟在水中安闲地游动，或在人群旁低翔；小松鼠和鸽群，跳跃着，飞翔着，在人群中也胜似闲庭信步般走动。绿色的草坪到处可见，小片的树林也常出现。汽车连成了长龙，然而只听见"刷刷"的行进声，却没有喇叭响；人们的行动是快节奏的，然而并不杂乱。进到图书馆，设备是现代化的，环境幽雅、清静、整洁，给人以舒适感，造成心理上的安详、情绪上的稳定。环境和给人的主观感受，都是利于读书、学习、思考的。我相信，也感觉到，在这种环境中工作效率会很高的，学习收获也会很大的。

这一切也都反映了社会生活的文化风貌。它们给予人们的不仅是安适，而且是从这种安适中所得到的良好的学习、工作、生活的环境和心理状态，以及由此而来的更多更好的学习、工作的数量与质量。文化不仅是人们生活和享受的条件，而且是人们进一步发展自己的基础。

现代化的经济生产和科学技术必然带来社会生活和人们文化-心理构成的变化，两者需要互相适应。我们伸手去摘取已经实现现代化、科技高度发达的美国的科学文化佳果，是我们现代化过程中需要做的一件工作。当然，对于糟粕部分我们是需要剔除的。

我在几处地方还曾经多次谈到文化和文化交流的问题。有一次，主人对我说到，美国的文化史是短而浅的。有一位教授夫人，在我称赞了美国现代化社会在文化方面的特点时，甚至这样说："你来自一个具有古老文化的国家，看到了美国肤浅的文化。"对此，我总是回答说："是的，从历史的眼光来看，美国的文化是新兴的文化；但从现代化的观点来看，美国的文化又是先进的。"

美国学术界的朋友则往往以主人的身份，带着礼节性态度，同时当然也出于真诚，称赞中国古老的、优秀的文化。华盛顿大学中文系的奇弗斯教授已经翻译了两本宋诗，目前正在编译元明清诗选，他对中国的曲艺甚为赞赏。更有意思的是他的夫人，当我接受了奇弗斯教授赠送的两本中国古诗译本时，我说："今晚我真是满载而归了。中国对于美好著作的称赞是'一字千金'。按此计算，我一夜之间成为百万富翁了。"这位研究民俗学的教授夫人对我这简单话语中的几个中国成语甚为赞赏，她认为中国语言简洁，能在短短的词语中表达丰富而深厚的内容。我临别时，随口说了几句惜别的打油诗："心心相印，相见恨晚；一夕相聚，终生难忘；依依惜别，但愿重访……"她竟交口称赞，不断地拍打着我的胳膊说："Oh，beautiful!"（"哦，真美!"）她感受到的是中国历史悠久的产物、语言的含蓄与蕴藉。在同学术界朋友的接触中，我还了解到，美国学者们对中国的老庄哲学颇感兴趣，他们甚至从中发现了西方哲学的思想渊源和现代哲学可以吸取的乳汁；有的材料还反映，中国古代思想哲学著作中就含有管理的思想，那也是现代管理科学可资利用的文化遗产。有的教授在研究中国的宋诗、元曲，有的对中国现代文学兴趣甚浓。这些又反映了美国学人对于中国文化的兴趣、注意和吸取可用成分的意向和行动。

美国文化被称为"合金文化"。他们的人口构成，不是多民族，而是多数种族的汇合。华人、日本人、菲律宾人、犹太人、拉丁美洲各国人等，他们带来各自的文化，而组成了合金文化。日本利用积极引进的手段，形成了自己的合金文化。这里，文化交流就不是单向直线式，而是多维、多向的交互渗透和影响。就大洋两岸的中美两国来说，彼此对于对方文化的兴趣和意欲吸取对方文化的有用成分，同时又警惕着对方文化中不适于自己需要部分的渗入，甚至有些自然的文化抗逆性的拒斥，这样便形成一种文化交流景象了。它对彼此都是有益的。

乘坐飞机，漂洋过海。遥远的美国，朝发夕至。当飞越太平洋时，我透过舷窗俯视，只见白云累累，滚滚飞逝，而不见翻滚的波涛，但却仿佛看见大洋两岸文化交流的涡旋在旋转。

彭定安文集 ②
社会科学学与比较文学-比较文化论集

# 莱茵河畔的思绪①

国际比较文学协会第十二届年会闭幕之后，我应邀赴波恩。我独自乘上高速火车，从慕尼黑奔向北方。一路之上，绿色遍野，风景秀丽。没有看见一片荒地，没有看见一方黄土：森林和牧草覆盖了大地。特别是过了科布伦茨，火车沿着莱茵河畔蜿蜒逶迤，疾驰飞奔。跟前是缕缕行行的汽车，赤橙黄绿青蓝紫，色彩斑斓，像是一条彩练在高速公路上疾速前进；而眼下便是美丽的莱茵河，碧水悠悠，游船缓行，岸边是各色各种建筑。这一切都给人以美不胜收之感。我独处车厢，眺望周遭，不禁抑郁神伤，思绪绵绵，既有故国家园之思，又怀学术艺文之虑。

## 一、是什么使联邦德国复兴得这么快？

德国友人说，在第二次世界大战之后，这儿几乎是一片废墟：科隆，只留下了一个古迹——科隆古老的大教堂，这是联军司令下令保存的；波恩，则留下了一个波恩大学，因为联军首脑在这儿读过书。但是，30多年后，建设得这么好。战后联邦德国的发展，被称为世界上的经济奇迹。然而德国朋友说，他们主要是靠首先发展教育、科学、文化。战后处在困境中的联邦政府，用高代价集拢了许多专家学者、大批技术力量，又向教育投入大量资金。正是大批人才的出现，给了经济发展以原动力。德国汉学家查艾克很关心中国的现代化。我在他家住的几天中，每晚都谈及这个主题。他总是强调，首要的是发展教育，提高文化。一位不愿说出姓名的富有的老夫人，发愿要以她的钱财帮助中国发展文化教育。在我同她会见的那个夜晚，谈话始终没有离开文化这个主

---

① 原载《科研生活报》1988年12月20日。

题。临别，当我说到中国还很困难，路还长，现在急需把经济搞上去时，她立即接上话题强调说："同时，要提高文化，提高道德水平。"

望着莱茵河的悠悠绿水，我的心绪有如这荡漾的碧波。看看人家，想想自己。我想说这样的话："文化是明天的经济"，"文化有时比经济还重要"。

## 二、查艾克家的书房

查艾克他有两间大书房。现在，里间是我下榻的卧室。书房里的几排高大书架上装满了中国书籍。这些大都是中文古籍和中国文史著作。线装的、精装的、平装的都有。我在书桌前一坐，转动椅子，环视这些图书，也同乘车在绿野上和在莱茵河畔奔驰一样，有美不胜收之感。有一天晚间，查艾克先生兴奋地打开了他那放在大书架上的小书箱，那里藏的都是珍版中国古籍。他高兴地一本一本拿给我看。我每天都浏览这书架上的书。

在外间书房里，除了外文书之外，还有几排中国现代和当代著作，其中有不少中国当代作家的作品。难得浮生数日闲，倒是在异国他乡，我得闲看了几部中国作品。

## 三、德国老夫人的一席话

S夫人不愿说出她的姓名。她孤身一人，但很富有。她原有一家公司，已经不再经营了。她在自己的豪华住宅里独自过日子，但她有一个宏愿：要帮助中国发展文化教育、科学。她已经在1987年拿出一笔巨款邀请了十几位中国作家去联邦德国访问，举行了一次中国文学周。

当她热情地把我们引进她的内客厅坐下，并给我们倒上了一杯茅台酒之后，开口便说：

"现在欧洲问题很多，希望在中国。如果中国能够学习欧洲的好的方面，而去掉不好的方面，中国就能在全世界发挥很好的作用。"

我说："是的。中国是有五千多年历史的文化古国，10亿人口的大国，如果发展起来了，是可以也应该在世界上发挥它的巨大作用的，只是目前我们还做不到。"

S夫人转向查艾克先生，用德语问他："你说现在中国最需要的是什么？"

查艾克答："文化、教育。"

S夫人高兴地与查艾克握手，表示赞同他的看法，并且以老人难有的矫健的步伐走出书房，取来了一本德文杂志，翻开来念一段文字给查艾克听。他们于是以德语继续热烈交谈。我拿过杂志，是一本德文版的《北京周报》。那篇文章是关于北京中国文化书院的，我仅拼出了梁漱溟、汤一介、包遵信学者的名字，知道这是一篇谈论或报道有关中国文化的文章。

以后，我又在S夫人的外客厅的窗台上看见许多本关于中国的杂志。

这位德国老夫人对中国的友好情谊和关怀，尤其是对于中国文化的重视使我很感动。我不禁感慨系之：我们自己如何？好像有时、有些人，反不如一个外国友人那么重视自己的文化科学教育的发展！

临别时她所强调的，中国在发展经济的同时，"要提高道德水平、文化水平"，也使我感叹，而且引起一阵忧思。我们不是更应当重视这个问题吗？

## 四、鲁迅将大幅度为德国所接纳

在一个凉爽的下午，我拜访了波恩大学东方语言学院中文系主任顾彬教授。在谈话中他告诉我，他正在编译六卷本《鲁迅文集》。我听了真是高兴。鲁迅对德国文学素来喜爱，尤喜歌德，受尼采影响至深。不过，德国的汉学在欧洲虽然素称发达，但是据我所知，这样大幅度地介绍鲁迅还是首次。我表示了我的惊喜之情，并且极简要地贡献了我的一点意见：鲁迅杂文中最好的在《坟》中；《野草》是鲁迅作品中艺术性最高者。

## 五、贝多芬故居的遐想

在波恩最使我高兴的事情之一是两次参观贝多芬故居。小小的庭院、小小的楼房、小小的幽暗的居室、古老简陋的钢琴、粗糙简陋的喇叭筒式的助听器……，这就是我的印象。然而斯时斯地，竟然产生了贝多芬，产生了贝多芬那不朽的音乐。我不禁遐想悠悠：人的思想、智慧、能力，是天上的流云、大海的潮头、原野的碧草，客体、客观、环境限制不住这种主体的创造力！

## 六、国际学术会议上的两点感想

让我回过头来谈国际比较文学协会第十二届年会。会议在慕尼黑大学举行，多数是分组讨论。看那各组名单和各自的主题，真是丰富多样。来自40多个国家和地区的400多位学者，围绕着总主题和分主题展开了交流。比较文学已经不只是美法两个学派了，而且有人说现在再用"某国学派"来划分比较文学已经是旧观念了。

这里使人具体感到，确实在形成社会科学的世界模式。这给人们提出了许多有意义而又严峻的课题。

8月26日下午，当我用英语宣读论文纲要之后走下讲台时，不得不声明："很抱歉，我不能用英语回答问题，而要请在座的上海师大王教授代答。"这使我感到惭愧，也感受到一种损失。

然而，会上许多国外学者是英、德、法三种语言都掌握的；一位东欧国家的学者，他主持小组会议时，用中英两种语言讲话，同时，对用德语宣读的论文他也能掌握其意。差距是很大的。我们已经"俱往矣"。寄语后来者，努力吧，登上国际学术讲坛！

## 七、结尾的话

马克思的故乡特里尔、恩格斯的故乡巴门，都在联邦德国。然而我想去而未去，作为一名终身信仰马克思主义的人，不能去这两处"朝圣"，不免"于我心戚戚焉"。两度过法兰克福，伟大作家歌德故居就在此地，然而行色匆匆，未能拜谒。作为一名文学研究工作者，也不免我心戚然。这是我心中的遗憾和旅德时的一种文化损失。

# 加拿大散记①

这次因为参加国际比较文学协会（以下简称国际比协）第十四届年会，有机会访问加拿大。虽然中间又去美国一次，两次出入加拿大，但来去匆匆，只能有一些粗浅的印象而已，散为之记。

## 一、在"国际比协"会上

这是我第二次参加国际比协的学术年会。第十三届年会（东京）我虽然亦有论文入选，但因为要去美国讲学而未能赴会。国际比协成立以来，一直没有中国的地位，听不到中国的声音。直到20世纪80年代中期在巴黎召开的第十一届年会上，中国也还只能派一名观察员而已。但自第十二届年会起，中国与会人数越来越多，而且在协会中的地位也迅速提高，先是北大教授杨周翰先生当选国际比协副主席（杨先生去世，北大乐黛云教授又荣膺此任）。在分组会上，中国学者担任主席者也为数不少。中国的比较文学研究学者在国际比协具有了举足轻重的地位。记得1985年中国比较文学学会成立时，当时的国际比协主席、荷兰学者佛克玛曾给予高度评价，认为这是国际学术界的一件大事。确是有一定的预见性。现在，比较文学的中国学派也已经开始形成了。这一切都是令人感奋的。在这次年会上，中国还参与了第十六届年会举办权的角逐，竞争对手有意大利、澳大利亚和印度。会上，中国比协会长乐黛云和孟华、王宁两位教授，作为筹备工作的主事者，都登上讲坛发表了简短的"竞选"演说。如果我们能得到有关方面的支持，我们获胜的可能性是很大的。

---

① 原载《侨园》1996年第3期。

## 二、加拿大：展开的国土

加拿大国土面积有990多万平方公里，比我国国土面积大了30多万平方公里，是世界第二大国。在飞机上俯瞰加拿大国土，平原地区，平展展万里无垠，一望无际；来到山岳地区，群山连绵，也是无边无际。在感观上我觉得这是一个展开来的国土，不但开阔平展，而且伸展开来，"内部"无有屏障、"外部"没有阻遏。这印象似乎有些无曲折、无变化，但是却给人以宽广、舒展的美感。

这种感觉，在地面上活动时也会产生。大概因为加拿大地广人稀吧——比中国土地面积要大不少，然而人口却只有2000多万，相当于中国的一个省的人数——所以，到处有这种"展开来了"的感觉。在大学里，校园宽广，建筑物分布开阔、间隔宽松，给人一种宽广、余裕的美的感受。在街上，也是宽阔余裕，而不是壅塞拥挤。在从城市到机场的路上，从这个城市到那个城市之间，展眼望去，都是开阔的。尤其在城市之间，在高速公路上，几十里才有一处只三两座两层楼房组成的家庭农庄，这就只是一户人家了；再走一段，才又出现一处；如此"循环"，绵延、舒畅地展开来。而在"空白"处，都被绿的原野、田野、森林、草坪所覆盖，显示出一种生命的活力。这里的确缺乏曲折透迤、变化跌宕之姿，但确实是一种展开的风光、舒畅的韵姿。这是大自然的另一种交响曲，给人以另一种美的感受。

## 三、只见农户，不见农村

在享受这种开阔舒展之美时，我注意到另一种现象，我称之为"只见农户，不见农村"。当一个又一个这种家庭农庄闪过时，我感到这只是几十里方圆中的几幢楼房，同周围几十米方圆中的树木、草坪、附属建筑物一起，构成一个现代化的居民点。这是一个农户。但是，没有由几十几百甚至几千户人家构成的一个生产与生活的社区，没有农村。这里是非常清静的，是一家人的小天地。但是缺少社区文化、社区生活，缺少热闹和人际的亲近交往。这种单门独户、耕种经营广阔农田的家庭农庄，其优越性是可想而知的。这是生产力高度发展时，与之相适应的一种生产方式、生产关系。因为机械化、电气化，生产能力高，一家一户是可以承担广阔地面的耕种任务的，用不着几十、几百户住在一起，因此也就用不着也形不成农村。记得在美国，也见到这种距离远隔、单门独户的一个一个农庄。自然也是生产力水平决定的。

但是，我觉得这种"不是农村的农村"，不是符合中国人农村概念的"农村"，因为缺乏那种群居交融、房舍错落、鸡犬鹅鸭、牛羊驴马的生态环境，所以使人有落寞之感，有遗世之憾。特别当我两次从北美归来，而赴丹东开会，火车所过之处，看到中国农村那种热闹红火的景象，甚感这种人文文化之美。

不过，城市化是现代化的必然结果。农村必然消灭。当一个国家的农业人口只占总人口的百分之几而不是像中国那样占百分之七八十，当生产力水平发展到这种高度时，又如何来保存农村呢？我觉得这倒是我们的一个生产的，也是社会的、文化的课题。

## 四、世界最大的购物中心

一到加拿大，人们就介绍说，在埃德蒙顿有一家世界上最大的购物中心可以一看。不过，我直到会议结束了，才得空去那儿参观。

这家购物中心名叫"西埃德蒙顿"，坐落在城边上，是很僻静的地方。它并不高，只有两层，然而占地面积却极广，这也给人以"展开来"的感觉。整个建筑是规整中又有变化，通外面的门极多，至少有几十个。所以你从哪个门进去，要记住号码，否则出来时找不到原来的门，穿行而出，就不知去到何方了。我是独自去的，没有这个经验，结果出来时找不到原来的门，也就找不到原来的乘车处，在外周游了半天才算找到。

中心里面不仅有各种各样的商店，而且有很多游乐场。有在人造山洞里钻进钻出的火车，有乘上船就进入水域区"探险"，有孩子们爱玩的电马等，还有海豚表演。特别是还有一处人造海滩和人造"海"，可以在那里游泳，可以在"海边"嬉戏。当然，既然有这些设备，可以玩很长时间，就少不得有吃的地方。到处有吃食小店，也有能容几百人用餐的餐厅，有高雅的餐馆，也有幽静咖啡座。人们进到里面可以游览，可以玩，可以吃，当然还可以购物，这几样可以交错进行。此外，还有错落在过厅、走廊、休息厅等处的各种可供观赏和游览的处所，如喷泉、花池、树丛，各种禽鸟等。我去的那次，幸运地赶上了孔雀开屏，它竟在那玻璃罩里，展示美丽羽毛达十几分钟之久。我高兴地拍下了它的丽姿。

这是一个集购物、游览、玩耍、聚会、饮宴等于一体的所在。它为人们提供了一个室内公园，然而又有公园所没有的功能，能起到公园所起不到的作用。

不过，听说这家购物中心现在赔钱；但因为它是"世界第一"，成为埃德蒙顿城的一景，所以政府每年给予资助，使它维持运转。

## 五、借问酒家何处有？

在加拿大，我一直在住处吃饭。这儿是阿尔贝塔大学的公寓楼，餐厅很大。除早餐免费外，午晚餐都是自助餐，付费就餐。这里有各种饮料出售，但没有酒，连啤酒也没有。有几次，我应邀到餐馆吃饭，有中国餐馆，也有外国餐馆，也都是没有卖酒的，连啤酒都没有。我注意到，无论是在公寓餐厅，还是在餐馆，也没有一个喝酒的。就是说，连自己带酒来喝的也没有。不过，我并没有看到张挂禁酒令，像时常看见的"禁烟牌"那样到处都有。那么，就不是禁酒，而是"此处不售"了。我想应该会有出售酒的餐馆的，不过我没有发现。"借问酒家何处有？"我没有问，但我想有一点可以肯定，卖酒的餐厅不多，或者有什么特殊的规定。

## 六、加拿大的"富丽华"

阿尔贝塔大学的谢慧贤教授同我一起为捷克学者高立克教授送行。去机场之前，她请我们去埃德蒙顿的中国城吃饭。来到餐馆前，赫然一个大招牌，上写五个大汉字"富丽华酒楼"。这使我想到大连有一个"富丽华"。它们只是同名，大概没有什么关系吧。我们登上二楼，这里面积很大，能容纳上百桌，卖的是广东小吃。每个服务员推一个小车装一样食品，从桌前走过。你可以拿几盘或几碟，也可以不选。如此吃下去，直到"选吃"停止，结账。这里也没有喝酒的。整个大厅是满座的，但并不是人声鼎沸，而是显得比较安静。食客之中有不少中国人（多是一家一家的），但更多的是外国人。中国的食文化真是厉害，吸引了加拿大人，"征服"了外国人。在加拿大，在美国、德国、法国，无论是首都、大城市，还是小城镇（有时是很小的镇子），都会看到挂着汉字招牌的中国餐馆，以"北京""燕京"命名的不在少数。在欧美定居的其他洲和国家的移民不少，但没有一个国家像拥有中国餐馆这么多的本国餐馆。这表明中国人很能干，中国的食文化征服了世界，至少走遍了世界吧。

我们奉献了佳肴美食给世界各国人民，饱了他们的口福，也为他们的生活增添了乐趣和色彩。

## 七、温哥华机场的问卷

在返回中国之前，在温哥华机场候机时，有一位华裔女士佩戴加拿大航空公司的标牌，向每个旅客散发一份调查问卷。我接过一看，这份问卷使用中英两种文字，这在国外的文件、资料、说明中是极少的（往往有日文的，但也不多）。内容是有关航空中服务，对是否使用汉语的看法和需求以及取何种服务方式为好等。在场的旅客们，接过表格就立即认真填写，然后交回那位航空公司的小姐。这也是西方的一种生活中的文化状态，表现了对公众事务的一种关心和责任感，当然也表现了一种自我意识和参与态度。

不过，我从问卷调查这件事中，主要看出两点：第一，中国人在加拿大（至少在温哥华）越来越多了，同时，来往于中加之间的中国旅客也越来越多了，因此也引起航空公司注意，不得不考虑在服务方面增加汉语服务。第二，加拿大航空公司对服务工作考虑周到，而这种周到的考虑，自然并非单纯的"服务精神"在起作用，而是同时还有竞争机制的重要作用存在：谁服务得好，谁就有更多的乘客，因而能赚更多的钱。

中国人正在大批大批地以各种方式走向世界。这对于国家开放和发展，无疑是有益的。大概一个重要的问题是：如何管起来，把一股洪流、浪潮引向于民族发展也于世界各国有利的渠道。

# "赌船"上的人生 ①

## ——旅美散记（一）

彭定安文集 ②⑦

社会科学学与比较文学·比较文化论集

　　远远望去，一个像是海上石油钻井平台，首尾都是方形的硕大船体，上面有楼房似的一层船舱，停泊在河边，那就是已听说多次的"赌船"了。为什么要把赌场设在船上呢？原来伊利诺伊州有一条立法：在本州土地上，不允许设赌场。于是有人就钻了一个空子，在河上（而不是土地上）来赌博，就不"犯法"了。这就有了赌船。在报上见过几次报道，说是有些经济拮据的华裔老人，也有华人新移民中的无业青年，去赌船上混钱混饭，还有邻居一位老先生讲了他的亲身经历，确实给钱供饭。这些"信息"，"诱使"我想要一游赌船，不为混饭捞小钱，而是想一睹船上"风光"，还想做一点社会调查。我们是自己驾车前去的，所以既没有花5美元车票钱，也没有得到白给的15美元赌资。我们先进到候船的大楼里，一打听才知道船是每两小时一个往返，船票要一周前预订，按期前来取票的免费，不取票的倒要交10美元，这也就是鼓励来赌钱吧。没有预订票的，可以等候多余的票。我们只好在楼内一家咖啡厅里小坐等候。环顾这两层高的大楼，相当宽敞、漂亮、雅致，而且很幽静，人来人往、出出进进，但毫不喧哗，没有旧中国式赌场那样的嘈杂景象，我倒觉得是一个会友、休息、读书学习的好去处。为了不致得不到票，我们休息不太久就提前去排队，站在队伍前头，所以一到时间便领到了入"船"券。这时船已靠岸，大家鱼贯而入，很有秩序地登上赌船。当我一脚踏上船舷，心里突然"咯噔"一下：生平第一次进赌场，去体验一种人生经验。这会是一种什么样的情景、什么样的感受呢？

　　所有在赌博的人都是静默的，一点没有吆五喝六之声。我们沿着长

---

① 原载《辽宁日报》1998年8月29日。

方形的大赌厅从外圈到里圈巡行一遍，偶尔在一个赌台前停留一会儿，观看片刻。在这样的巡行中，我感受到三种强烈的刺激：光的刺激，声的刺激，金钱的刺激。光不是强烈的，而是总体上来说的。

船开始缓缓离岸，我随着人流流进了赌场——这别致的在河上漫游的船上的赌场。进门一看，灯光昏暗，声音嘈杂。我感到进入了另一个世界。环顾四周，人们三三两两（最多三五成群）围在轮盘赌机器、"扑克骰子机"、"扑克牌"（我叫不出那些赌具的名称，姑且这么称呼它们）周围，外圈则是一圈单个人自己赌的"老虎机"。

整体的昏暗、分体（每个赌台）上的明亮，还有各处各方迷离闪烁的五颜六色的光，这是有意要制造一种"非现实"的、晃晃忽忽的氛围或叫"意境"吧。声音并不强烈，但是音乐声、各种赌具的机器响声、众多"老虎机"的机器响声，混合成一种低分贝的嘈杂，给人一种头昏心烦的刺激。至于金钱的刺激，则是看见一瞬间便有大笔钱财进出。我们在一个"扑克牌"摊位前"观战"片刻，便亲见一个白人，面前筹码输光；他又拿出一沓钞票，那位秀丽的东方女性"庄家"，回头叫来一位挂着牌子的管事人，当面数清是 2000 美元，便付给白人一堆筹码。赌局继续进行。我看见那筹码又迅速地一次次被收去了。我感觉到一种残酷，而且有一丝悲凉感袭上心头。我不忍看见他输光，便离去了。我想起了许多在赌场倾家荡产的悲惨故事。人们都是为了发财而来，却破产而去，而输赢只在一瞬间。这"金钱的刺激"，实际上是一种"人生跌宕浮沉决于一刹那"的强刺激。

不过，据我观察，来这里的大约有三种人。一种是真正来赌博的，像我刚才见到的那位白人赌者。他们是来此"一决胜负"的，他们真的在这里进行"人生的赌博"，过一过"赌博的人生"。第二种人是在这里消磨一天的时光。他们绝大部分是老年人，他们也都坐在单个的老虎机前，或者是在一排老虎机前占个一席之地。赌注甚小，输赢不大，但在老虎机上不断按钮、不断攀杆，也不断有筹码进进出出，有一点儿小意思，有一点儿小刺激，但可以消磨"大时光"。他们是在美国占多数的孤独的老头儿老太太。他们来这里排遣寂寞、消解愁闷，以打发暮年的人生，送走人生的暮年。第三种就是来观光、来"体验"，来了解一下"另一种人生"的人们。他们行无定址，走走看看，玩一下"赌博"就走了。从不同人的不同表情上，能看出他们不同的内心世界。第一种人，表情严肃、态度凝重，全神贯注、目不斜视，有一种面对生命攸关之大事的神情。第二种人，精神倒也投入，但神态自如，或赢或输，亦笑亦叹，却无大喜大悲，在嬉戏的投入中打发了"多余"的时光。第三种人最潇洒，走走停停、东张西望，或亦一赌，赢笑输也笑，输光就拉倒。看所看而来，见所见而去，"潇洒走一回"。

这赌船上的人生，那情景、那气氛和那种"人生的搏斗"与"人生的挣扎"，一直使我难以忘怀。

这是三种"玩儿"的态度，也是三种人生态度具体的、一时的表现；但未尝不是一种总体的人生价值追求。我在观赏体察中想：第一种人，是"苦恼的人生"，古往今来何曾有过赌博发家的？却只有耍钱败家的人，最后落得个"悲剧的人生"。但生活中不仅有这种赌场上的"赌博的人生"，而且多的是"人生的赌博"，只不过用"赌"的方式去追求的不直接是钱，而是名誉、地位、官职、享乐之类。第二种人，不得不在喧闹嘈杂中、在声光刺激中、在"人机之斗"中，消解难耐的寂寞、打发无意味的余生，那也是令人怅惘的。

我想，游戏是人类"与生俱来"的，人类在那远古的童年时期，不仅"游戏人生"，而且创造了游戏文化，从游戏中创造了一系列文化。至今人在童年还以游戏为生活主体内容，而且终身都不可无游戏。更有意味的是，某种技艺、事业、学问进到一种"游戏心理体验"，就是进入一种高的境界，一种"到家"的境界了。但是，赌博却是游戏的变态、异化，成为社会的毒瘤、人生的赘疣，危害社会与人生了。然而，人们现在还适度地容忍它，甚至"养"着它。这倒是整个人类与人类文化在总体发展中需要谋求解决的众多重大问题之一。

我们还下到底下一层看了一看。这里赌局少得多，稀稀落落，但有卖食品咖啡的，这主要是休息处。我们还走出船舱，在船舷上眺望和散步。这里空气清新，轻风徐来静寂无声，河水缓缓流淌，对岸树林拥着楼房建筑，这是另一番景象、另一个世界、另一种人生。我感到一阵轻松、一种舒畅，觉得这才是正常的人生、真正的人生。

我们回到船舱里，又巡走了一遍。看看表已快下午6点钟了，便提前到船舱门边去等候。这时，陆陆续续有人来到这里，他们也大都是观光者吧。留下的都是"恋战者"，他们还在留恋那"人生的赌博"或"人生的消磨"。

# 百年小镇"怀古"①

## ——旅美散记（二）

### 朗格乐福村镇诞生160周年

　　小镇上人来人往，有老年夫妇相携同行；有年轻夫妻牵儿携女，或车推手抱；也有零散的游人，熙熙攘攘，有说有笑，衣着鲜丽而不妖冶、休闲而不脏乱。他们在小街上悠游穿行，在各种商店里进进出出。街道的小草坪上有各种活动在举行，商店门口也都悬挂着各色各样艳丽的装饰。整个小镇充满节日的欢乐，却没有一点商业气息。连续数日的历史小镇庆祝活动正在进行。人们是看到报纸上的报道后，从近地或远处特意赶来参加的。这个小镇名叫朗格乐福（Lang Grove）。它在1800年开始有人居住，至今已有198年的历史。这在咱们中国算不了什么，但在美国就该说是很古老的镇了。不过，为它举行庆祝活动，并不仅仅因为年代久远，更在于它的历史内涵和现实意义。在19世纪初，先是来了一些法国商人在这里定居，还有一些印第安人居住；后来，又有一批德国农民来此定居，成为主要的居民，并把它命名为"马特索尔兹"，以纪念他们居于沙尔河谷的祖国故土。从此，这个小镇逐渐有了自己古老的、欧洲的民族风貌。19世纪40年代，几位妇女联合开了一家古董店，接着又有人开起一些有特色的商店。这样，小镇的风貌就越来越有特点了。时光流逝，历史变迁，文化积淀，法籍居民消失了，印第安人也向西迁移了，只留下德国人在这里安居。于是它便越来越德国化，逐渐成为一个独具特色的德国乡镇。德国农民保持着固有的朴素勤

---

① 原载《东北之窗》1999年第3期。

劳的品性。他们有自己的合作社组织，做奶酪、挂马掌，互通信息，从事社会交往，并且先后开了各种手工艺品、食品、杂货小商店。这些德国农民，一直到第一次世界大战后，仍然使用德国地方语言。这样，这里便成为一个富有魅力的德国村镇。大概由于该村镇形成规模始于1838年吧，所以，这次活动称为"庆祝我们的村镇诞生160周年"。

有意思而又有趣的是，在19世纪20—30年代，这个古老的欧风小镇，"沉睡"了，停滞了，没有随着时代前进而前进、随着社会发展而发展。它沉浸在古老的、传统的生活样式和往昔的旧梦之中，成为迅疾现代化进程"遗忘的角落"。然而这个"沉睡"与"遗忘"倒成全了它。只因为有昔日的"沉睡"，才会有今日之热闹。

## 小镇人文景观具有欧洲古典风韵

我们在中午时分来到小镇上，立即为眼前的风光所吸引。在立于小山坡的十字路口，并不宽敞的马路向四方延伸。穿过十字路口的"主街"，沿着小山坡缓缓爬上去，伸向村镇的尽头，也就二三百米左右。商店都是矮矮的小屋，门上悬挂着美丽的花朵花环、各色风铃或者商店里特色商品的模型。有的商店门口还有有趣的雕塑——比如两个漂亮的男童女童端坐两边，两臂平伸，手拉手构成了"椅背"，人们可以倚"背"而坐，与儿童相依而歇，别有情趣。商店都是小门小户，又各具特色。习惯了在超级市场或购物中心面对货物挑选不见人、一次购物一大批的人们，在这里与营业员面对面谈话购物，可谓情趣盎然。街边偶尔还有一两尊古典风格的青铜雕像，或是一个工人的立像，或是两人的坐像。我推想，他们可能是在本镇发展建设中有过贡献的历史人物吧。这种风光，以及人们三三两两悠游街头，或老人蹒跚独行，进出商店购物与观光、游走街头闲逛与办事，这种人文景观，使我联想起在德国和法国古老小镇的所见与感受。这里的确具有一种欧洲古典小镇的风韵，至少是遗留着一些风流余韵吧。正是这难得的"风流余韵"，才带来连日的庆祝与纪念，才吸引来自四面八方的人们到这里来"偷得浮生半日闲"。

## 小镇的音乐舞蹈颇有"中国色彩与韵味"

为了增加节日的气氛，也为了满足人们的"古典情怀"，庆祝活动的组织者——小镇酒店和社区组织，还在街边和草坪上安排了一些清凉饮料免费供应车、卖小吃的摊贩，甚至还有坐在小凳上用手摇纺车纺纱的妇女在纺纱和卖手工艺品。更吸引人的是音乐舞蹈活动安排。我们首先感到很有兴趣并立即闻声而去的地方，是印第安人的舞蹈。远远地就听到浑厚沉重的"咚咚"的鼓声和激越高昂的歌声。在一片草坪前，我们看到了舞蹈表演。人们三三两两散坐在四周，有的站立观看。几位印第安男人围着一面大鼓，挥动鼓槌，用力地击鼓，发出"咚咚——咚咚——咚咚"的急骤的节奏声。那击鼓的旋律，很像中国秧歌舞的鼓点。而在歌唱的间歇，则齐声吆喝着"嗨哟——嗨哟"，这也很像中国民歌和少数民族歌唱的"喊号子"。一群印第安女人，穿着民族服装，有的头上插着美丽的羽毛，围着大鼓，迈着细小的舞步，绕圈舞蹈着前进，双手微微地幅度很小地摆动着。那舞姿又有些像中国西南少数民族的舞蹈，而不像欧美民族舞蹈的节奏那么明快、迅疾和动作幅度大。这不免使我想起学术界的一种说法，认为印第安人种是在遥远的远古，当今天的白令海峡还是陆桥时，从亚洲东北角越过陆桥到达阿拉斯加进入北美大陆的中国人。看着眼前印第安人的黑发乌眼、低平鼻梁和亚洲人的脸型，再想想他们的音乐舞蹈的"中国色彩与韵味"，而没有一点欧美民族的艺术特征，我真不免更进一步相信这种说法了。也许出于这种潜意识，当一场舞蹈表演结束时，我们找到节目主持者，问他是否愿意与我们合影。他高兴地答应了，而且一听说我们是中国人，他便用汉语说"谢谢！"并且说得相当标准。我想，他至少是与中国人有过交往。不管那学术上的争议会是什么结论，我们确是留下了一帧有意义的珍贵照片。

当这边的舞蹈结束之后，我们又去了另一处草坪。那里，有一个乐队在一顶帐篷下演奏爵士乐。听众很多，座无虚席。台上几个乐手在奏乐，台下听众和着节奏，有的在座位上轻轻地摆动身子，有的挥动着手，脸上现出愉悦的微笑。大概，这些年老的听众正沉浸在对往昔的怀想中，想着几十年前的欢乐与生活吧。20世纪40年代、30年代以至20

年代，他们曾经在舞厅、在校园、在友人的生日聚会上、在节日的欢舞中、在这种音乐声中，欢快地跳过，愉悦地欣赏过。哦，那遥远的年代、遥远的生活、遥远的青春和生命。这种身心的投入，真是音乐与心灵的融会、现实与历史的交融。

## 小镇街头"古风遗物"引人注目

虽然再过几个小时，这里还会有古典音乐演奏会，但是我们等不及了，只好快快地离去。走上街头，又看见了古老的四轮马车，载着几个游人，缓缓地从街上走过。这场景又为这历史小镇增添了一番古典气氛。而当我们穿过十字路口，走向街的尽头时，远远地看见一座古老的廊桥。"廊桥"，这一因为小说和电影《廊桥遗梦》的风行而引人注目的"古风遗物"，我们居然在这里亲见实物。虽然"此桥"非"彼桥"，但究竟是同一种桥。小镇当局为了保存这一古物，虽然有两条州际高速公路在附近经过，但也没有破坏它，宁可汽车减速，在廊桥通过时只能单车行驶，两边来车时必须停车，一辆一辆轮着过去，也不拆毁它。这次庆祝活动的日程表上，还印着一个廊桥的图徽，竟是以它为本镇的标志，可见对它的看重了。为此，我高兴地拍下了廊桥的"倩影"，并在它的前面摄影留念。

当我们回过头来又走上街头时，看见一位身材高大的男子，身着古式的黑色礼服，戴着古式的高礼帽，留着大胡子。他很像一个人——美国历史上有名的总统林肯。这正是装扮的"林肯总统"，他由一位少女陪伴，在街上游走。"历史"又一次在"现实"中出现。我们走向他们，并要求与"林肯总统"合影留念。"总统"很随和，与我握手，并肩合影，还说声"谢谢！"

## 归途上的反思与联想

时间不早了，我们将要离去。可惜不能参加余下的活动，其他几天的活动也不能"躬逢其盛"了，心中不免有些怅惘。归途上，汽车奔驰在州际高速公路上，两边数排汽车长龙迅疾地闪过。疾风呼呼，车声刷刷，车轮滚滚，人影忽闪。一切都忙忽忽、急匆匆、紧巴巴，生活的

"军令如山倒"，生命的节律似倒海。就在这归途上，便显现出现代化的生活气势。在这种"瞬间速度""瞬间节奏""瞬间效应"的现代生活方式和生存状态中的人们，身心疲劳、精神紧张，心理之弦紧绷，思想之海波涛汹涌。他们需要一些"清净地方"、"平静港湾"、"心理歇园"、"养神净土"和"文化后院"以至"历史孤岛"。这不是无聊赖的索求，而是一种积极的追求、文化的养生、"历史的治疗"。可以说是一种"现代化极限"的"传统补偿"和"传统疗救"。正是出于这种原因，正是这种心理需要和文化需求，吸引人们去"发现"和重视历史乡镇，愿意和乐于保留传统面貌，并在这里悠游徜徉，看一看昔日的风韵，亲炙一番"传统"，暂"回"一下往昔，享受一次安闲清净，使心理松弛，心灵安顿，身心舒畅。在这里"历史楔入现实"，"传统融入现代"，启发人们去思索与总结现代化课题。

当然，不是停止发展、否定现代化，而是发现它的"极限"，总结它的负面效应，保留应该保留的。朗格乐福历史小镇的社区团体就做出了保护历史陈迹的地方法规：确保有历史特色的旧有建筑，在十字街上建造新商店、房屋要保持19世纪初建筑的古典风貌。当然，里面的一切是现代化的，但外面则是要传统风貌的。这样才能使小镇的古典风韵长存。这可以说是一种现代化战略思想和"补偿策略"。

我想到我们古老而广阔的国土上，不知有多少历史小镇比朗格乐福要古老得多，文化遗存与文化积淀也要丰富得多。我们还有许多古老的县城，如湖南的凤凰、福建的长汀、安徽的歙县等。这些星罗棋布的历史乡镇，特别是古老的县城，更是无比优越的、现代化补偿的"历史港湾""传统孤岛""文化后院"。值得我们在现代化过程中，一方面既建设现代化的新市区、新村镇，另一方面又保存、利用、改造"老区"，保留传统，以及对它进行保留传统风貌的"现代化改造"，而不去完全摧毁它们。否则，"历史毁去了无迹，留得遗憾长相思"。我们更可以在这些地方进行庆祝与纪念，使人们得以享受文化的休息、积极的养生、传统的教养以及历史的熏陶。这对于提高公民素质、医治现代化疾病、培养青少年的民族意识与情感，使老年人能有机会回顾往昔，都很有好处。这比搞人造的"节日""文化搭台，经济唱戏"充满商业气氛、金钱气味要好得多。

# 中国与外国的节日①

每个民族都有自己最重要的节日。在这样的节日里，全民进入狂欢状态，持续长久时日，从事许许多多活动和游乐。在这种狂欢活动中，整个民族的性格、记忆和传统文化，都辉映成趣，尽情呈现，成为一种世界性的文化展示，给人们了解各个民族与文化、研究文化人类学以及获得有关的社会、文化、历史知识，提供了丰富的活资料。我在这里，愿意就接触所及、见闻所得，写一点在西方国家所见"过节"的表面现象，并拿来同中国类似的节日作比较，也许可供有兴趣者参考。我主要选择中国的新年、春节和中元节，同西方的新年、圣诞节和万圣节来作比较。不过，这里有许多不可比性，我只好勉强拉在一起，作一些平等比较。

## 新年，欢乐节庆的预演与结尾

新年，在中国和西方，同样是主要的重大节日，是一年之中的节日之首。但在实际上，即在"过法"（如何过节）上，"性质"有所不同，主要内容和观念、游乐方式也都不一样。

中国向来没有过新年的传统，它是"西方舶来品"。如果从辛亥革命推翻帝制、建立民国以后才过新年算起，也不过90来年的历史。实际上，真正把新年当"年"来过，是中华人民共和国成立以后的事情，那历史就更短，只有半个世纪。比起那些有千百年悠久历史传统节日来，可说是"年轻的节日"了。实在说来，中国人很有一点"不把新年当回事"。我们并没有全民族庆祝新年的活动，新年期间也并不是那么

---

① 原载《东北之窗》1999年第4期。

热闹。新年的主要意义和作用、庆典和活动，更多的是在上层、政府部门、机关学校、文化界、艺术界等方面，而在"民间"，庆祝活动不多、不很热闹、不大在意。它的意义，还在于公司机关进行年终工作总结、年初计划、经济结算与预算，把一切做个结束、开个头。所谓"一元复始，万象更新"。但这都属于"工作"范围，而与庆典、狂欢无关。中国人真正的"新年"，实在还是"旧历年"（即春节），过完新年"旧年"（春节）到，只盼着那"春天的到来"，那才是中国人心中的"年"。这样，中国人的新年真正属于"过节"、欢庆的事，就只有探亲访友和吃喝饮宴了。而且，这些也都是一般性的、简单的。因此，我在这里称中国的新年只是欢乐节庆的预演和开始：一切都等着春节的来临。

但是，西方人的新年却大不一样了，那才是真正的过年。他们的新年庆祝活动往远说已经有200年的悠久历史了。而固定在1月1日为元旦，并普及于欧洲各国，是在1583年，至今也有400多年的历史了。西方的新年活动，欢乐的气氛很浓，宗教的氛围也很浓。在庆祝的事项中既有欢乐的，也有宗教的，两者难于截然划分。其中包括斋戒、涤罪、振奋以及迎新送旧等仪式。一元复始、万象更新，这个新年节日的本质，中外是一致的，但西方的新年活动，那种浓厚的基督教内涵和文化气氛则是中国所没有的。记得1992年我在德国过一个新年，早在12月下旬，节庆活动就开始了。我在一个晚上连续参加了三场音乐会，都是在教堂里举行的，演出的节目是西方古典音乐。听众中男女老少都有，特别令我很有感触的是，听众中有好些3~6岁的小孩子，他们也都静静地谛听。有的很是投入，像是听懂了；有的小一些孩子并不在听，但也安静地坐着，并不吵闹。这种新年活动虽然有宗教的氛围，但其内涵则主要是文化的、艺术的，给人以民族文化传统的教育和熏陶。正是因为这样，所以连那很小的孩子，也能欣赏古典音乐，或者懂得安静地坐着，不影响别人听。

西方新年节日活动，到元旦时，实际上已经逐渐走向低潮；因为真正热闹的高潮是在此前的圣诞节。所以，我说新年是西方狂欢活动的波谷和结尾。

# 春节、圣诞节狂欢的高峰与文化传统演示

在中国，新年过后是春节，娱乐狂欢活动达到高潮；而在西方，则是新年以前是圣诞，娱乐狂欢的高峰在这时。一个在前、一个在后，显示出很大的不同。中国的春节原来就是"新年"，只是改公历纪年以后，尤其是新中国成立后，新年在名义上居于正位，而春节则"降"为第二；但在实际上，春节还是最热闹的节日、全民狂欢的节日。中国的春节同农业生产、农业社会、农村生活有着密切的关系；活动的内容也都与此有关，娱乐狂欢最热闹的区域也在农村。西方的圣诞节与宗教的关系密切，因为"圣诞"本来就是纪念耶稣的诞生日，所以许多纪念、庆祝、娱乐以至文化活动同宗教活动事项连在一起，是很自然的。中国的春节活动以在门口贴春联、贴门神、挂灯笼为外在标志；而西方的圣诞节的标志则主要在室内，以圣诞树的种种装饰为主要标志。灯笼的红光和烟花爆竹的闪亮与脆响，是中国春节的主要象征。西方的圣诞节，则以壁炉里的火光与圣诞树上的烛光为主要象征。热烈、热闹、红火，象征喜庆、光明和希望。这寓意和祝福，中外皆然；但外在表现形式与内在文化含义却不相同。

圣诞老人是西方圣诞节中最受欢迎的"人物"，他是孩子们节日欢乐和希望的使者，他会带来礼物、带来快乐、带来友善与爱。在圣诞节到来之前十天半月甚至更早，在商店里、街道上和游乐场所，就有化装的圣诞老人出现了，他们带来了圣诞节的欢乐气氛。孩子们开始做着圣诞老人送来美好礼物的梦。记得我在德国一位友人家里过圣诞节时，听在座的几位德国友人讲，德国与某国边界上有一个德国的很小的小镇，据说最早创造圣诞老人形象和扮演圣诞老人送礼物的人就在这个镇上。至今这个小镇的邮局，每年还会收到千千万万封信件，都是小朋友们从全国各地寄来的、亲切友好和索要圣诞节礼物的；邮局也准备了许许多多小礼物，寄给小朋友们。每逢此时，都有许许多多人前来帮助做这件事。我听了感到很有意思。中国春节最受欢迎的吉祥物就是"龙"了，它不仅是民族的形象，是生命、力量、成功、勇气的象征，而且是美丽、幸福、欢乐、愉悦的形象。春节的龙灯，耍遍中华大地。不过，"龙"和"圣诞老人"形成不了对应物，龙是中国所独有的。大概能够

和"圣诞老人"对应的就是"灶王爷"了。按照中国人给他规定的"任务"，他不只是给小朋友们送新年礼物，而是"上天言好事，下地保平安"，可谓范围广大遍及全国，关系重大涉及一年祸福，其地位、价值、意义都远比圣诞老人大得多了。

中国人过春节，除了吃喝游玩，最重要的就是家人团聚、敬拜祖宗、探亲访友和消灾乞福。为了团聚，回家过年成为中国人春节时最大的一件事情，全国许多方面，尤其是交通系统，为之全面紧张。而西方人过年，团聚和访友虽说也受重视，但不像中国人那么看重，"唯此为大"，一年盼这一回，全国都惊动。

这些年节活动和民俗事项显示了中西方不同的文化背景和民族传统。春联、门神、灯笼、龙，烟花爆竹、灶王爷，都是真正中国的，蕴含着中国的历史、文化、传统、心态和性格。中国人正是在春节的欢庆活动中，勾起乡情乡思，灌输民族感情，传播祖国文化。中国人重视民族，重视家庭和故乡，崇敬祖宗，重视"龙"文化，以及与这些相联系的历史传统、文化精神、民族记忆、民间故事以至神话传说。所有这些都通过春节的欢庆活动传承接续了。中国人在孩童时代，通过春节的欢庆活动，接受习得了以上种种历史传统、民族意识和文化精神。

很有趣而特别富有中国传统文化精神的是，中国人对待鬼神的认知和态度。在春节中表现突出的是对待灶王爷的态度。按照迷信的认知规定，灶王爷是玉皇大帝派来常驻人间各户的使者兼监察使，春节时要上天奏本言善恶，回来定奖惩。但是，他权力虽大，"为人"（应该是"为神"）却笨。一块麦芽糖就治得他"有口不能言"。他也喜好受贿，春节时给他上一次供、磕两个头，就被"收买"了。包括春节时也要敬拜的财神爷、火神菩萨，也都是可以用小小的利益、手段就能"贿赂"、"收买"和利用的。神，是中国人用自己的人生观念、文化意识，反映自身的生活，"创造"出来的；然后，一面顶礼膜拜，求他赐福，一面又"引诱"、利用，以达到自己的目的。西方人心目中的上帝和圣诞老人，地位就完全不同了。上帝是天上人间的"主宰"，至高无上、神圣崇高，无处不在、无所不能，人们对他只有敬畏崇拜，一切顺从，不可违逆，岂可收买利用?! 圣诞老人也永远是慈祥友善，带来礼物、爱心。他是圣洁的，人们对他不生利用之心，他也不可利用。

从这一点来看，西方人有点"傻"，他们坚信上帝的神圣和绝对权威，虔诚地崇拜，向望着死后灵魂进天堂。而在咱们中国人的传统观念和文化心理中，神和神界（"天上"）的事儿其实就是人世间一切的翻版，可以用人间的一切手段来对付神和"天上的事儿"。这不免有几分天真的狡黠。而且中国人的观念中，又把天堂看得跟人间一样，登天堂时要把人世间的一切"搬"过去。嫦娥奔月时，就把鸡犬全带去了。这是中国几千年小农经济生活的民族记忆——集体无意识的反映。

## 鬼与人：中元节与万圣节

1989年秋天在美国赶上过一个万圣节，领略了一点儿美国人过"鬼节"的氛围。其实，万圣节本是基督教的节日，是纪念有名的和一切无名的圣徒的节日，日期是11月1日。它其实算不得鬼节，但历史的演变使它具有了鬼节的意味。万圣节的活动展开是在节日前夕的10月31日。不过，此前许多日就开始了节日的准备，营造起气氛了。那时，我每晚都绕着小区在幽静的人行道散步。从10月下旬开始，就看见一些人家的门口，把门灯换上用塑料制南瓜挖成鬼脸型的灯罩了。以后，又逐渐有人家挂出了各种颜色的旗幡，上面也贴了鬼脸图案；有的人家像中国农民做稻草人似的用材料制成或坐或站的人型，并穿上旧西装，人模鬼样地立在门前草坪上，或端坐在门前沙发上。我见到一家门口竟有两三个这样的"鬼人"，分坐在大门两边；还把几块塑料仿制的黑色"大理石"墓碑写着人名立在门前草坪上。每当我在薄暮时分从这里走过时，灯光幽暗、"鬼"影绰绰，加上旗幡飘荡，阴气瘆人，令人毛骨悚然。心想："真不知美国佬干吗要这么做，把自个儿门前搞得像阴间鬼域！"从在旗幡、纸签上写着"BOO！"（吓！）来看，这一切应是为了逐鬼，而不是引鬼。这一点显得美国人有点太实在，也可以说是"笨"。我们中国人可就巧妙得很，也很有灵气，我们是贴一对漂亮的门神，甚至只要写一副"神荼""郁垒"对联，就可以"门神门神扛大刀，大鬼小鬼进不来"了。这既简便又美观。可以说，这表现了东西方不同的美学原则和精神，一个重在"表现"与"意象"，一个重在"再现"与"模仿"。

据介绍，演变到现代，万圣节这一天，还是儿童纵情玩闹、恶作剧地化装威胁索要礼品的日子。1989年万圣节，我在美国确实陆续见到一些穿着长袍大褂、戴着假面具、挂着长棍的孩子上门来要礼品。但都是按过门铃后就等在门口，并不搞恶作剧；当与之对话时，他们都拿下假面具，有礼貌地要礼品，我们给了以后他们有礼貌地表示感谢。这是由老师带领为穷人募集食品的小学生；他们也在这种活动中，培养为社会、为公众服务的精神品德。这离鬼节的气味就远了，而社会文化的意义则重了。不过，我在报纸上也看到，有的地方，有人在家里布置了"鬼城"，邀请和吸引许多人化了装去"闹鬼"玩儿。

中国的鬼节在农历七月十五，称为中元节。这是真正的鬼节，也是宗教的节日，佛教和道教都有这一节日。道教在这一天，在道观里举行斋醮；佛教则在这一天举行盂兰盆会。"盂兰盆"是梵文的音译，原意是解救倒悬，即以食品解救饿鬼之倒悬。但经过历史的演变，它早已成为世俗的节日，是中国人祭奠祖先和一切鬼魂的节日了。记得小时候在南方家乡，每逢七月十五，笔者都和家人一起在家门口"烧包"（烧一种纸包，上面写有祖先名讳和祭奠者名字，里面装了纸钱）。在这种祭祀活动中，常听老人讲家庭家族故事、先人中佼佼者的道德事功人品，接受一种文化熏陶。对于其他一切鬼魂和孤魂野鬼，则都在荒郊野地或路边烧纸泼水饭以祭之。我们对待鬼的态度和方法也比西方人要高：一律在家门外以至郊外进行祭祀。如若发生群鬼闹事骚动，都在外界，家里不碍事的。

西方人似乎把生死人鬼之间的界线划分得很明确、很严格。好人死后进天堂，一般人灵魂得安息。对地狱之说、轮回转世的忧喜，都没有强烈的观念。中国人的传统观念中，人世与阴间界线不是很分明，特别是可以用人间的一切方式方法来对付阴间的一切，包括贿赂、收买、利用、欺骗等。鬼神的性格心态都和人一模一样。这里蕴含着一系列对生命、对死亡、对灵魂、对鬼神等的不同的文化观念与传统精神。

中国改革开放后，人们观念在改变，年节的过法也在演变，外国节日（如圣诞节）也为部分中国城市居民所接受了；但在全国范围内，尤其是农村，还是传统的过法占优势。如何在年节欢庆活动中既进行革新，除去那些不良的游乐风气（如赌博等），吸收外来的有意义的事项，又保留优秀传统，使中华民族文化心理结构的基本品格，使优良的民族记忆、文化精神和传统风范得以承传接续，又有新事物、新气象，这是我们应该研究解决的有意义的课题。

------------------------------------------------

# 附录：授课、演讲与报告纲要

------------------------------------------------

# 附录一　人类两种文化的分化及其不同功能

## 一、科学知识产生的渊源机制及其基本品性

（一）渊源

1. 活动（生产、生活、战斗）；

2. 总结、提炼、提纯与提高；

3. 创造、发明；

4. 变革：不定期的变革；

5. 灵感的"天启"；

6. 文化交流与科技传播；

7. 文化积累与科技继承；

8. 社会需要的刺激。

（二）基本品性

装备人的心智、铸造人的灵魂、武装人的能力、提高社会生产能力、引起社会变革、推动人性发展、给予人类福利、影响人与社会。

## 二、科学发展的轨迹与结构

（一）六个阶段

1. 混合发展时期；

2. 分别发展时期；

3. 社科人文重点发展期；

4. 科技文化发展期；

5. 两种文化发展期；

6. 合流发展期，高度契合发展。

（二）科学体系的"双层三相结构"体系

科学知识—自然—社会

哲学—自然科学技术—人文社会科学

（三）现代科学共同体的多维构造

1. 基本学科：自然科学、技术科学、人文科学、社会科学、哲学、数学。

2. 横断学科：系统论、控制论、信息论、思维科学。

3. 圣马力诺国际科学院的新分类法：控制论、文化科学、结构科学、哲学、自然科学、形态科学。

4. 钱学森提出分九大科学：

自然科学、社会科学、数学科学、系统科学、思维科学、人体科学、军事科学、文艺理论、行为科学。

## 三、人类社会发展中的四个革命

（一）四个革命

1. 认识客观世界的飞跃——科学革命。

2. 改造客观世界的飞跃——技术革命。

3. 生产力提高，生产关系改变——产业革命。

4. 社会发展变革，生产关系改变——社会革命。

（二）五次产业革命

1. 采集业—农牧业。

2. 为卖而生产：商品生产。

3. 工业革命。

4. 生产国际化世界化。

5. 新的技术革命：新的产业革命。

## 四、两种文化的产生与分化

（一）两种文化的产生

C. P. 斯诺：整个西方社会的智力生活已日益分裂为两个极端的集

团（groups），包括现实生活。"一极是文学知识分子，一极是科学家、特别是最有代表性的物理学家。"

英国最严重。因为：

①盲目信任专门化教育。

②社会定型化倾向。

（二）两种文化的分化

两种文化的分化，是人类与社会的重大损失。

两种文化的分化的历史脚步：

50万年前，用火；2万年前，使用弓箭；几千年前，畜牧业、农业、哲学、自然科学、技术科学、人文—社会科学混为一体。

长期奴隶社会、封建社会，技术不入科学之门，而专遭打击挫折，自然科学却因与宗教、迷信、政治、冲突而遭压。

在这个时期，社会科学迅速发展。

在整个古代，在收集事实和系统整理事实的阶段。

恩格斯所列顺序：文学—数学—力学。"在整个古代，本来意义上的科学只限于这三个部分，而作为精确的和有系统的研究，则是后古典时期才开始（亚历山大历亚学派、阿基米德等）。"[1]

文艺复兴（14—16世纪）以后，自然科学居于独立的重要地位，产生巨人时代。

"现代自然科学，……是和封建主义被市民阶级所粉碎的那个伟大时代一起开始的。"

"这是地球从来没有经历过的最伟大的革命。自然科学也就在这一场革命中诞生和形成起来，它是彻底革命的，它和意大利的伟大人物的觉醒的现代哲学携手并进，并把自己的殉道者送到了火刑场或牢狱。"[2]

13世纪，在经历了人类科学发展的史前期、准科学期之后，又经历了中世纪的黑暗期，产生了卓越的实验方法和坚韧的科学精神。

14世纪，出现了近代技术萌芽，航海罗盘的创制，枪炮火药的发明，子弹的制造，实用机械时钟的制作，步枪的发明，都在此时出现。

文艺复兴的大浪潮出现了，人文主义兴起和科技大发展：但丁《神曲》（约1318年），薄伽丘《人曲》（即《十日谈》，1352年），基督教人

---

[1]　恩格斯：《自然辩证法》，人民出版社，1971，第162页。

[2]　同上书，第171–172页。

文主义的早期先驱、过渡人物。

15世纪，人文主义的过程完成。

"15世纪中叶，还有一些也许较少为人们所知的同样重要的发展。在这个时期前后，人文主义的冲击开始冲出原来的反科学圈子，渗透到当时的文明所有领域。"（《自然辩证法》）

# 附录二　文化背景：科学技术发展轨迹与功能发挥

## 一、人类文化产生、发展轨迹的理论概括

（一）文明与文化的区分

1. 两者有"大面积"的重合，但又有区别。

（1）文明是物质的、外在的，文化是精神的、内在的。

（2）文化和文化武装的人产生了文明，推动了文明；文明又培育、提高了文化。

（3）两者互相推动、互为表里。

（4）Civilization 特指地区、时间。

（5）Culture 特指修养、教育。

2. "惟文明偏在外，属于物质方面。文化偏在内，属于精神方面。故文明可以向外传播、向外接受，文化则必由其群体内部精神累积而产生。"[1]

3. "文化可以产生文明，文明却不一定能产生文化。""采用欧美近代工业的，不一定都能产生与欧美同样的文化精神。"[2]

---

[1]　钱穆：《中国文化史导论》，商务印书馆，1996，第1页。

[2]　同上。

电影在科技方面可以学欧美，但文化精神、艺术素质、审美构成却不同，即文化精神不同。

4."智慧文化即哲学"，古罗马西塞罗的名言。它是指改造、完善人的内心世界，使之具有理想公民的素质。

文化是人类社会精神生活和物质生活全部历史积淀的总和与总称。"文明则是文化演进中的一定时期"，文明是某一群体在某个区域的分布及其生活方式的总和。例如汤因比划分"六大文明母体"：埃及文明、苏美尔文明、米诺斯文明、玛雅文明、安第斯文明、中国文明等。

（二）本尼迪克特引用的迪格尔印第安人的箴言

"开始，上帝就给每个民族一只陶杯，从这杯中，人们饮入了他们的生活。"①

1. 生活环境：生产条件→生产方式→生活自身→心态与精神世界；

2. 陶杯—环境：对环境的适应、利用与对抗、改造→生活方式和生活状况→对这一切物质世界的反映、反应→精神世界—文化。

（三）不同的文化底层—文化母体：母体文明

1. 西方：游牧文化与商业文化，人与自然分裂的、对抗自然的、流动的。

2. 中国：农业文化，即天人合一的，稳态的、保守的。

（四）经济、政治、文化的三体合一的、整体的发展及分体的特征

（五）人类几种文化形态及其发展顺序与总体发展

艺术→文学→宗教→科学→历史→哲学。

（六）科学在"混沌文化母体"中的萌芽、滋生与发展

1. 被包容、伴生、萌发、滋生、发展；

2. 科学相对独立、整体发展（学科分裂、分类不明显）；

3. 科学的分体发展：人文科学、社会科学、自然科学、技术科学。

（七）文化的总体发展与分体发展

1. 物质文化→人文文化→科技文化→调适文化→精神文化（狭义的）。

2. 其余四种文化对科技文化发展的影响和作用力——推动、阻滞、妨碍、引导、合作、给力。

3. 文化的分层化：器物层、制度层、人文层。

---

① 露丝·本尼迪克特：《文化模式》，生活·读书·新知三联书店，1988，第1页。

（八）东西方文化发展特点及科学技术的不同处境与状况

1. 中国文化：内倾型——人文化成（钱穆归纳），即天人合一、与自然共存共荣、敬天拜天；

技术观："奇巧淫技""技巧之心"。

2. 西方文化：外倾型——开物成务（钱穆归纳），即向自然索取、征服自然、"人天分离"（破裂关系）。

（九）工具理性与价值理性的分殊与取舍不同、效应不同

工具理性只问直接收获，不问后果与其他效应；

科学技术需要人文文化的纠偏补罅。

（十）科技在人类文化生态中的地位与作用

推动文化发展；

促进文化提高；

受到整体文化的影响与制约。

## 二、中国文化发展轨迹及特点——"中国智慧"

（一）中国向世界贡献了"技术"，但向西方学习、接受"科学"

1. "早在六千年以前，当世界上绝大部分地区依然处于黑暗、蒙昧的原始状态的时候，在中华民族的摇篮黄河流域就出现了照亮原始社会的文明曙光。这是农业文明的曙光，它给人类后来的工业文明与信息文明奠定了一个决定性基础。"[1]

2. 四大发明：火药——制造枪炮、爆竹；

指南针——看风水、航海；

造纸；

印刷术。

3. 技术领先，科学落后。

4. 在相当长的历史时期内，在科学技术上，中国在世界领先，是人类科学技术史上的巅峰。

这是在早熟的农业文明基础上，以农业经济为基础、君主专制体制、封建士大夫文化三个子系统构成的、具有自我调节功能与再生修复

---

[1] 薮内清：《中国·科学·文明》，中国社会科学出版社，1988，第1页。

功能的超稳态系统。

这是一种农业的、人文性的文化，抑制了工业和商业的发展，迟迟不能向工业文明过渡；再加上农业与手工业的紧密结合。原材料、劳动者、生产工具等都是农业的、庭院式的、家庭的、技艺性的，具有一种人文性。

（二）抑制科学发展的社会、思想、文化原因

1. 哲学思想：天人合一；自然、动物、山川的"人性""神性"；不可欺天杀生。

中国：

阴阳学说——"阴阳"：抽象的、普泛的、变异的概念。

"五行"说——不是实物，是要素；千变万化的事物，分属于"五行"之一。

西方——古希腊："四元素"（土、水、风、火），形成物质的基础元素。

2. 科学思想：不能从技术上提高、升华为科学思想，停留于技艺—工匠水平。

3. 非逻辑思维习惯：整体的、直觉的、象征的、模糊的思维。

4. 非商业的经济思想：经世济民。

5. 更缺乏两个部分的结合：科学与技术的结合，科技与文化的结合。

6. 地理环境：封闭性，自给自足性；海隔山阻，外来文明传入困难。

7. 农业文化的保守心态，对外来文明接受难。

8. 农业生产的"自然生态性"，抑制技术的发展——靠天吃饭。

9. 历代轻商政策，商业文明不发达、受抑制。

10. 工业不发达；手工业与农业紧密结合，抑制工业的独立发展机制。

## 三、科技发展的文化生态条件：民族精神文化气质与社会—经济发展内在关系

（一）上述条件对于科技发展的影响

1. 科学技术的生长发育，受文化背景和文化语境的制约；

2. 科学技术功能与作用发挥的向性，取决于文化背景与文化语境；

3. 科技功能发挥的力度、强度、功率，亦决定于文化背景与文化语境。

（二）科技发展的文化生态环境内涵

1. 自然生态环境；

2. 社会心态；

3. 生产发展的需要；

4. 统治者的政策；

5. 科学技术满足观需要的程度；

6. 科学家、技术专家自身的条件（儒家思想缺乏对自然科学与技术支持）。

（三）人文社会科学与科学技术的关系

没有推理的（rational）证明，而这恰是希腊才智的另一产物，也是力学和物理学之母；印度的自然科学尽管在观察方面非常发达，却缺乏实验的方法……因此医学（尤其是在印度）尽管在经验的技巧方面高度发达，却没有生物学特别是生物化学的基础。

技术的高度发展，要有高度科学理论的支持与实现；

科学理论要从技术获得实际材料与实证；

一种理性的（rational）化学，除了在西方以外，在其他任何地域都一直付诸阙如。[①]

1. 哲学是科学的头脑与归宿。

2. 历史是科学研究与技术的资源。

3. 文学艺术启迪科学头脑的创造力：直觉思维与灵感思维；不少科学的发明与发现，得力于一瞬间的直觉顿悟或灵感爆发。

4. 教育是科学的摇篮。

（四）中国科学与技术发展的进步与滞后

1. 数学：《九章算术》提供了官吏需要的计算方法，却没有欧几里得几何学那样的论证几何（从未出现过）。

2. 天文学：变成了占星术（天体观测和改进历法均为此服务，且

---

① 马克斯·韦伯：《新教伦理与资本主义精神》，生活·读书·新知三联书店，1987，第5页。

为政治服务）。

3. 缺乏的是：

理性化、系统化、逻辑化、专门化；

技术上、商业上、法律上训练有素的行政人员所构成的组织系统。

4. 工匠的传统比较强，学者的传统比较弱；

工匠地位低微，生活困难，不出乡土；

学者重文轻工、轻科技；倾心儒道，走"学而优则仕"的道路。

（五）西方的状况

1. 有柏拉图、亚里士多德、阿基米德、托勒密为代表的哲学—科学传统。

2. 有理性化的体制、机制：

行政机关的理性结构；

理性企业；

理性化的经济生活；

理性化的技术——技术理性；

理性化的科学研究；

理性化的军事训练；

理性化的法律和行政机关。

3. 人的能力和气质（伽利略：两者结合的学者）。

4. 经济发展的要求："经济具有根本的重要性"。

科学知识的技术应用，"确曾受到经济考虑的鼓励，这些考虑在西方曾对科学知识的技术应用甚为有利"。"鼓励"是从西方社会结构的特性中衍生出来的。

# 四、中国近代对世界先进科学技术的接受

（一）近代的接受情况

1. 被迫接受；

2. 只重技术——"坚船利炮""声光化电"；

3. 不重科学思想、科学方法；

4. "中学为体，西学为用"。

（二）五四运动提出"科学与民主"——向近代科学和科学近代化迈进

# 附录三　关于两种文化分化与结合问题的探讨

——1996年6月24日在东大理学院的讲话

## 一、人类文化之分化为科技文化与人文文化

历史、源流、现状，从整体到分化。

"从柏林顿馆（英国皇家学会等机构所在地）或南肯辛顿到切尔西（艺术家聚居的伦敦文化区）就像横渡了一个海洋。"①

## 二、科学的四大部类：自然科学、技术科学、社会科学、人文科学

## 三、五个发展阶段

1. 混合发展时期；
2. 分别发展时期；
3. 社科人文重点发展时期；
4. 科技文化重点发展时期；
5. 两种文化重点发展时期；
6. 合流发展时期。

---

① C. P. 斯诺：《两种文化》，生活·读书·新知三联书店，1994，第2页。

## 四、现代"科学共同体"的多维构造

四大科学部类、交叉学科、跨学科学科等。

## 五、对20世纪的反思

1. 现代技术是现代文化得以建立的基础。

在很大程度上，文化的未来将被技术控制和决定。

2. 科学囊括了一切文化现象。

3. 在现代技术手段辅助下，科学越来越成为社会与经济发展的中坚、基础和动力。

4. 人的一切打上技术的烙印。

5. 技术的异化、人的异化、自然的异化。

6. 科学理性的局限性，决定论的局限性。

7. 三大问题的产生。

8. 对人的直觉、灵感、主观性、主体性、人性的关怀。

9. 对中国文化的重视。

10. 对古老智慧的回顾。

## 六、两种文化的文化品性的差别和互补

1. 对象、领域的不同。

2. 人与自然、人与社会。

3. 具体地、微观地研究对象，整体地、宏观地研究对象。

4. 实证的、论证的。

5. 定量的、定性的。

6. 实验方法、考察方法。

7. 进入社会的途径不同：

（1）从社会生活的物质层进入社会；

（2）从社会生活的意义层进入社会。

8. 工具理性、价值理性。

## 七、两种文化的互补

1. 科技：提高社会生产力，改造、利用自然，推动社会发展，提高人类福利。

2. 人文：确立人的心灵，树立正确的世界观、人生观，使社会循着正确的方向发展。

3. 战术（科学技术）与战略（社会科学）：

（1）科学的知识方法、态度（求实）、精神；

（2）精于计算的思路；

（3）社会科学的科学化、现代化需要自然科学和技术科学；

（4）自然科学的实证性需社会科学的思辨的补充；

（5）科技成果导致认知体系的变化和社会思想革命；

（6）直觉—灵感的作用。

## 八、教育方法上的结合

1. 文理互补。文为基础，理为前途（专业）。

2. 科技知识与人文知识互相推动。

3. 科学理性与自由创造相结合（阿波罗精神与狄俄尼索斯精神）。

4. 理论思维、直觉思维、灵感思维互相结合、互为为用。